喬桐島의 歷史와 文化散策

海雲 李晋煥

正行社

머 리 말

초등학교 3학년 때였던가? 강화군 전체 초등학교 체육대회가 강화읍 공설운동장에서 개최되었다. 출전 선수는 학교명이 부착된 유니폼을 입었는데, 검정색 유니폼에 '난정'이란 흰색 글자가 인상적이었다. 어디에 있는 학교인지 궁금했다. 그리고 많은 시간이 지나서야 교동도에 있는 초등학교인 줄 알았다. 강화중학교에 입학해서도 강화군 13개 읍·면 초등학교 출신들이 대체로 다 입학하였지만 교동면, 삼산면, 서도면 출신들은 거의 없었다. 물론 3개 면 섬 내에도 중학교가 있긴 했지만 과거에 교동군에 소속되어 오랫동안 정서적으로 다르다는 것을 나중에야 알게 되었다. 이후 서울에서 학교에 다니고 직장생활을 하면서 교동도는 연산군이 유배가서 역질로 죽은 곳 또는 어른들의 이야기로 쌀 생산이 어마어마하다는 정도로 교동도가 아주 먼 곳으로 기억하고 있었다.

1987년 환경부에서 실시하는 전국자연생태계 조사를 위해 행정선으로 교동도에 잠시 내려 짧은 시간이었지만 큰 섬이라는 사실과 넓은 평야가 있는 평화로운 곳이라는 사실을 느끼고, 언젠가 다시 오겠다고 마음을 먹었지만 그리 쉽지가 않았다. 재경강화교우회에서 교동대교 개통기념으로 교동도를 탐방한 후 수없이 교동을 드나들고 많은 사람을 만났으며, 오랫동안 해온 강화도 관련 문헌 수집이 밑거름이 되어 교동도에 더욱 심취하게 되었다.

상고시대에 교동도는 화개산, 율두산, 수정산을 중심으로 세 개의 섬으로 이루어져, 섬 사이에는 언제나 조수(潮水)가 흘렀으나 간척사업으로 하나의 섬으로 되어 교동평야가 되었다고 한다.

김정호의 대동지지(大東地志)에 이르기를 교동도는 지정학적으로 고려의 수도 개성과 조선시대의 수도 한양의 관문인 인후부(咽喉部)라는 말로 중요성을 강조하였다(形勝三道要衝兩京咽喉西控瓮津東連江都爲畿海). 즉, 교동도 주변은 고려시대 예성강 하구 벽란도의 해상활동 중심지이자, 중국의 송나라 사신이 출입국을 하는 국제항구로서 중요한 위치를 차지하였고, 조선시대에는 조세와 공물의 주요 공급 항로이자, 군사적으로 황해도, 경기도, 충청도 3도 수군(水軍)의 요충지로서 매우 중요한 지정학적 위치를 차지하고 있었다.

교동도는 고려시대 이후 꾸준한 간척사업으로 문전옥답이 형성되어 농업이 발달하여 물질적으로 풍요롭고, 지형적으로는 바다와 강으로 에워싸여 안전하고, 민통선 내에 있어 정치적 및 군사적으로 중요하지만 역설적으로 보호받는 지역이고, 한반도의 형국을 어머니 몸과 비교할 때 품 안에 안긴 영아(嬰兒)와도 같아서 비가 오거나 바람이 불거나 자연재해가 전혀 없고 평화롭고 아늑하여 살기 좋은 섬이기도 하다. 오늘날 드넓은 간척지에서 1년간 생산되는 쌀은 교동면민은 58년간, 강화군민은 약 4년간 먹을 수 있는 양이란다. 그래서 교동은 옛날부터 부촌이며 남부러울 것이 없어 「교동민국」이란 말이 생겨날 정도라고 한다(2015.3.2, 모 교동면장 시대일보). 그러나 교동민국이란 말은 1.4 후퇴 당시 교동도의 치안부재에서 나타난 부정적인 말이라고도 한다.

한편 평화롭고 중요한 교동섬에 고려와 조선의 왕과 왕족들이 유배와서 불행한 최후를 맞기도 했고, 왕으로 등극하는 영광도 있었다. 즉, 고려 21대 희종, 조선 4대 세종의 3남 안평대군, 10대 연산군, 15대 광해군, 광해군의 형이자 선조의 서자인 임해군, 인조 5남 숭선군, 인조의 동생 능창대군, 25대 철종, 철종의 4촌 익평군, 흥선 대원군의 큰아들 영선군 등 왕족이 유배되거나 사사(賜死)되기도 했다. 현대에는 6.25 전쟁으로 많은 피난민이 지척에 있는 고향으로 돌아가지 못하고 이곳에서 한 많은 생을 마감하는 슬픈 사연이 있는 곳이기도 하다. 그래서 한때는 눈물의 섬, 한(恨)이

서린 섬, 돌아오지 않는 섬이라고 하였다.

현대를 살아가는 우리들의 마음은 모두 바쁘고 급하다. 그러면서 마음 한구석에는 여유롭게 뭔가 특별한 것을 보고 싶어 하기도 한다. 이럴 때 평화롭고 정겨운 곳을 천천히 찾아가 볼 수 있는 곳, 고향의 옛 정취를 느끼고 어머니 품같은 고향이 무언지 일깨워 주는 곳, 실향의 아픔을 뒤로하며 고향산천을 기억해 보고 싶은 곳, 넉넉한 인심과 소소한 것에도 행복을 느끼고 싶다면 교동도를 방문해 보는 것이 좋을 것이라고 감히 말하고 싶어 이 책을 썼는지 모르겠다.

이 책은 크게 여섯 부분으로 구성하였다.

제1부에서는 교동의 특징으로 삼국시대부터 현재에 이르기까지 명칭, 행정단위의 변천, 교동의 인구와 성씨, 교동의 특징, 잊혀진 지명과 포구, 산과 교동 8경에 대하여 조명하였다. 제2부에서는 교동의 고읍성, 화개산을 중심으로 한 유적과 관련 시문으로 교동의 아름다움을 표현하였으며, 제3부에서는 고려시대부터 조선시대에 이르기까지 많은 왕과 왕족들이 유배지로서의 교동도를 조명하였다. 제4부에서는 고구리의 고목근현 관청이 읍내리로 옮겨지면서 축조된 교동읍성과 관아에 얽힌 이야기와 조선시대로부터 근세까지의 명인에 대하여 살펴보았다. 제5부에서는 교동의 수자원에 대하여, 제6부에서는 향교를 비롯한 현대 교육기관과 기독교의 전파, 성혈문화와 전쟁으로 인한 지척 간에 서로 떨어진 피맺힌 한에 대하여 다루었다.

저자는 교동도의 역사와 문화를 좀 더 다양한 관점에서 심도있게 다루면서 인간의 운명에 대해 생각해 볼 수 있게 각색해 볼 예정이었으나, 필력이 부족하여 뜻대로 하지 못한 아쉬움이 있다. 또한 제한된 시간에 마무리를 하다 보니 일부 누락된 부분이 있으나 차후 개정판에서 보완하기로 약속한다.

끝으로 찬란한 교동도의 문화와 역사가 현재까지 밝혀지지 않았던 내용이나 잘못된 내용을 일부 찾을 때는 뿌듯하기도 했으나, 교동이 섬이라는 이유로 또 민통선 내에 있어서 발길이 뜸한 곳이라고 해서 그런지는 몰라도 섬 전체에 역사와 유물이 분포되어 있는데 그냥 방치되어 있거나 마냥 훼손되어 있어 안타깝기 이루 말할 수 없으며 해야 할 일이 너무 많이 있음을 절감한다. 제대로 표현하지 못한 부분은 지혜롭고 속 깊은 독자께서 메워주실 것을 기대하고 향후 더 좋은 의견을 감히 기다리고 싶다.

무엇보다도 이 글이 나올 수 있도록 어려운 결단을 내려주신 정행사 조교행 사장님께 감사드리고, 정성스럽게 깔끔한 편집을 맡아 주신 윤수현 님께 고마움을 표한다. 그동안 귀중한 시간과 숨겨진 의견을 주신 많은 교동인께 감사드리고, 집필기간 내내 응원해 주신 모든 분들께 함께한 인연을 마음 속 깊이 간직하고 싶다.

2016년 6월 27일
해운 이 진 환

목 차

제1부 교동의 특징

제2부 옛날의 교동

제3부 왕족의 유배

제4부 교동읍성과 명인

제5부 교동의 수자원

제6부 교육과 종교

제1부

교동의 특징

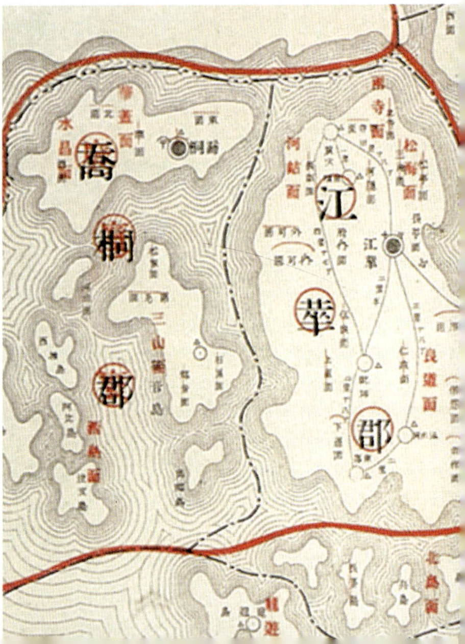

1. 삼도요충 양경인후의 교동도 (三道要衝 兩京咽喉의 喬桐島)

교동도(喬桐島)는 한강, 임진강, 예성강이 만나는 서해 관문에 위치하고, 북쪽으로는 조강(祖江)을 건너 황해도와 마주보고 있다. 동쪽으로는 강화도 북부를 지나 한강 하류와 연결되며, 남쪽으로는 삼산면(席毛島)과 주문도(注文島) 등 강화도의 부속도서들을 거쳐 경기만에 이르는 해상교통의 요지에 자리잡고 있다. 따라서 삼국시대부터 특히 고려시대에 이르러 정치, 교통, 해상무역, 군사적 요충지로 중요시되어 왔다.

동국여지지(東國輿地志)에 교동현(喬桐縣)은 "바다의 섬 가운데 있고, 동쪽으로 인화석진의 해안까지 10리에 가면 다다르고, 서쪽 해안까지는 27리 길이며, 남쪽 해안까지는 11리, 북쪽의 각산나루 해안까지 혹자는 21리 길이라고 하지만 실제로는 12리 길이다. 서울과는 182리 거리이다"【喬桐縣 在海島中, 東至寅火石津海岸十里, 西至海岸二十七里, 南至海岸十一里, 北至角山渡海岸或云二十一里實十二里, 距京都一百八十二里】라고 기록되어 있다.

교동도의 중요성은 교동군읍지(1899)를 보면 상완 민창호(上浣 閔敞鎬)가 쓴 통삼루중수기(統三樓重建記) 첫 머리에 잘 나타나 있다. 즉, …"교동은 탄환과 같은 작은 섬이다. 진실로 국가에 경중과 손익이 없어서 경기와 호서, 해서 삼로의 요새지이다. 주사(舟師)가 변문의 방비를 통할하니 이곳에서 중요하지 않은 것이 없고, 이곳에서 염탐하고 엿보지 않는 것이 없다. 심도(沁都, 江華의 옛이름)와 더불어 함께 보익을 이루니, 한강과 임진강을 지키고, 천웅으로 자물쇠를 봉쇄함이 가볍지 않고 중하고, 이익되어 손해가 없음이"…라고 하였다【一彈丸小島. 固無輕重損益於國家, 以其介在畿湖海三路喉隘. 舟師統轄邊門捍衛, 莫不關捩於是, 候覘於是. 與沁都相爲輔車, 猶保障於江淮, 鎖鑰於天雄, 其不輕而重, 宜益而無損, 有如此, 所以國朝設置創自殘鎭】.

교동도는 강화군의 서북부에 있는 섬으로 강화도 본도 다음으로 큰 섬이다. 섬의 크기는 동서 12 km, 남북이 8 km이며, 면적 47.16 km^{2}로 해안선은 37.5km인 우리나라에서 14번째로 큰 섬이다. 총 인구는 2,995명(남자 1,499명, 여자 1,496명)이며, 가구수는 1,421호이다(2015년 10월 1일, http://www.ganghwa.go.kr). 면소재지는 교동동로 485-13에 위치해 있다.

교동도 서북쪽은 휴전선으로 황해도 연백군과 마주보고 있으며, 조강(祖江)이 흐르고 있다. 한강, 임진강과 예성강 등 3개의 큰 강이 유도(遊島, 북한 경계선 비무장지대인 무인도로 1996년도 홍수로 북한에서 소가 떠내려와 구출된 섬)에서 하나로 만나 서해 바다로 나가는 곳을 한강 하구라고 하고 있으나 이곳이 조강의 시작이며, 강화도 북단과 교동도 북부를 거쳐 서도면의 작은 섬 말도(乼島)가 조강의 끝이다. 육당 최남선(六堂 崔南善)이 일제 강점시기에 강화도를 다니며 느낀 소회(所懷)를 읊은 연시조 형태의 강화기행시(江華紀行詩)가 있으며, 강화도의 역사와 유적지, 그리고 자연 중 특징을 대상으로 소제목을 붙였는데, 그중에 「조강(祖江)」이 있으며, 마지막 장(章)에 '눈 외우고 가노라' 할 정도로 인상 깊은 강이었는데, 우리는 언젠가부터 조상님들의 강, 조강(祖江)을 잊어버리고 한강 하구라는 보통명사를 쓰고 있다.

교동도에는 조산(祖山)인 화개산(華蓋山, 259.5m)이 동남쪽에 자리하고, 서쪽으로는 수정 모양의 수정산(水晶山, 100m), 서북쪽으로는 학(鶴)의 모습을 한 선월산(璇月山, 후에는 瑄月山 또는 문필봉(文筆峰)이라고 칭함), 북쪽으로는 밤의 머리와도 같은 율두산(栗頭山, 89m), 동쪽으로는 점잖은 모습의 봉황산(鳳凰山, 75m), 남쪽으로는 경치 좋은 남산(과거에는 鎭望山이라 칭함)이 있다. 교동도는 화개산, 율두산, 수정산을 중심으로 한 각각 다른 3개의 섬이었으나 섬 주변이 갯벌에 발달되어 있었으며, 섬 사이가 얕은 수심과 9.5m에 이르는 조석간만의 차이로 오랫동안의 갯벌 충적(沖積)과 간척사업으로 한 개의 섬이 되었다고 한다(최영준과 홍금수, 2003). 고려시대 1232년 이전에 3개 섬 사이를 이어주는 퇴적작용과 제방 축조 및 간척사업(干拓事業)을 하여 중앙부는 드넓은 교동평야가 이루어졌다. 즉, 고려시대 몽고 침략시 수도를 강화도로 천도(遷都)하며 인구가 급격히 늘어나자 자급자족의 일환으로 간척사업을 시작하게 되면서 교동도에도 엄청난 면적의 농경지가 마련되었다. 2014년 기준 대한민국 1인당 연간 쌀 소비량을 65.1kg으로 감안할 때 교동도에서 1년 생산되는 쌀은 교동면민은 약 58년, 강화군민은 약 4년간 먹을 수 있는 양이 생산된다. 그래서 교동은 옛날부터 부촌(富村)이며 남부러울 것이 없어 「교동민국(喬桐民國)」이란 말이 생겨날 정도였다.

교동도에도 산업화의 물결로 1972년 이래 전기가 들어와서 지하수가 개발되고 또한 고구저수지와 난정저수지가 완공되고 경지 정리가 잘 되어서 기계화된 영농기술로 과거보다 몇십 배의 생산고를 올리게 되어 육지에서도 보기 드문 곡창지대로 손꼽히게 되었다. 따라서 농가소득의 증가는 자연 생활수준이 제고되고 도시에 못지않은 문화생활을 영위하게 되었다.

교동도는 고려 때 수도인 개성(開城)과 조선시대의 수도인 한양(漢陽)의 관문으로서 군사적으로 또 정치적으로 매우 중요한 위치를 차지하고 있었다. 이뿐만 아니라 황해도, 경기도, 충청도 3도(道)의 군사상 수군(水軍)의 요충지(要衝地)로서 매우 중요한 지정학적 위치를 차지하고 있었다. 또한 고려시대의 예성강 하구를 중심으로 펼친 해상활동, 조선시대의 조세(租稅)와 공물(貢物)의 주요 공급 해로(海路)였으며, 중국의 송(宋)나라 사신(使臣)의 출입국을 하는 국제항구로서 중요한 위치를 차지하였다.

교동도는 물질적 풍요로움과 바다와 강으로 에워싸인 안전함, 그리고 정치 및 군사적으로 매우 중요하여 한반도의 형국을 어머니 몸과 비교할 때 품안에 안긴 영아(嬰兒)와도 같아서 비가 오거나 바람이 불거나 자연재해가 전혀 없는 풍요롭고 아늑한 살기 좋은 섬이기도 하다.

교동도는 고려시대와 조선시대에는 죄인의 유배지로 특히 왕족의 유배지로 이용되던 곳이었다. 왕실의 유배지였던 것은 개성과 한양이 역모(逆謀)와 밀접한 관련이 있는 경우가 많아 지속적으로 왕족의 동정을 살필 필요가 있었기 때문이라고 한다.

화개산(華蓋山)은 그 모습이 바로 솥뚜껑 모양으로 생겼다 하여 옛 선인들이 빛나는 뚜껑이라는 뜻으로 화개산이라 명명한 것 같다. 남쪽에서 화개산을 쳐다보면 마치 이 섬에 사는 사람들의 행복을 지켜주며 허물을 막아주는 큰 솥뚜껑이 덮여 있는 것 같고, 서쪽에서 바라보면 교동평야에서 생산되는 곡식을 쌓아 두었다가 교동 주민의 양식으로 제공하는 노적봉(露積峰)과도 같은 형상이다. 화개산 정상에 오르면 한눈에 북쪽으로 바다 건너 연백평야가 펼쳐지고 동북으로 개성 송악산(松岳山) 봉우리가 손에 잡힐 듯이 눈 앞에 들어온다. 가까이는 교동도 전체가 조망되어 옛 읍내리와 인진(仁津)나루에서 건너오는 길목으로 추정되는 왕족들의 유배지들이 하나의 그림으로 일목요연하게 보인다. 뿐만 아니라 교동읍성과 남산포, 월곶진의 수군(水軍) 훈련장이 있고, 많은 전설을 갖고 교동을 보호해주는 미법도, 서검도, 볼음도, 말도 등의 작은 섬들, 그리고 망망대해 황해의 끝없는 수평선이 한눈에 들어온다.

교동도에는 고려 충렬왕 때 안유(초명은 安裕였으나 뒤에 安珦) 선생이 원(元)나라에 사신으로 갔다 돌아오는 길에 공자상(孔子像)과 공문(公門) 10철(哲)의 초상(肖像)을 모셔와 우리나라 최초로 향교에 봉안하였으므로 우리나라의 수묘(首廟)인 교동문묘(喬桐文廟)가 있다. 이와 같이 교동도는 문향(文鄕)의 고장으로 향학열이 대단하여 현지 교육기관은 물론 경향 각지의 대학진학으로 자녀 교육을 위해 경인지방에 주택을 안 가진 사람이 거의 없다 해도 과언이 아니다. 이런 풍요와 향학열은 바로 교동의 현재와 미래의 발전을 말해 주는 밑거름이 되었고 앞으로도 그럴 것이다.

교동도는 머지않아 남북한 평화통일이 이루어져서 황해도 연백군과 교동도 사이에 연육교(連陸橋)가 가설되면 교동도는 그야말로 물류의 허브가 되고, 남북한 간의 가교역할을 충분히 하게 될 것이다. 그 옛날 고려시대 중국과의 교역이 성행했을 때 교동도가 물류 중심지가 되었던 것처럼 인적, 물적으로 남북한 교류의 중심이 될 것은 틀림없는 사실이다.

교동대교는 강화군 양사면 인화리와 교동면 봉소리를 연결하고 있으며, 연륙교는 사장교 형태로 길이 3.44 km, 폭 13.85 m, 왕복 2차로이며, 2008년 9월 25일 착공하여 총 사업비 900여억 원이 투입되어 공사 6년만인 2014년 7월 1일 정식 개통되었다. 2011년 중순에는 한강, 임진강, 예성강의 담수 유입과 서해의 조수간만의 차이도 심한데다 빠른 물살 때문에 기초 말뚝이 유실되어 인양 후 재시공하는 등 공사하는 데 어려움이 많았다고 한다.

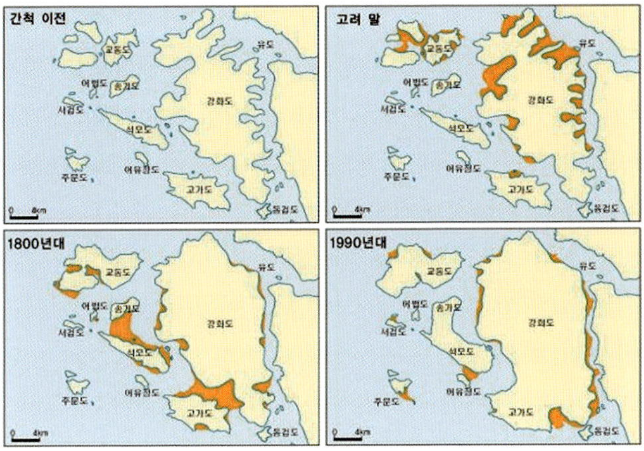

▲ 강화도와 교동도의 지형 변천사

▲ 고려시대의 강화도 간척사업 지도(인용: 최영준(1999)의 국토와 민족생활사)

오늘의 교동도는 지난날처럼 노젓는 배, 돛단배, 기관선이나 페리(ferry)로 건널 수 있는 기회는 없어졌다. 2014년까지만 해도 하점면 창후리 선착장에서 교동도 월선포 선착장까지는 보통 10~15분 정도가 소요되지만 간만(干滿)의 차가 커서 간조 시에는 수심이 얕아 직선항로 대신 먼 거리를 돌아 운항하므로 40~50분 정도가 소요되기도 하였다. 교동대교가 개통되어 배를 타지 않고도 수월하게 여행을 다녀올 수 있게 되었지만 교동도가 민통선 지역 안에 있어 출입시 두 번의 검문을 거쳐야 함은 물론 섬 전체가 철조망으로 겹겹이 둘러싸여 있음은 동족상잔(同族相殘)의 비극을 여실히 보여주는 슬픔의 현장이기도 하다.

2. 강화현(江華縣)

강화는 본래 고구려의 혈구군(穴口郡) 또는 갑비고차(甲比古次)라고도 하였으며, 바다 위에 있어 정주(貞州)의 서남 통진현(通津縣)의 서쪽에 위치하여 있다. 신라 경덕왕(景德王)이 해구군(海口郡)이라 하였고, 고려 초에 지금의 이름으로 바꾸었다. 현종(顯宗) 9년에 현령(縣令)을 두었는데 고종(高宗) 19년에 몽고병을 피하여 도읍이 들어가게 되어 군(郡)으로 삼고 호(號)를 강도(江都)라고 하였다. 고종 37년에 중성(中城)을 쌓았으며 둘레가 2,960여간이 되었다. 원종(元宗) 원년에 다시 송도(松都)로 돌아왔으며(府의 동쪽 십리의 송악리(松嶽里)에 고궁터가 있음), 충렬왕 때에 인주(仁州)에 합쳤다가 이어 복구하였고 신우(辛禑) 3년에 올려 부(府)로 삼았다. 마리산(摩利山, 府의 남쪽) 정상에 첨성단(塹城(星)壇)이 있어 세상에서 단군의 제천단이라 전한다. 전등산은 일명 삼랑성(三郎城)으로 세상에서 단군이 세 아들을 시켜 이것을 쌓았다고 전하며 구음도(仇音島), 파음도(巴音島), 금음북도(今音北島), 매잉도(買仍島)가 현에 속해 있다.

> 고려사(高麗史) 56卷-志10-地理: 江華縣本高勾麗穴口郡[一云甲比古次.] 在海中直貞州之西南通津縣之西. 新羅景德王改爲海口郡高麗初更今名顯宗九年置縣令. 高宗十九年避蒙古兵入都陞爲郡號江都三十七年築中城周回二千九百六十餘*間元宗元年復還松都.[府東十里松嶽里有故宮基.] 忠烈王時併于仁州尋復舊辛禑三年陞爲府. 有摩利山[在府南. 山頂有塹星壇世傳檀君祭天壇.] 傳燈山[一名三郎城世傳檀君使三子築之.]有仇音島巴音島今音北島買仍島屬縣三.

고려사 지리지의 양광도 지역 주군현들에 대한 분석 검토한 것을 토대로 삼국사기 지리지의 내용을 첨가하였을 때 강화현(江華縣), 신라명 해구현(海口縣)에 진강현(鎭江縣), 하음현(河陰縣), 교동현(喬桐縣) 등 삼현(三縣)이 소속하였다(최규성, 2005). 육군본부(2008)에서 조사한 고려몽골 전쟁사에서도 강화도는 흔히 강화로 대표되기는 하지만 강화 1개 군현으로 이루어져 있었던 것은 아니었다. 고려시대 강화도에는 강화현에 속현(屬縣) 하음현, 진강현, 교동현 등 3개 현이 있었으나, 사실상 강화현을 중심으로 운영되고 있었다.

> 고려사(高麗史) 56卷-志10-地理1: 陽廣道江華縣條 "江華縣…高麗初更今名顯宗九年置縣令…鎭江縣河…陰縣喬…喬桐縣…"

3. 진강현(鎭江縣)

본래 고구려의 수지현(首知縣)으로 강화도 내에 있으며 신라 경덕왕(景德王)이 이름을 수진(首鎭)이라 고쳐 해구군(海口郡)의 영현(領縣)으로 삼았고, 고려에서 지금의 이름으로 갈아 그대로 소속하였다. 안도(鞍島)와 장봉도(長峯島)가 있다.

> 고려사(高麗史) 56卷-志10-地理: 鎭江縣本高勾麗首知縣在江華島內新羅景德王改名首鎭爲海口郡領縣. 高麗更今名仍屬有鞍島長峯島.

진강현은 지금의 양도면 도장리(良道面 道場里) 일대로 강화 본도의 중앙을 다스렸는데, 본래 이곳은 고구려 때에 수지(首智)로, 통일신라 때 수진(守鎭)으로 불리다가 고려 초기 진강이란 명칭을 얻게 되었다.

4. 하음현(河陰縣)

본래 고구려의 동음나현 또는 아음현(冬音奈縣, 芽音縣)으로 불리었으며, 강화도 내에 있으며 신라 경덕왕이 이름을 강음(江陰)이라 고쳐 해구군(海口郡)의 영현(領縣)으로 삼았고, 고려에서 지금 이름으로 갈아 그대로 소속하였다가 뒤에 개성현(開城縣)에 소속하였다. 주을질도(主乙叱島)가 있다.

고려사(高麗史) 56卷-志10-地理: 河陰縣本高勾麗冬音奈縣[一云芽音縣.] 在江華島內新羅景德王改名 陰爲海口郡領縣. 高麗更今名仍屬後屬開城縣有主乙叱島.

하음현은 지금의 하점면 신봉리(河岾面 新鳳里)를 중심한 본도 북부 지역을 다스렸는데, 고구려 때 동음나(冬音奈)·아음(芽音), 통일신라 때 호음(互音)으로 불리다가 고려 때 하음으로 불리었다.

5. 교동현(喬桐縣)

교동도는 일명 대운도(戴雲島) 혹은 고림(高林) 혹은 달을신(達乙新), 고려사와 삼국사기에는 달을참(達乙斬)이라고도 하였다. 본래 고구려의 고목근현(高木根縣)으로 해중(海中)에 있어 강화현의 서북 염주(鹽州)의 남쪽에 위치하며, 신라 경덕왕이 지금의 이름으로 고쳐 해구군(海口郡)의 영현(領縣)으로 삼았고, 고려에서도 그대로 소속하였는데 명종 2년에 감무(監務)를 두었다. 송가도(松家島)가 있다.

삼국사기(三國史記) 卷37, 雜志 第6: 穴口郡一雲甲比古次冬音奈縣一雲休陰高木根縣一雲達乙斬首知縣一雲新知.

고려사(高麗史) 56卷-志10-地理: 喬桐縣本高勾麗高木根縣[一名戴雲島一

云高林一云達乙斬]在海中直江華縣之西北州之南. 新羅景德王改今名爲海口郡領縣高麗仍屬之明宗二年置監務. 有松家島.

교동현은 강화 본도 서쪽에 떨어져 있는 섬으로 본도만큼 오랜 역사를 지니고 있다. 삼국시대 전에는 대운(戴雲), 고림(高林), 달신(達新) 등으로 불리었고 고구려 때 고목근(高木根)이라 하여 독립된 현(縣)을 두었고 통일신라 때부터 교동이라 불렀다. 앞에서 언급한 진강현과 하음현은 고려말기 우왕(禑王) 때 강화 본현에 통합되었으나 교동현만은 조선조 말기 고종(高宗) 때 1895년까지 독립된 현 혹은 부(府)로 존속하였다.

6. 교동도(喬桐島)

1145년(인종 23)경에 김부식(金富軾) 등이 인종의 명을 받아 편찬한 삼국시대의 정사(正史)인「삼국사기」에 이미 지명이 확인되었는데 달을참(達乙斬)이 교동(喬桐)으로 개칭되었다고 기록하고 있다. 여지도서(輿地圖書, 1765)에 의하면 교동은 본래 고구려 고목근현(高木根縣)이다. 다른 이름으로「대운도(戴雲島)」또는「고림(高林)」또는「달신(達新)」이라고도 부른다. 신라 경덕왕 때 지금의 이름으로 고쳐서, 혈구군의 속현(屬縣)으로 만들었다. 고려시대에 똑같이 불렀다가, 명종 때 감무(監務)를 설치했다. 조선 태조 4년(1395년)에 만호(萬戶)를 설치하고 지현사(知縣事)를 겸하게 했다. 그 후에 현감(縣監)으로 고쳤다. 관원은 현감과 훈도가 있다. 각각 1명 있었는데 지금은 없다. 신증(新增) 인조 7년 기사년(1629년)에 도호부로 승격시켰다. 수영(水營)은 처음에 경기도 화성의 남양 화량진(花梁鎭)에 설치했다가, 숭정 2년(1629년, 인조 7)에 월곶진(月串鎭)터로 수영을 옮겼다. 그러므로 부사(府使)로 승격시켜, 수사(水使)가 규정에 따라 월곶진을 겸했으며 진(鎭)을 강화도로 옮겼다. 1633년(인조 11)에 통어사(統禦使)를 겸했다. 교동은 사면이 바다에 둘러싸인 섬으로 서북쪽 큰 바다를 가로막아 강과 모랫벌을 차지하고 굳세게 버티고 있는 요충지로서, 강도

(江都)와는 입술이 없으면 이가 시린 것처럼 서로 밀접한 관련을 맺고 있는 지역이다. 그러므로 경기도, 황해도, 충청도의 삼도 통어영을 설치하고 황해도와 충청도의 수군을 겸하여 관할하게 했다. 바닷가 각 진(鎭)에서 황당선(荒唐船)의 동태를 살펴서, 통어영에 급히 보고하게 했다.

여지도서(輿地圖書, 1765): 本高句麗高木根縣 一名戴雲島 一云高林 一云達新. 新羅景德王改今名爲穴口郡領縣高麗仍之明宗置監務本朝太祖四年置萬戶兼知縣事後改縣監官員縣監訓導. 各一今無. 新增仁祖七年己巳陞爲都護府. 水營初設於南陽花梁鎭天啓九年移營月串鎭基故陞號府使水使例兼月串則移鎭江華. 仁祖十一年兼統禦使. 喬桐四面環海爲島而扜蔽西北大洋鎭據江磧要害與江都爲唇齒之地故設三道統禦營兼管黃海忠淸舟師而沿海各鎭候望荒唐船去來馳報本營.

대동지지(大東地志, 1863): 三道要衝兩京咽喉. 西控甕津, 東連江都, 爲畿海兩道之藩屛. 土地瘠薄, 民事舟楫. 삼도(황해도, 경기도, 충청도)의 요충으로 양경(한양과 개경)의 인후(목구멍)와 같은 곳이다. 서쪽으로 옹진을 끌어당기고 있고, 동쪽으로는 강도와 맞닿아 있으니 경기와 황해도의 번병(藩屛; 왕실이나 나라를 수호하는 먼 밖의 감영이나 병영)이다. 토지는 척박하지만 백성들은 일이 있으면 모두 열심히 일한다.

여도비지(輿圖備志, 1856)에서도 교동도의 형승(形勝)을 삼도(황해도, 경기도, 충청도)의 요충이요, 양경(개성과 한양)의 인후「**삼도요충양경인후(三道要衝兩京咽喉)**」라고 하였다.

교동군읍지(喬桐郡邑誌, 1899): 本高句麗高木根縣. 新羅景德王改郡名, 爲穴口郡領縣. 高麗仍之, 明宗置監務. 本朝 太祖四年置萬戶兼知縣事, 後改縣監爲訓導,仍復縣. 仁祖七年己巳, 自花梁水營移設于喬洞, 月串鎭基址, 陞號兼府使, 月串鎭移設江華. 後四年癸酉, 兼三道統禦使, 管轄畿海湖三道舟師, 置戰艦畜軍器, 以備西南海方. 丁酉降府使爲縣監, 越三年己亥, 統禦使移屬江華爲府使兼防禦使. 後十一年己酉, 因備局啓復設統禦使. 八十八

年丙寅, 統禦使移屬江華爲府使兼防禦使. 後九年甲戌, 復設統禦使. 後九年壬午六月, 統禦使移屬江華爲水軍節度使兼府使. 同年八月, 復設統禦. 後三年甲申, 因海防營草記統禦使移屬, 該營爲府使兼防禦使. 後十一年乙未五月, 革邑附江華郡置監獄署. 翌年丙申七月, 復邑爲郡守.

7. 교동의 명칭과 행정단위의 변천

원래 이름은 대운도(戴雲島; 구름 위에 뜬 섬)로서 높은 섬이란 의미이다. 지금 쓰는 교동(喬桐)이란 이름도 높을 교(喬) 오동나무 동(桐)이니 의미가 상통한다고 볼 수 있다.

1) 고구려

고구려의 고목근현(高木根縣, 일명 대운도(戴雲島), 고림(高林) 또는 달을참(達乙斬)으로서 바다 가운데 있는 바, 즉 강화현의 서북쪽, 염주(鹽州)의 남쪽에 있다.

2) 신 라

교동현(喬桐縣) → 경덕왕(景德王) 때 해구군(海口郡)의 영현(領縣)이다(최규성, 2005; 육군본부, 2008).

신라 경덕왕이 지금 명칭으로 고쳐서 해구군의 관할 하에 현으로 만들었다【本高句麗高木根縣一名戴雲島, 一云高林, 一云達乙斬 在海中, 直江華縣之西北 鹽州之南. 新羅景德王, 改今名, 爲海口郡領縣】. 고목근현(高木根縣)은 불휘(根: 뿌리)가 뾰족하다는 의미를 가진 '부리'와 상통한 의미로 쓰였을 것 같다. 다른 이름으로 달을신(達乙新)은 '하늘에 닿을 새'의 뜻인데 역시 높다는 의미이다. 현재 교동1길의 다른 이름이 다을새 길인데, '다을새'는 '달을신'의 뜻인 '닿을 새'의 소리음이다. 한편 삼국사기의 지명은 달을참(達乙斬)이고, 나중에 교동으로 개칭되었는데 달을참이란「크고 높은 산이 있는 고을」이라는 의미를 갖는 지명이라 전한다(국토지리정보원, 2015).

3) 고 려

고려사 권56 지 권제10(卷五十六 志 卷第十)에서 고려에 와서도 그대로 본 현에 소속시켰고 명종 2년에 감무를 두었다. 송가도(松家島)가 있다【明宗二年, 置監務. 有松家島】.

4) 조 선

교동진(태조 4)→만호겸지현사(萬戶兼知縣事→縣監)→교동부(인조 7)→도호부사(都護府使)→통어사수군절도사(統禦使水軍節度使)→교동군(인조 8, 화개면과 수정면)(강도수어사, 1995).

5) 구한말

1895년 고종은 기본 강령으로 홍범14조(洪範14條)를 선포하고 조선의 자주 독립과 갑오개혁을 실시하여, 전통적인 관료 지배 체제에서 근대적인 통치 체제로 중앙의 관제를 개편하였다. 즉, 1895년 5월 26일(공포 칙령 제98호)에 지방 제도를 개편하여 전국을 23부(府)로 나누고 그 밑에 337개 군(郡)을 두었다. 부(府)에는 관찰사, 군(郡)에는 군수가 행정 업무를 담당하였고, 당시에는 경기도라는 명칭은 없어졌으며 인천부에 강화군, 교동군 외 10개 군이 있었다. 이때 강화군도 종래 지방 행정 제도상 특별한 지위인 유수부(留守府)의 칭호를 잃고(칙령 제97호) 일개 군(郡)으로 격하되었다. 당시 교동군에는 동면, 서면, 남면, 북면, 송가면 등 5개 면이 있었다.

1896년 고종은 건양 원년에 다시 23부(府)를 폐지하고 1부(府) 13도(道)를 채택하는 칙령을 반포하였다. 1부는 한성부로 판윤(判尹)을 두었고, 13도는 경기도, 충청북도, 충청남도, 전라북도, 전라남도, 경상북도, 경상남도, 황해도, 평안남도, 평안북도, 강원도, 함경남도, 함경북도로 각 도에는 관찰사를, 경기도 지역 중 광주, 개성, 강화, 인천에는 부윤(府尹)을 두었다. 1896년 교동군은 강화군에 편입되었다가 이듬해 7월에 다시 복구되었다.

한글학회(1985)에 따르면 4개 면(面)의 동리(洞里) 명칭은 동면(東面)에 고읍(古邑), 석현(石峴), 구산(龜山), 송계(松溪), 영산(靈山), 중현(中峴), 신곡(申谷), 도통(道通), 소설(小雪), 홍현(紅峴), 호두포(虎頭浦), 법장(法丈), 탄현(炭峴), 부고(浮鼓), 월정(月井), 선촌(船村), 사하(寺下), 응수(鷹受)의 18개 동리가 있었으며, 서면(西面)은 두산(頭山), 구정(九井), 난곶(蘭串), 난서(蘭西), 금정곡(金井谷), 마산(馬山), 구려(舊閭), 계미(鷄尾), 장성(長城), 당후(堂後), 말탄(末灘), 남갑(南甲), 북갑(北甲)의 13개 동리, 남면(南面)은 읍내(邑內), 대아촌(大雅村), 방곡(方谷), 연촌(燕村)의 4개 동리, 북면(北面)은 배살곶(裵乷串), 정사동(井寺洞), 개우촌(介隅村), 무서산(舞瘋山), 돌곶(乭串), 오미(鰲尾), 애대(艾岱), 인현(仁峴), 초목(草木)의 10개 동리를 관할하여 모두 4면 45개 리로 되어 있었다.

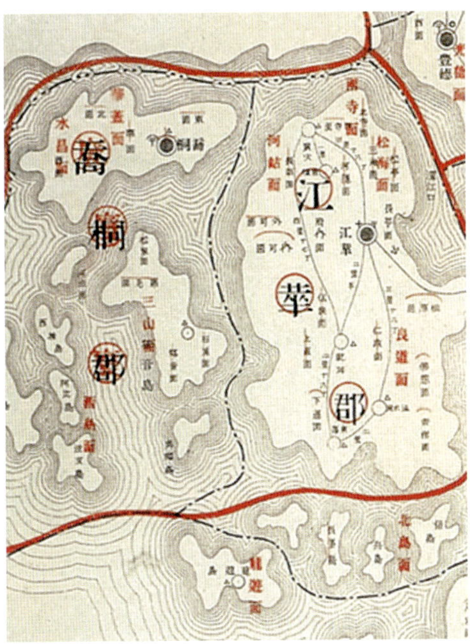

▲ 출처: 1914년 朝鮮 13道圖; 京畿道全圖 중 교동군과 강화군(영남대학교 박물관 소장)

1906년 동면을 5리(고읍, 구산, 말곶(末串), 상방(上坊), 용정(龍井)), 서면을 7리(두산, 난곶, 남갑, 북갑, 말탄, 동장(東場), 서장(西場)), 남면을 2리(대아촌, 읍내), 북면을 5리(배살곶, 인현, 무서산, 돌곶, 건지암(巾之岩))로 각기 개편하여 모두 4개 면 19개 리로 되었다. 1910년 일부 지역을 다시 병합하여, 동면을 3리(고구, 봉소, 상룡), 남면을 2리(대아촌, 읍내), 서면을 4리(양갑, 난정, 동산, 서한), 북면을 5리(인사, 지석, 삼선, 무서산, 무학)로 모두 4면 14개 리(里)로 개편하였다.

1911년 송가면은 송남면으로 개칭하여 삼산면에 이속시켰다. 1914년 4월 1일 군면(郡面) 폐합에 따라 강화군에 편입되어, 동면, 서면과 북면의 일부(인현, 건지암, 배살곶)를 병합하여, 화개산(華蓋山)의 이름을 따서 화개면(고구, 상룡, 대룡, 읍내, 봉소, 삼선, 인사 등 7리), 서면과 북면의 나머지 지역을 병합하여 수정산(水晶山)의 이름을 따서 수정면(양갑, 난정, 동산, 서한, 지석, 무학 등 6리)이라 하여 2면 13개 리(里)로 개편하였다.

6) 현 대

교동군에는 동면, 서면, 남면, 북면, 송가면 등 5개 면이 있었으나 1911년 한일합방 후 송가도(松家島)인 송가면은 송남면(松南面)으로 개칭하고, 1914년 이후 삼산면(三山面)에 편입되었다. 1914년 교동군은 화개면과 수정면 2개 면이 되고, 송남면은 삼산면으로 합면(合面) 되었으며, 1934년 강화군과 합군(合郡) 이후 1937년부터 교동면의 행정구역은 (1) 화개산을 중심으로 봉소리(鳳韶里), 상룡리(上龍里), 읍내리(邑內里), 대룡리(大龍里), 고구리(古龜里) 등 5개 리, (2) 수정산을 중심으로 양갑리(兩甲里), 동산리(東山里), 서한리(西漢里), 난정리(蘭井里) 등 4개 리, (3) 율두산(栗頭山, 밤머리산)을 중심으로 무학리(舞鶴里), 지석리(芝石里), 인사리(仁士里), 삼선리(三仙里) 등 4개 리 등 총 13개 법정리가 있다.

1995년 3월 1일 강화군 교동면은 행정구역 개편으로 경기도에서 인천광역시에 편입되어 현재에 이르고 있다.

[표 1] 강화군과 교동군의 연혁

지역 시대	강화(江華)	속현(屬縣)		교동(喬桐)
		진강(鎭江)	하음(河陰)	
삼국시대	백제: 갑비고차(甲比古次) 고구려: 혈구군(穴口郡)	고구려: 수지현(首知縣)	고구려: 동음내현(冬音奈縣)	백제: 달을신(達乙新), 달을참(達乙斬) 고구려: 고목근현(高木根縣), 대운(戴雲), 고림(高林)
통일신라	경덕왕: 해구군(海口郡) 문성왕: 혈구진(穴口鎭)	경덕왕: 수진(首鎭·守鎭)	경덕왕: 하음현(河陰縣)	경덕왕: 교동현(喬桐縣)으로 해구군의 영현(領縣)
고 려	태조: 강화현(江華縣) 고종: 강도·심주(江都·沈州) 우왕: 강화부(江華府)	진강현(鎭江縣)	하음현(河陰縣)	명종: 교동현(喬桐縣)
조 선	태조: 강화도호부(江華都護府) 인조: 강화유수부(江華留守府)	조선초: 강화도호부(江華都護府)에 편입	조선초: 강화도호부(江華都護府)에 편입	태종: 교동현(喬桐縣) 인조 7년: 교동부(喬桐府) 정조 원년: 교동현(喬桐縣) 정조 4년: 교동부(喬桐府)
근대 이후	1895: 강화군(江華郡) 1896: 강화부(江華府) 1906: 강화군(江華郡) 1995: 경기도에서 인천광역시로 편입			1895년: 교동현으로 강등되어 강화군에 편입 1896: 교동군으로 회복 1914: 강화군 1934: 강화군에 합군(合郡)

※부(府)·군(郡)·면(面)의 통폐합은 1914년 4월 1일 조선총독부가 시행한 조선총독부령 제111호 도(道)의 위치·관할구역 변경 및 부·군의 명칭·위치·관할구역 변경에 관한 규정(1913년 12월 29일 공포)에 의하여 대대적인 행정구역 개편을 단행(13도 12부 220군)했다.

[표 2] 해방 이전 교동의 행정구역 및 행정지명의 변화 과정

<table>
<tr><th colspan="2">조선 후기(교동군)</th><th colspan="2">1911년(교동군)</th><th colspan="2">1914년(강화군)</th><th colspan="2">1934년(강화군)</th></tr>
<tr><td rowspan="4">동면(東面)</td><td>말곶리(唜串里)</td><td rowspan="7">읍동면(邑洞面)</td><td>봉소동(鳳韶洞)</td><td rowspan="10">화개면(華蓋面)</td><td>봉소리(鳳韶里)</td><td rowspan="20">교동면(喬桐面)</td><td>봉소리</td></tr>
<tr><td>고읍리(古邑里)</td><td rowspan="2">고구동(古龜洞)</td><td rowspan="2">고구리(古龜里)</td><td rowspan="2">고구리</td></tr>
<tr><td>구산리(龜山里)</td></tr>
<tr><td>상방리(上坊里)</td><td rowspan="2">상룡동(上龍洞)</td><td rowspan="2">상룡리(上龍里)</td><td rowspan="2">상룡리</td></tr>
<tr><td rowspan="3">남면(南面)</td><td>용정리(龍井里)</td></tr>
<tr><td>읍내리(邑內里)</td><td>읍내동(邑內洞)
*용정리 일부 병합</td><td>읍내리(邑內里)</td><td>읍내리</td></tr>
<tr><td>대아촌리(大雅村里)</td><td>대룡동(大龍洞)
*용정리 일부 병합</td><td>대룡리(大龍里)</td><td>대룡리</td></tr>
<tr><td rowspan="6">북면(北面)</td><td>비곶리(斐串里)</td><td rowspan="6">북면(北面)</td><td rowspan="2">삼선동(三仙洞)
*건지암리 일부 병합</td><td rowspan="2">삼선리(三仙里)</td><td rowspan="2">삼선리</td></tr>
<tr><td>독지리(禿旨里)</td></tr>
<tr><td>인현리(仁峴里)</td><td>인사동(仁士洞)
*비사곶리 일부 병합</td><td>인현리(仁峴里)</td><td>인현리</td></tr>
<tr><td>건지암리(乾支岩里)</td><td rowspan="2">지석동(芝石洞)</td><td rowspan="10">수정면(水晶面)</td><td rowspan="2">지석리(芝石里)</td><td rowspan="2">지석리</td></tr>
<tr><td>돌곶리(乭串里)</td></tr>
<tr><td>무서산리(舞鼠山里)</td><td>무학동(舞鶴洞)</td><td>무학리(舞鶴里)</td><td>무학리</td></tr>
<tr><td rowspan="7">서면(西面)</td><td>남갑리(南甲里)</td><td rowspan="7">서면(西面)</td><td rowspan="2">양갑동(兩甲洞)</td><td rowspan="2">양갑리(兩甲里)</td><td rowspan="2">양갑리</td></tr>
<tr><td>북갑리(北甲里)</td></tr>
<tr><td>난고리(蘭皐里)</td><td rowspan="2">난정동(蘭井洞)
*동장리 일부 병합</td><td rowspan="2">난정리(蘭井里)</td><td rowspan="2">난정리</td></tr>
<tr><td>두산리(頭山里)</td></tr>
<tr><td>동장리(東場里)</td><td>동산동(東山洞)
*두산리 일부 병합</td><td>동산리(東山里)</td><td>동산리</td></tr>
<tr><td>서장리(西場里)</td><td rowspan="2">서한동(西漢洞)</td><td rowspan="2">서한리(西漢里)</td><td rowspan="2">서한리</td></tr>
<tr><td>말탄리(末灘里)</td></tr>
<tr><td rowspan="4">송가면(松家面)</td><td>일리(一里)</td><td rowspan="4">송가면(松家面)</td><td rowspan="2">상동(上洞)</td><td colspan="4" rowspan="4">※송가면의 상동·하동은 이후
강화군 삼산면 상리(上里)·하리(下里)가 됨</td></tr>
<tr><td>이리(二里)</td></tr>
<tr><td>삼리(三里)</td><td rowspan="2">하동(下洞)</td></tr>
<tr><td>사리(四里)</td></tr>
</table>

※1910년 교동군의 삼산면이 강화군에 편입되었으며, 1914년 4월 1일 부군면(府郡面) 통폐합에 따라 교동군이 강화군에 통합되었으며, 1934년에 화개면과 수정면이 합면되어 교동면이 되고 강화군에 소속되었다.

8. 교동도 인구의 변화

1454년부터 2015년까지 560년간 교동도의 인구 변화를 보면 아래 그림과 같이 변화 양상의 일관성이 있었다. 1454년 세종실록에 221호구에 인구 562명(당시 강화부의 호수: 2,445호, 인구: 3,283명)이 역사상 최초의 기록이다. 1760년 여지도서 교동부지(輿地圖書 喬桐府誌)에 1,739호구에 인구 7,211명으로 300년 동안 호구는 약 8배, 인구는 12배 이상 각각 증가하였다. 교동군읍지(1899)에 의하면 교동 인구는 1,343호(戶)에 총 5,637명(남자 3,121명, 여자 2,516명)이 기록되어 있으나, 교동군읍지 필사본(1914)에는 1,789호(戶)에 총 9,071명(남자 4,726명, 여자 4,345명)이 기록되어 불과 15년 만에 무려 3,434명이 증가하여 납득하기에 어려운 인구수라고 판단된다. 또한 1899년과 1914년에 교동도에는 남자가 각각 605명, 381명이 많았던 것도 특이하였다. 박헌용의 속수증보강도지(續修增補江都誌, 1932)에는 화개면에 4,220명과 수정면에 3,370명 등 교동에는 총 7,570명이었다.

인구의 변화는 1899년과 1914년을 제외하고 1760년부터 1932년까지 170년간 일관되게 매년 7천 명대를 유지하다가, 1932년부터 13년간 1,054명이 증가하여 1945년에는 8,644명이 되었다. 1950년 6월 25일부터 한국전쟁이 한창일 때 교동의 인구 변동이 심하게 나타났다. 즉, 1951년에 갑

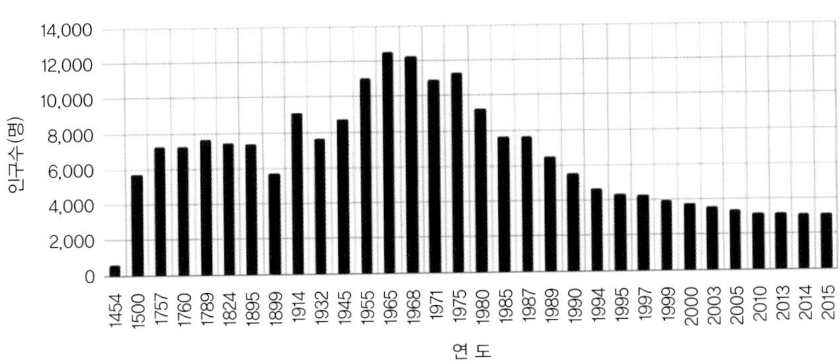

▲ 1454~2015의 교동도 인구의 변화

자기 29,764명으로 급증하게 되어 역사상 최고치의 인구를 보이고 있었다. 이 자료는 김귀옥(2008)의 유엔(UN) 민사처 자료에 근거하여 교동 원주민 10,505명, 피난민 19,259명으로 집계되었다고 주장하고 있으나, 전쟁 시에 일시적인 인구 유입으로 강화군청이나 교동면지, 교동향토지, 교동사 등에서는 언급되지 않으며 교동면민이라고 할 수 없다.

일시 유입 인구를 제외하고 1955년 10,964명에서 1965년 12,443명으로 증가하여 교동도 역사상 최고의 인구수를 보였다. 그러나 경제개발과 산업화가 한창이던 시기인 1975년 11,257명에서 매 5년 단위로 약 1천 5백여 명 정도가 감소되어 25년이 지난 2000년에는 3,694명이어서, 1년에 약 3백 명씩 도시 및 타 지역으로 전출하여 감소하는 경향이 뚜렷하였다. 최근의 인구의 변동은 2000년부터 2014년까지 약간씩 감소하는 추세였음에도 매년 3천명대를 유지하다가, 강화군청 통계에 의하면 2015년 10월 1일 처음으로 2천명대인 2,995명(남자 1,499명, 여자 1,496명)을 보였다.

9. 지명의 유래와 명칭 표기의 혼란

1) 수정산

수정산(水晶山)은 교동의 서쪽에 있는 명산으로 양갑리, 난정리, 동산리 중심에 있으며 화암 유형석(華菴 兪衡錫)은 아래와 같이 읊고 있다.

半日松亭半日泉 消愁滌署猪千錢 (반일송정반일천 소수척서저천전)
隨陰靜坐耽聽鳥 依石閑眠試學仙 (수음정좌탐청조 의석한면시학선)
遠近樵歌靑草裡 高低山影夕陽邊 (원근초가청초리 고저산영석양변)
停車怊悵仍遥望 江北村村鏁暮烟 (정차초창잉경망 강북촌촌쇄모연)

반나절은 소나무 정자에서 반나절은 샘물에서
더위를 씻고 시름을 달래니 천금인들 던지리
그늘을 따라 고요히 앉아 새소리를 듣고자 하였지

돌에 기대어 한가히 졸고 있자니 신선인가 하노라
나무꾼의 노래는 가까이 들리는데
저녁 노을에 산 그림자도 높이 보이네
수레를 멈추고 멀리 바라보니 서글프기만 하여라
강 북녘엔 마을마다 연기에 둘러 있구나

이러한 수정산과 이 산에서 유래한 행정단위 이름으로 판단되는 수정면의 한자가 여러 가지로 표기되고 있어 혼란을 야기하고 있다. 이에 수반되는 명칭인 봉수(烽燧), 약천(藥泉), 단(壇)의 명칭도 제각각 표기되어 있다. 지도상의 표기와 문헌의 표기로 나누어 보면 다음과 같다.

(1) 지도상의 표기

여지대전도(輿地大全圖, 1725)에는 수정산(修正山)으로 표시되어 있으나, 강화지도(江華地圖, 17세기 초), 교동수영도(喬桐水營圖, 1725), 여지도서(輿地圖書, 1760), 여지도(輿地圖, 1760), 해동지도(海東地圖, 18세기 중엽), 여지도(輿地圖, 18세기 중엽), 대동여지도(大東輿地圖, 1860), 교동부전도(喬桐府全圖, 1872)에 수정산(修井山)으로 표기되어 있다. 또

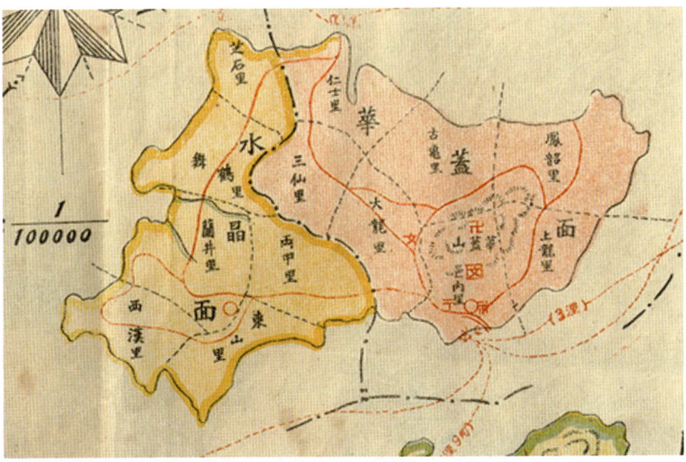

▲ 수정면과 화개면, 속수증보강도지(박헌용, 1932)에서 인용

한 교동군부읍지(喬桐府邑誌, 1899)에는 수정산은 관아의 서쪽 20리에 있다【修井山, 在府西二十里】. 동국여지지(東國輿地志)에 수정산(修井山)은 현의 서쪽 25리 되는 곳에 있다【修井山在縣西二十五里】. 이와 같이 과거의 지도에는 **修正山** 또는 **修井山**으로 표기되어 있으나, 2000년 이후 국립지리원에서 발행되는 강화지도와 현재 사용하는 각종 인쇄물에는 수정산(**水晶山**)으로 표기되어 있다. 한편 1899년 구한말 강화지형도에는 현재의 선월산 위치에 수정산(**水井山**)으로 표기되어 있다.

한편 수정산에서 유래한 행정단위인 수정면의 명칭도 경기도전도(京畿道全圖, 1914)에는 수창면(**水昌面**)으로, 강화지도(1921)와 박헌용(1932)의 속수증보강도지(續修增補江都誌)에는 각각 수정면(**水晶面**)으로 표기되어 있다. 따라서 현재까지 지도에 알려진 수정산의 한자는 修正山, 修井山, 水晶山, 水井山, 水昌面 등 5가지로 사용되고 있어 혼란을 야기하고 있다.

▲ 출처: 강화 옛 지도(강화군, 2003). 좌: 지나조선고지도(17C 초기), 중: 여지도(18C 중엽), 우: 여지대전도(1725년).

▲ 출처: 강화 옛 지도(강화군, 2003). 좌: 대동여지도(1860년), 중: 여지도서(1760년), 우: 여지도(18C 중엽).

(2) 문헌상의 표기

조선왕조실록 세종실록지리지 교동현에 수정산은 현 서쪽에 있다【修井山在縣西】. 경기 부평도호부 교동현, 신증동국여지승람 제13권 교동현(1530), 경기도 교동부읍지(1842)에는 수정면(水晶面)으로 표기되어 있으며, 김정호(金正浩, 1863)의 대동지지(大東地志)[1]에서는 수정산(修井山)은 서쪽으로 20리에 있고 봉수가 있다(修井山西二十里烽燧修井山)고 하였다. 김노진(金魯鎭, 1783)의 심부개판강도부지(沁府開板江都府志)에는 수정산(脩井山)으로 표기되어 있다. 박헌용(1932)의 속수증보강도지(續修增補江都誌)에서는 수정단(水晶壇)으로 표기되어 있다. 수정산과 관련된 단(壇), 봉수, 약수, 교동팔경 등에는 수정(水晶)이란 한자로 표기되어 있다. 결과적으로 수정산의 한자는 지도상에서 5가지와 문헌에서 **脩井山**이 한 가지 더 추가되어 여섯 가지로 다르게 표기되어 있다.

(3) 현재의 산과 지명

비교적 근래에 한글학회(1985)의 한국지명총람에서도 수정산(水晶山)으로 표기되어 있다. 강화문화원에서 발간한 강도고금시선(江都古今詩選, 1991), 강도지명고(1992), 강도의 맥(江都의 脈, 1999, 2004), 강화지명지(2002), 인천광역시(2002), 강화향토유적사료집(2002), 강화향리지(2013)에서 모두 수정산(水晶山)으로 표기하고 있다. 또한 교동 주민들이 발간한 교동군읍지(1899), 교동향교지(1987, 2012), 교동향토지(1995)와 교동사(1995)에서도 똑같이 수정산(水晶山)으로 표기하고 있다.

전체적으로 살펴볼 때 구한말 이전에는 수정(修井)으로 표기되어 있었으나, 1899년 수정산(水井山), 1914년 수창면(水昌面) 등으로 혼용하다가 1914년 행정조직의 개편시 수정면(水晶面)으로 사용된 것이 강화지도

---

[1]『대동지지(大東地志)』는 김정호가 목판본『대동여지도(大東輿地圖)』22첩을 간행한 1861년부터 1866년경 사이에 편찬한 32권 15책의 필사본 전국 지리지이자 역사지리서이다. 김정호는 목판본의『대동여지도』22첩 등 주로 지도 제작자로 알려져 있지만 실제로는 지도와 지리지를 함께 제작한 지리학자이며,『대동지지』는 그가 마지막으로 편찬한 지리지이다.

(1921)와 박헌용(1932)의 속수증보강도지로 이어져 현재까지 사용하는 것으로 판단된다. 한글학회(1985)에서도 수정산(水晶山)의 이름을 따서 수정면(水晶面)이라고 하였다고 한다. 따라서 수정산 7부 능선 바위틈에서 샘물이 흐르기 때문에 수정산(脩井山)이라고 했던 과거 명칭과 수정산이 물(水)을 상징하고, 주변 지명이 구정(九井), 월정(月井), 난정(蘭井) 등을 고려하여 구한말에도 수정산(水井山)이라고 표시한 것으로 판단되는 바, 어떤 이유로 수정산(水晶山)으로 표기하고 있는지 타당한 사정을 알릴 필요가 있으며, 그렇지 않은 경우에는 옛날에 사용하던 한자를 사용해야 하는 신중한 검토가 있어야 할 것이다.

2) 입석산(立石山)과 마재산(馬載山)

교동도의 입석산과 마재산의 위치와 실체는 현재 사용하는 지도나 문헌에서 거의 사라져가고 있어 과거 기록에서나 볼 수 있다. 김정호(1863)의 대동지지(大東地志)에 입석산(立石山)은 북쪽 15리 길에 있다【立石山北十五里】. 여도비지(輿圖備志, 1856)에서도 입석산은 치소에서 북쪽으로 15리 되는 곳에 있다【立石山治北十五里】. 마재산(馬載山)은 산세(山勢)가 말 잔등에 짐을 실은 것과 같다고 하여 '말시리'라고 부르던 것이 와전되어 '매시리'로 전해지고 있다(교동향토지, 1995).

(1) 지도상의 표기

현재 국립지리원에서 발행하는 지도에는 교동면 동북부 봉소리의 가장 동쪽으로부터 차례로 봉황산(鳳凰山, 75 m), 봉재산(鳳載山, 76.1 m), 삼성산(三星山, 65 m)이 표시되어 있다.

여지대전도(1725), 교동지도(1760), 강화부지도와 강화지도(18세기 중엽), 강화부지도(제작시기 미상) 등 4개 지도에는 마재산(馬載山)으로만 표기되어 있으며, 교동지도(18세기 후반), 대동여지도(김정호, 1861~1866), 강화·교동부지도와 강화·교동지도(19세기 초와 후반), 대동여지도(1860) 그리고 1770년 영조의 명(命)으로 신경준(申景濬)의 주도 하에 제작된 조선지도(朝鮮地圖)에는 입석산(立石山)으로, 교동수영도(1725), 교동부지도와 교동지도(18세기 중엽)에는 소마재산(小馬載山)과 대마재산(大馬載山)으로 표기되어 있다. 1917년(대정 6) 조선총독부(朝鮮總督府)에서 만든 조선지형도에서 교동섬 오른쪽 맨 위 뾰족한 산을 마재산(馬載山, 34 m)이라고 명확하게 표시하였으나, 현재의 봉황산은 봉산(鳳山, 74.9 m)으로 표시하였다. 최근 발행한 교동향토지(喬桐鄉土誌, 1995)의 부록에는 교동도 동쪽 끝 호두포 뒤편의 산인 호두산(虎頭山)과 교동대교 오른쪽 호두포 앞산인 영재산(鈴載山, 37 m)을 모식적으로, 봉황산(鳳凰山), 봉재산(鳳載山), 삼성산(三星山)은 현재와 같고, 교동대교 왼쪽의 상룡리 입구에 은압산(銀鴨山, 52 m)도 모식적으로 표시하였다.

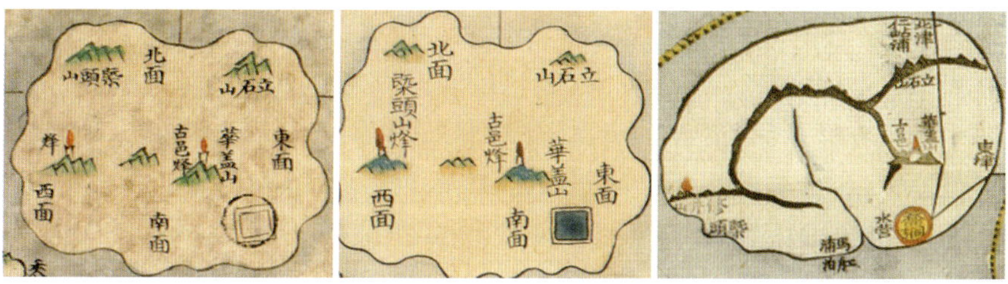

▲ 출처: 강화 옛 지도(강화문화원, 2003). 좌: 조선지도(18C 후반), 중: 팔도군현도(18C 후반), 우: 대동여지도(1860).

▲ 출처: 강화 옛 지도(강화문화원, 2003). 좌: 해동지도(18C 중엽), 중: 여지도(18C 중엽), 우: 여지도(18C 중엽).

(2) 문헌상의 표기

교동군읍지(1899)에 마재산은 군 동쪽 10리 되는 곳에 있고...【馬載山在郡東十里...】, 교동부읍지(1871)에는 한 곳은 마재산으로 동면 말곶리에 있고…【一處馬載山在東面燾串里…】, 교동군읍지(1899)의 산천(山川)편에 봉황산(鳳凰山)은 군 동쪽 8리 되는 곳에 있고, 왕봉산(王鳳山)도 군 동쪽 8리 되는 곳에 있으며, 마재산은 군 동쪽 10리 되는 곳에 있다…【鳳凰山在郡東八里, 王鳳山在郡東八里, 馬載山在郡東十里…】라고 하여 세 개의 산을 서로 다르게 위치를 설명하고 있다. 또한 고지도(古地図)를 통해 본 경기지명연구(2011)에서 대마재산(大馬載山, 큰매수리)이 언급되었다. 즉, 가장 동쪽 말곶리 10리에 마재산, 8리에 봉황산과 왕봉산이 있다는 것이다. 상기한 지도인 교동수영도(1725년, 18세기 중엽)와 교동부지도와 교동지도(18세기 중엽)에 소마재산(小馬載山)이 가장 동쪽에, 안쪽으로 대마재산(大馬載山)이 표기되어 있다.

(3) 현재 사용하는 산 명칭과의 일치

교동도 동북쪽 맨 위에 있는 산이 마재산(馬載山)이고, 앞에 약 1 km 떨어진 봉소리의 높이 75 m의 봉황산(鳳凰山)이 소마재산(小馬載山)이고, 76.1 m의 봉재산(鳳載山)이 대마재산(大馬載山)인 것이 확실하다. 대동여지도(1860)와 교동지도(18세기 후반)의 입석산(立石山)은 소마재산과 대마재산을 다른 명칭으로 사용한 듯하다. 다만, 현재 군부대가 있는 영재산(鈴載山, 약 30 m)과 한증막이 있는 은압산(銀鴨山, 52 m), 그리고 교동의 작은 산들이 지도상에 표시되어 있지 않으나 다행히 교동사랑카페(http://cafe.daum.net/lovegyodong)에서는 찾아볼 수 있어, 과거 교동의 조상들이 아끼던 지명이 익숙하나 점차 사라지는 것 같아 아쉽다.

교동향교지(1987)에는 봉황산(75 m)과 마재산(34 m)을, 한글학회(1985)에 발행한 한국지명총람에서는 봉소리에 3개의 산을 기록하고 있는데 동북쪽 끝에 마장(馬場)이 있어 마재산(매수리, 매시리), 신골(申谷) 북쪽에 봉황산과 왕봉산(王鳳山, 74.9 m) 등이다. 교동향교지(2012)에는 봉황산(75 m), 봉재산(76 m), 호두산(25 m)을, 강도지명고(1992)에는 왕봉산(汪鳳山) 기슭에 신골(新谷)이 있다고 하여 현재의 봉황산(鳳凰山)과 혼용한 듯하며, 강화향리지(2013)에는 신골 북쪽에 왕봉산(王鳳山, 74.9 m)과 봉황산 두 개의 산을 기록하였다. 왕봉산의 한자도 두 가지(王鳳山, 汪鳳山)

로 사용하고 있다.

3) 비석진(鼻石津)

조선 전기에는 교동에서 강화로 향할 때 교동현에서 동쪽으로 10리 떨어진 비석진(鼻石津)을 이용하였다고 한다. 이와 같은 사실은 세종실록지리지(경기 부평도호부 교동현; 동국여지 교동현)에 기록되어 있다. 즉, 비석진(鼻石津, 빗돌나루)은 현(縣) 남쪽에 있다. 속칭 빗돌나루 또는 벗돌나루[寅火石津]라고 하며, 나룻배가 있는데, 강화로 왕래한다【鼻石津、在縣南, 俗號寅火石津, 有渡船, 江華往來者由之】. 신증동국여지승람 제13권 경기 교동현에 비석진이 현 동쪽 10리에 있는데, 인화석진(寅火石津)이라고도 한다. 또한 1760년 간행 여지도서(輿地圖書, 1765)에 비석진이 현의 동쪽에 있으며, 일명 인화석진이라고도 하며, 강화부에서도 또 볼 수 있다【鼻石津, 在縣東, 一名寅火石津, 又見 江華府】. 한편 지나조선고지도(支那朝鮮古地圖, 1623)에는 비석진이 동쪽 10리에, 동진원(東津院)은 동쪽 11리 비석진 바로 위에 위치해 있다. 17세기 초와 1884년에 각각 간행한 「강화지도」와 「강화전도」에서 비석진이 동쪽 10리에 있고(鼻石津 東十里), 그 위 인접한 곳에 동진원(東津院 十一里)이 있다. 이와 같이 여러가지 지도와 문헌에서 비석진 주변에 동진원이 있었다는 점으로 미루어 동진포(東津浦)를 조선 초기에는 비석진(빗돌나루, 벗돌나루)이라고 불렀을 것으로 판단된다.

4) 호두포(虎頭浦)

호두포(虎頭津)는 교동대교 지나 오른쪽에 봉소리의 호두산(虎頭山, 25 m)을 끼고 있는 포구를 말하며, 이 산이 호랑이의 머리를 닮은 형상이어서 호두포라고 명명했다고 전해지고 있다. 근래의 많은 문헌이나 안내서에서 연산군(燕山君)이 유배될 때 양사면 인화포구(寅火浦口)에서 호두포를 이용하여 교동도로 들어왔다고 하나 현재까지 밝혀진 문헌에는 그 당시에 호두포라는 명칭은 찾을 수 없다. 당시의 문헌상 대표적인 포구는 황해도 연백으로 통하는 북진포(北津浦) 또는 인참진(仁站津)이라고 불리는 포구가 있었으며, 또한 위에서 언급한 바와 같이 강화 본도를 왕래하는 포구는 동진(東津) 또는 비석진(鼻石津)이었다. 지도상에는 대동지지(1863)에 처음으로 호두포가 기록되고, 교동 동북 10리의 동진에서 강화도 인화석진으로 통행한다고 하였다【津渡東津東北十里通江華寅火石津】. 그러므로 문헌상의 호두포는 1860년대 중반 이후에 사용된 것으로 보인다.

확실한 증거로는『1872년 지방지도』「교동부지도」해제에도 "...강화도와의 도선(渡船)은 읍 동남쪽의 동진(東津)에서 출항하며, 지금도 당시의 나루터가 남아 있다..."라고 서술하고 있다. 1907년(光武 11) 장지연(張志淵)이 만든 대한신지지경기도(大韓新地志京畿道)에도 강화 인화진과 교동의 동진의 항로를 표시하였고, 1917년(大正 6) 조선총독부에서 발행한「조선지형도(朝鮮地形圖)」에서도 인화포(寅火浦)와 동진(東津)의 연결 항로가 표시되어 있다. 따라서 교동도와 강화 본도와의 항로는 1872년, 1907년, 1917년에 제작된 지도에서도 보듯이 양사면 인화진과 동진포로 항로 표시가 된 점으로 보아 1860년대 이후에 축조된 것으로 짐작된다.

문헌상에서도 호두포라는 지명이 처음 등장하는 것은 김정호(1863)의 대동지지와 신교동팔경의 호포제월(虎浦霽月)에서 등장한다. 신교동팔경

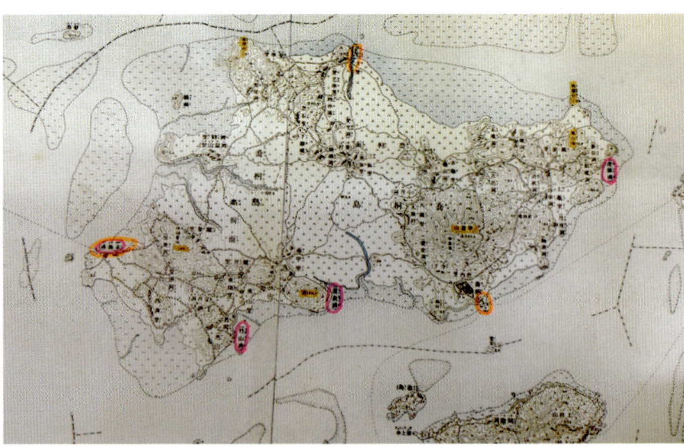

▲ 출처: 1917년(대정 6년) 조선총독부에서 만든 조선지형도

은 당시 교동군수였던 서상교(徐相喬)가 주관하여 만든 교동군읍지(1899)에 교동군 동면 말곶리에 호두포가 동북쪽 십리에 있다고 소개된다【虎頭浦 東北十里】. 1896년(고종 33)에 교동군을 설치, 교동군의 4개 면 중 동면(東面)에 말곶리(㖈串里)가 있고, 말곶리에 소추동(韶箒洞), 호두포라는 지명이 등장한다. 한글학회(1985)에 발행한 한국지명총람에서 호두포는 봉소리에 홍현(紅峴) 동쪽에 있으며, 일명 버머리 또는 버머릿개라고도 부른다.

10. 교동면 13개 리(里)의 해설

1) 고구리(古龜里)

교동도의 중앙 북부에 위치하며, 북쪽으로 조강(祖江)을 사이에 두고 황해도 연백군 호동면과 마주하고 있다. 옛날 교동현의 읍치(邑治) 소재지

▲ 교동도 지도

라 하여 고읍리라 불렀으며, 1914년 행정구역을 개편할 때 고읍리(古邑里)와 구산리(龜山里)를 통합하면서 고구리(古龜里)라고 하여 화개면에 소속되었다가, 1934년 교동면 고구리로 하여 현재에 이르고 있다. 고구리에는 1리에 석현(石峴), 고읍(古邑), 2리에 송계(松溪), 구산(龜山), 영산(靈山) 등 자연마을이 있다.

2) 대룡리(大龍里)

옛날 이 마을에서 역마(驛馬)를 사육하여 대역촌(大驛村)이라 부르다가 뒤에 대아촌(大雅村)으로 개칭하였으며, 원래 1759년부터 1906년까지 교동군 남면 소속의 대아촌리(大雅村里)였다. 1914년 행정구역 개편 때 동면, 남면이 통합하여 신설된 화개면(華蓋面)에 소속이 되었다가 1934년 4월 1일 화개면과 수정면을 합하였으며, 현재의 교동면 대룡리가 되었다. 대룡리에는 1리에 대아(大雅), 2리에 대명(大明) 자연마을이 있으며, 13개 리(里) 중 인구가 가장 많다.

3) 읍내리(邑內里)

읍내리는 교동도 남쪽 지역에 위치하며, 1629년(인조 7) 이래로 교동부의 읍치가 있던 곳이라 읍내리라고 불렀다. 1914년 행정구역 개편 때 화개면에 편입되었다가 1934년 수정면과 통합되어 교동면 읍내리가 되었다. 읍내리에는 성내(城內)와 사하(寺下) 자연마을이 있다.

4) 상룡리(上龍里)

상룡리는 교동도 동쪽 지역으로 윗마을이란 뜻으로 상방리(上坊里)라고 하였다. 1914년 이후 남면(南面)의 용정리(龍井里)를 합하여 상방(上坊)과 용정(龍井)에서 한 글자씩 따서 상룡리(上龍里)라 하여 화개면에 소속되었다가 1934년 신설 교동면에 통합되었다. 상룡리에는 월선(月船), 용정(龍井), 상방(上坊), 탄현(炭峴) 등 자연마을이 있다.

5) 봉소리(鳳韶里)

봉소리는 교동도 동북쪽에 위치하며, 조강(祖江)을 사이에 두고 황해도 연백군 호동면과 이웃하고 있다. 민통선 설치 이전에는 강화도 양사면 인화포와 교동도 호두포 사이에 선박이 왕래하던 곳이다. 또한 봉소리는 동면 끝 지역을 말곶리(䆾串里)라 하였는데, 1914년 행정구역 폐합에 따라 봉황산(鳳凰山)과 소소동(簫韶洞)에서 한 자씩 따서 봉소리(鳳韶里)라 하여 화개면에 편입되었다가 1934년 교동면 봉소리로 되었다. 봉소리에는 종소(宗韶), 호소(虎韶), 홍현(紅峴) 등 자연마을이 있다.

6) 삼선리(三仙里)

삼선리는 교동도에서 유일하게 바다에 접하지 않는 중앙에 위치한다. 1914년 행정구역을 개편할 때, 북면 독지리(禿旨里)와 비곶리(斐串里)를 통합하였고, 건지암리(巾之岩里) 일부를 흡수해 삼선리(三仙里)라고 하여 화개면에 편입되었다가 1934년 교동면 삼선리가 되었다. 삼선1리에 독곡(禿谷), 2리에 곡암(谷岩), 건암(巾岩) 등 자연마을이 있다.

7) 인사리(仁士里)

인사리는 교동도 중앙부 북쪽에 위치하며, 조강을 사이에 두고 황해도 연백군 해동면과 마주하고 있다. 교동군 북면 지역으로 1914년 행정구역 개편 때 인현리(仁峴里)에 비사을곶리(非士乙串里)의 일부를 합하고, 두 마을에서 한 자씩 따서 인사리라 하여 화개면에 편입되었다가 1934년 교동면 인사리가 되었다. 인사리에는 초목(草木), 인현(仁峴) 등 자연마을이 있다.

8) 지석리(芝石里)

교동도의 가장 북쪽에 율두포(栗頭浦)가 있으며, 이 주변에 있는 지석리는 조강을 사이에 두고 황해도 연백군 호동면과 마주보고 있다. 교동군 북면 지역으로 돌로 된 곶(串)이 있는 마을이라 돌곶리(乭串里)라 불렀다. 1914년 행정구역 통폐합에 따라 북면 돌곶리(乭串里)와 건지암리(巾之岩里)를 합하여 지석리라고 하여 수정면에 편입되었다가 1934년 교동면 지석리가 되었다. 지석리에는 오현(鰲峴), 건암(巾岩), 소현(召峴), 선양(仙陽) 등 자연마을이 있다.

9) 무학리(舞鶴里)

무학리는 교동도 서쪽에 위치하며, 조강을 사이에 두고 황해도 연백군 호남면과 마주 보고 있다. 교동군 북면 지역으로 무서산리(無鼠山里)라 부르다가 1914년 무학리(舞鶴里)로 바뀌어 수정면에 편입되었다가 1934년 교동면 무학리가 되었다. 무학리에는 동촌(東村), 서촌(西村)의 자연마을이 있으며, 인구수가 동산리와 유사하게 적다.

10) 난정리(蘭井里)

난정리는 교동도 서쪽에 위치하며, 조강을 사이에 두고 황해도 연백군 해성면과 마주 보고 있다. 1914년 행정구역 개편에 따라 종래 난곶리(蘭串里)로 과거 난고리(蘭皐里)에 구정동(九井洞)의 일부를 합하였다. 난고리와 구정동에서 한자씩 따서 난정리라고 하였으며, 수정면에 편입되었다가 1934년 이후 교동면 난정리가 되었다. 난정1리에 난곶(蘭串), 난서(蘭西), 2리에 구정(九井), 월정(月井) 등 자연마을이 있다.

11) 서한리(西漢里)

서한리는 교동도 남서쪽에 위치하며, 조강을 사이에 두고 서쪽으로는 황해도 연백군 해성면과, 남쪽으로는 삼산면 서검도(西檢島)와 마주하고 있다. 1914년 행정구역 개편에 따라 서장리(西場里)와 말탄리(末灘里)를 통합하여 서한리라고 하여 수정면에 소속되었다. 1934년 이후 교동면 서한리이며, 장성(長城), 당후(當後) 등 자연마을이 있다.

12) 동산리(東山里)

동산리는 교동도의 남서쪽에 위치하며, 남쪽으로 삼산면 서검도(西檢島)와 미법도(彌法島)와 마주하고 있다. 1914년 행정구역 개편에 따라 동장리(東場里)와 두산리(頭山里)를 통합하여 동산리라고 하여 수정면에 소속되었다가 1934년 이후 교동면 동산리이다. 동산리에는 두산(頭山), 구려(舊閭), 금정(金井) 등 자연마을이 있으며, 13개 리(里) 중 인구가 가장 적다.

13) 양갑리(兩甲里)

양갑리는 교동도 중앙부 남쪽에 위치하며, 남쪽 바다는 삼산면(석모도, 席毛島)와 마주하고 있다. 1914년 행정구역 개편에 따라 종전 남갑리(南甲里)와 북갑리(北甲里)를 통합하여 양갑리(兩甲里)라 하고, 수정면에 소속되었다. 1934년 이후 교동면 양갑리이며, 남갑, 북갑의 자연마을이 있다.

11. 교동도의 포구(浦口)

교동도는 섬이라는 특성상 동·서·남·북 사방으로 통하는 나루터를 가지고 있다. 치소(治所)가 고읍리(古邑里)에 있었을 때는 황해도 연백군과 연결되는 북쪽 연안의 각산진(角山津), 그리고 동쪽에 강화도의 인화석진(寅火石津)과 연결되는 비석진(鼻石津)이 주요 나루터였다. 그러나 1633년(인조 11) 치소(治所)가 읍내리로 이전됨에 따라 송가도(松家島)와 강화도로 연결되는 새로운 나루터가 필요하게 되었다. 조선 후기 고지도(古地図)를 볼 때 읍성의 동문과 연결되는 동진포(東津浦)와 남문과 연결되는 남진포(南津浦 또는 南山浦)가 이러한 기능을 한 것으로 보인다. 교동도에는 크지 않은 섬인데도 불구하고 포구와 나루터가 유난히 많은데 이는 인근 지역과의 교류와 교통이 활발했던 것을 증명하는 것이라 하겠다.

1) 남산포(南山浦)

읍내리 남산포는 남산(南山, 옛 이름은 진망산(南望山)) 밑에 있는 포구로 교동부 시절 대변창(待變艙)이 있어 병선(兵船)이 주둔하고 있었으며 조선소도 있었다(강화지명지, 2002; 강화군향리지, 2013). 진망산에 사신당(使臣堂)이 있었으므로 중국으로 오가던 사신들이 주로 이용한 포구였다.

▲ 좌: 남산포, 우: 남산포에 중국 사신들이 배에서 내려 올라오는 등선대

2) 마포(馬浦)

마포는 서쪽 10리 길에 있다. 이곳으로부터 서쪽으로 가면 해주 용매진(龍媒鎭)이 나오는데, 선박으로 후풍을 기다려 80리 물길을 따라가면 나온다【馬浦西十里自此西距海州龍媒鎭八十里水路船泊候風處】. 여도비지(輿圖備志, 1856)에 마포는 치소에서 서쪽으로 10리 되는 곳에 있다. 선박이 후풍 때 머무는 곳이다. 용매진까지 뱃길로 80리 길이다【馬浦治西十里船泊候風處西距龍媒鎭水路八十里】.

1740년(경신) 10월 옥천 화곡옹(玉川 華谷翁)이 지은 안해루 상량문(晏海樓 上樑文)에 ...응암 묏부리 봉수연기 피어오르는 일 없고 마포의 전함들 한가로이 정박해 있네...【...鷹岑之狼烟不飛, 馬浦之蛟艦閑泊...】라고 기술되어 남산포와 가까이 있었다.

3) 월곶포(月串浦)

대동여지지(東國輿地志)에 월곶포는 현의 남쪽 16리 되는 곳에 있다【月串浦 在縣南十六里】.

4) 죽산포(竹山浦)

동산리에 있는 포구로 예전에는 이곳에 배가 많이 정박하여 배의 돛대가 마치 대나무 숲과 같다 하여 죽산동(竹山洞) 또는 죽산포라고 하였다. 현재는 어선 몇 척이 계절에 따라 어업활동을 하며 젓새우, 꽃게, 밴댕이, 숭어 등을 어획한다고 한다. 그리고 임진왜란 때 이 마을 뒷산에 테를 두른 듯이 참호를 팠다는 유래에서 '테메'라고도 한다(교동향토지, 1995).

▲ 좌: 죽산포의 근경, 우: 죽산포의 원경

5) 선월포(旋月浦)

무학리 선월산 끝자락에 있는 포구이며, 주변에 많은 가옥들로 한때 번화하였으나 6.25 사변 후 군사지역으로 모두 철거되었다고 한다.

6) 말탄포(末灘浦)

1917년(大正 6) 조선총독부에서 발행한 「지형도(地形圖)」에는 말탄포와 황해도 연백군 해성면 불당포(佛堂浦) 사이를 연결하는 항로가 표시되어 있다. 이 포구는 서한리에 있으며 말탄(訔灘)이라는 것은 맨 끝에 있는 여울이라 하여 붙여진 이름인데 해변에 나가면 험한 여울물을 볼 수 있다(한글학회, 1985). 말탄포 앞바다는 서해의 큰 어장이었으므로 어선들이 몰려들어 어시장을 이루었다 한다. 중국 상선이 오가며 머물던 월미봉이 있다. 한국지명요람(1982)에는 말탄각(訔灘角)이라고 서술되어 있다.

7) 인점포(仁岾浦)

대동지지(1863)에 인점포는 북쪽 20리 길에 있고, 고기잡이 집이 많이 거주한다【印岾浦北二十里漁戶多居】. 여도비지(輿圖備志)에 인점포는 치소에서 북쪽으로 20리 되는 곳에 있다【仁岾浦 治北二十里】. 동국여지지(東國輿地志)에 인점포는 현의 북쪽 20리 되는 곳에 있으며 각산나루의 입구이며, 어부가 많이 이곳에 거주하고 있다. 조선시대 조준(趙浚)의 시에 "서리 내리고 강은 맑아 기러기 날으니 수많은 돛에 한결같이 석양이 비쳤네"라고 하였다【仁岾浦 在縣北二十里卽角山渡港口漁戶多居之. 本朝趙浚詩霜落江澄鴈正飛千帆一時夕陽時】.

조선왕조실록과 경기 부평도호부 교동현에 따르면「인점진(仁岾津)이 교동현의 북쪽에 있다」라고 하였다【仁岾津 在縣北】. 신증동국여지승람에는 인참진(仁站津)이라고 되어 있다【仁站津 在縣北】. 과거에는 북진포에서 연백군 호동면 봉화리로 건너 다녔으며(교동향토지, 1995; 강화지명고, 2002), 또 강화도, 개풍, 김포를 거쳐 서울의 마포로 통하는 뱃길이 있어 연안을 왕래하였다. 교동읍지에는 북진나루터에 조선시대 1569년(선조 2)부터 1581년까지 13년간 육지가 형성되어 연안 사이에 인마(人馬)가 통행하였다는 기록이 있다.

1725년 간행 여지대전도(輿地大全圖), 1760년 간행 여지도서(輿地圖書)에도 북진포를 중심으로 좌우에 각각 소심포(小深浦)와 무시포(無時浦)가 표기되어 작은 포구가 있었음을 알 수 있다. 1861년 간행된 대동여지도(大東輿地圖)에는 북진(北津) 왼쪽에 인점진(仁岾津)을 표시하여 서로 다른 포구였다.

8) 북진포(北津浦)

북진나루는 교동도 북쪽의 주요 포구로 봉이가미를 건너 연안으로 가는 길목으로 강화도와 개풍군을 지나 한강 마포로 가는 포구이다. 한편 갑곶(甲串)을 경우하여 인천으로 가는 길이 열려 있었다. 여도비지(輿圖備志)에 의하면 북진은 치소에서 북쪽으로 20리 되는 곳에 있고, 배천(白川으로 쓰고 배천으로 읽음)과 연안으로 통한다【北津 治北二十里 通白川延安】. 교동군읍지(1899)에 1569년(선조 2) 겨울 북진나루의 깊은 바다가 육지로 변하여 사람과 말이 13년간 통행할 수 있었고 다시 깊은 바다가 되었다는 기록이 있다【隆慶己巳冬北津深海變成陸地人馬通行至十三年辛巳正月還爲深海】. 북진나루터 위쪽 인현산 기슭에 바다에서 떠내려 온 돌미륵이 모셔져 있는데 하반신 부분은 연꽃 같아 마치 물에 떠 있는 미륵의 모습을 표현한 것 같다. 한글학회(1993) 발행 한국지명총람에 의하면 교동도 인사리 민재에 있는 나루로서 황해도 연백군 호동면 봉화리로 통한다고 기록되어 있다.

9) 각산진(角山津)

동국여지지(東國輿地志)에 각산나루는 현의 북쪽 21리 되는 곳에 있으며, 황해도를 왕래하는 사람이 이 두 나루에서 머문다. 모두 바다의 나루터다【角山渡 在縣北二十一里 黃海道往來者由此, 二渡皆海津】. 각산진은 현 북쪽 21리에 있으며, 일명 인점진(仁岾津)이라고도 하며, 황해도로 왕래하는 곳이다【角山津 在縣北二十一里 一名仁岾津 黃海道往來者由之】(신증동국여지승람 제13권 교동현, 여지도서, 1760). 한편 1707년 간행된 조선팔로지도(朝鮮八路地圖)에는 각산진만 표시되어 있고, 17세기 초에 간행된 지나조선고지도(支那朝鮮古地圖)에는 각산진이 북 21리에 위치해 있다(강화옛지도, 2003). 따라서, 과거에는 북진포(北津浦), 인점진(仁岾津), 인참진(仁站津), 각산진(角山津)을 혼용하여 사용한 듯하다. 다만, 1861년 간행된 대동여지도(大東輿地圖)에는 북진(北津)과 인점진(仁岾津)을 다른 곳으로 표시하였다.

10) 율두포(栗頭浦)

지석리 율두산 북쪽에 있는 포구로 황해도 연백군 호남면 석천리 백석포와 연결되는 나루터였으며, 객주집이 1~2채 있었다고 한다(교동향토지, 1995). 국립지리원의 한국지명요람(1982)에는 율두산곶(栗頭山串)이 있다고 서술되었다. 율두포의 글자 풀이로 밤머리(栗頭)가 바머리로 불린다(한글학회 한국지명총람, 1993).

11) 낙두포(落頭浦)

고구리 북단에 위치하며 고읍성(古邑城)의 문호였고, 예성강 하구와 마주보며, 벽란도(碧瀾渡)로 통하는 길목이며, 고려 때 중국과의 물류중심의 포구였다. 고려 때 개경을 내부(內府), 교동을 외부(外府)라고 한 것도 낙두포 때문이었다. 교동지에 의하면 교동은 경도(京都)의 지근 하류에 위치

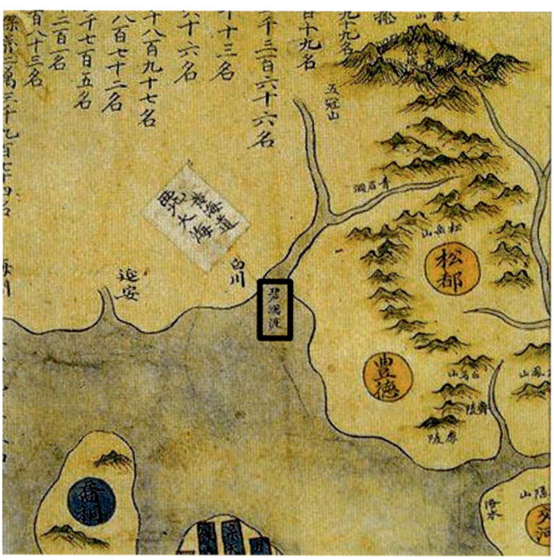

◀ 지도출처: 한국역사연구회. 벽란도의 도(渡) 자는 섬이 아니라 진(津)과 포(浦)와 더불어 나루를 뜻한다. 예성강 하구 양쪽에 벽란도가 각각 있었다. 고려시대에 개성 벽란도에 들어오는 세 갈래 물길이 있었는데, ① 임진강 지류인 사천(동강)을 통해 들어오는 길, ② 개성 남쪽 40여 리 떨어진 곳의 강화도 승천포에서 들어오는 길, ③ 예성강을 통해 들어오는 길이 있었으며, 셋째 길이 가장 인기 있는 길이었다고 한다.

하여 수륙 운수가 편리하고 조세(漕稅)를 나르는 선박 장사치(상고, 商賈) 등으로 붐볐고, 조정 선비(朝士) 부호 등이 많이 기거한 곳이라고 적혀 있다. 낙두포는 주로 곡물을 운반하는 포구였다고 전해진다.

12) 호두포(虎頭浦)

봉소리 호두산을 끼고 있는 포구이다. 이 마을의 산이 호랑이의 머리를 닮은 형상이어서 호두포라고 전해지고 있다. 강화도에서 교동도에 갈 때는 서울-김포-강화로 이어지는 48번 국도의 끝인 강화군 양사면 인진(寅津)나루에서 호두포로 건너다녔으나, 호두포의 기록은 대동지지(1863)에 처음 등장하고 있다. 즉, 대동지지에 호두포는 동북쪽 10리에 있다【虎頭浦 東北十里】. 양사면 인진나루가 6.25 사변 이후 휴전선에 너무 가까워 군사 통제 지역으로 되어 대체 포구로 하점면 창후리 선착장에서 교동 월선포로 통행하였으나 2014년 교동대교의 개통으로 선박통행은 없어졌다. 한국지명요람(1982)에는 이곳이 호두곶(虎頭串)이라고 서술되었다.

13) 비석(鼻石)

4개의 교동도 지도 동쪽에 비석(鼻石)이라고 표시된 곳이 현재의 호두포 아래 해안가에 있어 자칫 호두포의 옛 명칭으로 이해될 수 있으나 전혀 다른 곳이다. 교동 출신 박은재 님(76세)의 증언에 의하며, 호두포에서 남쪽으로 약 2 km 떨어진 은압산(銀鴨山) 아래에 포구가 있었으며, 1951~1952년까지 어선 3~4척의 어선과 거룻배가 있었고, 포구에 객주집도 있었다고 하여 이곳이 비석(鼻石)으로 짐작된다. 다만, 교동부지도(해동지도, 18세기 중엽)에 산천(山川)의 설명 중 봉(峯) 부분에 있어서 산(山) 이름으로 되어 있다.

▲ 비석의 근경

14) 소심포(小深浦)

소심포는 교동수영도(1725), 교동지도(1736~1776), 해동지도(18세기 중엽)에서 보이고 있는데, 북진포와 동면 하현리(下縣里) 사이의 북쪽에 있는 포구이다.

15) 무시포(無時浦)

무시포는 교동수영도(1725), 교동지도(1736~1776), 해동지도(18세기 중엽)에서 보이고 있는데, 북면 돌곶리(乭串里)와 서면 말탄리(末灘里) 사이의 북쪽에 있는 포구이다.

16) 빈장포(濱漳浦)

양갑리 빈장산(102.5 m) 동쪽 끝에 있는 포구로서 서해안 고기잡이 나가는 포구로 들어오는 돛단배의 장관이 볼만하였으며 교동팔경 중의 하나로 꼽혔었다.

▲ 좌: 멀리서 본 빈장포, 우: 석축으로 쌓여진 곳이 옛날 포구로 짐작되며 뒷편에는 양식장이 있다.

17) 월선포(月船浦)

상룡리 선멀(배를 짓던 마을) 앞에 있는 포구인데 달밤에 선멀에서 바라보면 고요한 바다 위에 둥근 달이 비치니 바닷물 속에도 달, 하늘에도 달, 겸하여 노송(老松)이 물 위에 비치니 그 광경이 달의 신선(神仙)이라 하여

▲ 좌: 월선포의 근경, 우: 월선포의 사진 찍는 곳(Photo zone)

월선(月仙)이라 하였으며, 이태백(李太白)이 놀던 곳과 같다고 하여 월선포(月仙浦)라고 부르고 있으나 최근 일부에서는 원래 선멀을 주장하여 월선포(月船浦)라고 표기하고 있다(교동향토지, 1995). 2014년 7월까지 하점면 창후리에서 교동으로 들어오는 화물 및 여객선이 닿는 포구였다. 현재의 월선포는 매우 한가하나 옛 정취를 찾으러 오는 관광객이 많아 2016년 초 군(郡) 당국에서는 교동대교를 배경으로 기념사진 찍는 곳(Photo zone)을 마련하였다.

18) 동진포(東津浦)

여도비지(輿圖備志)에 동진은 치소에서 동북쪽으로 10리 되는 곳에 있고, 강화로 통한다【東津治東北十里通江華】. 대동지지(大東地志)에서도 동

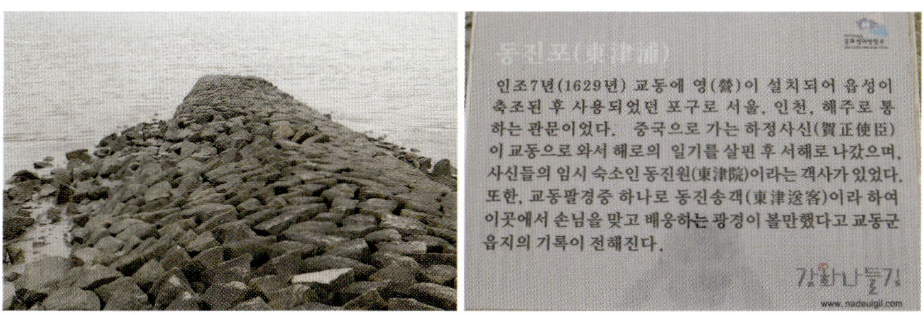

▲ 동진포의 근경과 안내판

진은 동북 10리에 있고, 강화 인화석진(寅火石津)과 통한다【東津東北十里, 通江華寅火石津】. 다만, 동국여지지(東國輿地志)에서는 인화석나루(寅火石渡)는 현의 동쪽 10리 되는 곳에 있으며, 강화를 통과하는 사람이 머문다【寅火石渡在縣東十里通江華者由屯】라고 하여 동진과 혼란을 일으킨 듯하다. 1696년 발행한 「강화지도」에서 동진(東津)이 그려져 있다. 17세기 초와 1884년에 각각 간행한 「강화지도」와 「강화전도」에서 비석진이 동쪽 10리에 있고(鼻石津 東十里), 그 위 인접한 곳에 동진원(東津院 十一里)이 있다.

교동군읍지(1899)에서는 교동부 동문에서 500 m 떨어진 곳에 위치한 나루터로서 읍내리 성내부락 동쪽에 있어 동진나루라고 하나 현재는 사용하지 않는다고 서술되어 있다. 조선 후기에 강화로 향하는 선박이 드나들던 교동에서 가장 큰 나루터였다. 예전에는 인천에서 강화도를 거쳐 해주(海州)로 가는 배가 기착하였다. 예성강 입구의 벽란도를 떠나서 원나라로 가는 하정사신(賀正使臣)이 교동으로 와서 해황을 살핀 후 서해로 나갔다는 기록이 고려사에 있다. 사신들의 임시 숙소인 동진원(東津院)이 있었으며 조선 후기에 주요 포구였다. 한글학회(1993)의 한국지명총람에 의하면 동진원터는 읍내리 동쪽 나루터로서 인화진, 석모도로 가는 나루의 원(院)이라고 한다.

19) 송가도(松家島)

현재 강화군에는 부속도서 석모도(席毛島)가 있고, 행정명으로 삼산면(三山面)이라고 부른다. 이 섬은 연원은 고려시대 말엽까지는 송가도(松家島), 석모로도(席毛老島), 어유정도(魚遊井島)가 있었고, 조선 후기 「지방지도 강화부 전도」에 송가도, 석모로도, 매음도(煤音島) 세 섬이 붙어 그려져 있는데 지금 석모도의 모습이다. 즉, 송가도, 석모도, 매음도, 어유정도 4개 섬이 합쳐지면서 지금의 석모도가 된 것이다. 이러한 송가도가 과거에는 교동도 남쪽에 교동현(喬桐縣)에 소속되어 독립된 송가면(松家面)이었으나, 송가도의 상주산(上柱山)과 석모도의 상봉산(上峯山) 사이의 얕은 바다를 매립(현재 삼산면 상리와 하리)하였고, 1914년 3월 1일 행정구역 개편으로 송가면에서 송남면(松南面)으로 개칭한 후 삼산면에 편입되었다.

고려사에서도 교동현(喬桐縣)에 대하여 명종 2년에 감무를 두었으며, 송가도가 있다고 하였다【高麗仍屬之明宗二年置監務, 有松家島】. 신증동국여지승람 제13권에 송가도는 현 남쪽 10리에 있으며, 남쪽 바다 가운데에 있는데, 둘레는 25리이고 토지는 매우 비옥하다. 조선왕조실록(교동)과 경기 부평도호부 교동현에 「송가도는 현(縣) 남쪽 수로(水路) 5리에 있다. 동서가 2리요, 남북이 1리 반이며, 간전(墾田) 4결이 있다. 목자(牧子) 2호가 살며, 조수가 물러가면 글음섬[煤島]의 목마(牧馬)가 자유로이 서로 왕래한다」라고 기록되어 있다【...松家島 在縣南, 水路五里. 東西二里, 南北一里半. 有墾田四結, 牧子二戶居之. 潮退, 則煤島牧馬, 自相往來...】.

교동군읍지(1899)에 의하면, 「송가도는 부의 남쪽 바다 건너 5리 되는 곳에 있고 200호가 거주하고 있다. 옛날에는 단지 상주산(上主山)의 한 기슭에만 사람이 살고 있었으나, 점차 바다가 변해 육지가 되어 읍에서 와울타리를 쌓은 것은 관동(官垌)이 되고, 백성들이 모여 쌓은 것은 사동(私垌)이 되었다. 장계를 올려 수년 동안은 세금을 면제해 주었다가, 조사해

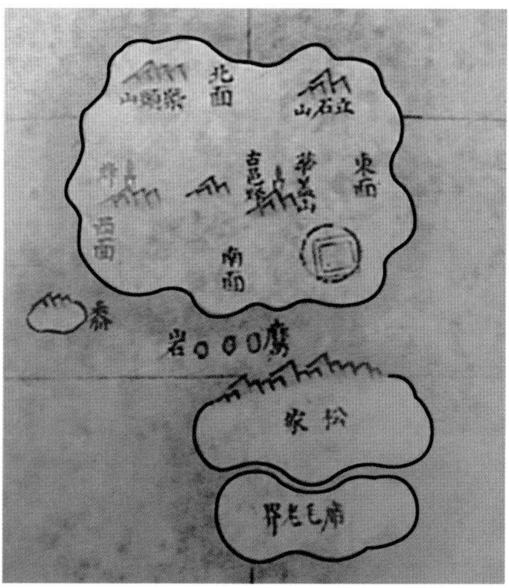

◀ 1770년 영조의 명을 받아 정조 때까지 실학자 여암 신경준(旅庵 申景濬)이 제작한 것으로 알려진 조선지도 「강화 이북 해역도」(서울대학교 규장각, 2005)

서 기경(起耕)한 다음에는 둔전으로 만들어 일꾼들의 봉급을 주는 자금으로 썼다. 산의 낮은 곳 들판에는 논이 있어 호조(戶曹)에서 관할하는 논이 되었고 정공(正供)으로 세금을 납부하게 되었다. 정유년(1897)에는 선희궁(宣禧宮)에 부속되어 납세하게 되었고 앞서 수영 둔전의 예에 의해 시행하였다」【...松家島 在府南越海五里, 有居民二百戶. 古者只有上主山一麓中, 古海變成陸, 自邑築垌爲官垌, 與民幷築爲私垌, 以狀堵租後幾年間, 查起陛摠, 啓請爲屯田, 以資支放. 山底原有畓 爲戶曹畓正供納稅 丁酉附屬宣禧宮稅納 依前水營屯租例施行...】.

20) 응암도(鷹岩島) 또는 상여(喪輿)바위

남산포 앞에 있는 무인도로 상여와 흡사하여 붙여진 이름이다. 또한 매처럼 생겨서 응암도(鷹岩島), 응암서(鷹岩嶼), 매녀, 매바위, 응암여로라고 한다(교동향토지, 1995; 강화군향리지, 2013). 신증동국여지승람 제13권 응암(鷹岩)은 부(府)의 앞쪽 바다 가운데 있다고 하였다. 기암괴석이 해중에서 솟아 오른 듯한 형상이며 마치 나는 매의 형상과도 같아 매녀바위라고도 한다. 군사적으로는 섬의 모양이 삼지창(三指槍)과 같아서 서해를 지키는 수도권의 수문장을 상징하기도 하였다. 높이는 수 10장, 둘레는 1리 미만이다. 응암바위(鷹岩)에 달이 뜨면 너무나 아름다워 교동 8경의 하나가 되었다. 1972년 이 섬에 송전탑이 세워졌다.

교동군읍지(1899)에 의하면 응암은 부 동남쪽 2리쯤 되는 곳에 있다. 넓은 바다 가운데 기이하게 생긴 바위가 있는데 마치 깎아 세운 듯하다. 높이는 수십 장(丈: 10尺에 해당되는 길이의 단위로 3.58 m)쯤 되는데 둘레는 1리를 넘지 않는다. 사람이 올라가 매달릴 수가 없다. 꼭대기는 돌무더기가 좌우로 연이어 있고, 바닷물이 밀려 올 때는 '小'자 형상처럼 보이며 바닷물이 밀려 갈 때는 '山'자 형상을 하고 있어 응암(膺巖)이라 하였다. 그 바위는 마치 작은 산처럼 보이는데, 전체적인 모양은 부월(斧鉞: 도끼)과 검극(劍戟: 칼과 창)이 삼림처럼 늘어서 있는 듯하다...【...膺巖在府東南二里許, 洋海中有奇石, 削立長. 可數十丈, 周回不過一里. 人不得攀崖登. 上石

塊連綴左右, 潮漲爲小字形, 潮退爲山字形, 謂之鷹巖. 小山全體形容如斧鉞劍戟之森列...】.

[표 3] 조선시대 지리지에 나타나는 교동도의 포구

<table>
<tr><th rowspan="2">지리지명</th><th rowspan="2">연 도</th><th colspan="4">주요 나루터(浦口)</th><th rowspan="2">비고</th></tr>
<tr><th>東</th><th>西</th><th>南</th><th>北</th></tr>
<tr><td>세종실록지리지</td><td>1454</td><td>비석진(鼻石津)</td><td></td><td></td><td>인점진(仁岾津)</td><td></td></tr>
<tr><td>신증동국여지승람</td><td>1530</td><td>비석진(鼻石津)</td><td></td><td></td><td>각산진(角山津)</td><td></td></tr>
<tr><td>지나조선고지도
(강화지도)</td><td>1623</td><td>비석진(鼻石津)</td><td></td><td></td><td>각산진(角山津)</td><td></td></tr>
<tr><td>동국여지지</td><td>1656</td><td></td><td></td><td>월곶포(月串浦)</td><td>인점포(仁岾浦)</td><td></td></tr>
<tr><td>강도전도
(고지도첩)</td><td>1684</td><td>비석진(鼻石津)</td><td></td><td></td><td>각산진(角山津)</td><td></td></tr>
<tr><td>강화전도</td><td>1696</td><td>동진(東津)</td><td></td><td></td><td>각산진(角山津)</td><td></td></tr>
<tr><td>대동여전도
(교동수영도)</td><td>1725</td><td>동진포(東津浦)
범어리포(犯於里浦)</td><td></td><td>부소포(扶蘇浦)
빈장포(賓長浦)</td><td>북진포(北津浦)
소심포(小深浦)
무시포(無時浦)</td><td></td></tr>
<tr><td>여지도서
(교동지도)</td><td>1760</td><td>동진포(東津浦)</td><td></td><td></td><td>북진(北津)</td><td></td></tr>
<tr><td>해동지도
(교동부지도)</td><td>18C 중엽</td><td>동진포(東津浦)
범어리포(犯於里浦)</td><td>동장포(東場浦)
서장포(西場浦)</td><td>부소포(扶蘇浦)
빈장포(賓長浦)</td><td>북진포(北津浦)
소심포(小深浦)
무시포(無時浦)</td><td></td></tr>
<tr><td>여지도
(교동지도)</td><td>1736
~
1776</td><td>동진포(東津浦)
범어리포(犯於里浦)</td><td></td><td>부소포(扶蘇浦)
빈장포(賓長浦)</td><td>북진포(北津浦)
소심포(小深浦)
무시포(無時浦)</td><td></td></tr>
<tr><td>강화교동부지도
(강화지도)</td><td>19C 초기</td><td>동진(東津)</td><td></td><td></td><td>북진(北津)</td><td></td></tr>
<tr><td>강화지도</td><td>19C 중엽</td><td>동진(東津)</td><td></td><td></td><td></td><td></td></tr>
<tr><td>대동여지도</td><td>1860</td><td>동진(東津)</td><td></td><td>마포(馬津)</td><td>북진(北津)
인점포(仁岾浦)</td><td></td></tr>
<tr><td>교동부지도</td><td>1872</td><td>동진포(東津浦)</td><td></td><td>빈장포(賓漳浦)</td><td>북진포(北津浦)</td><td></td></tr>
<tr><td>조선지지 자료</td><td>1911</td><td>동진포(東津浦)
호두포(虎頭津)</td><td>빈장포(賓長浦)
죽산포(竹山浦)
말탄포(唜灘浦)</td><td></td><td>북진(北津)</td><td></td></tr>
<tr><td>강화지형도</td><td>1918</td><td>호두포(虎頭津)</td><td>말탄포(唜灘浦)</td><td>빈장포(賓漳浦)
죽산포(竹山浦)</td><td></td><td></td></tr>
</table>

12. 교동의 씨족(喬桐의 氏族)

교동의 성(姓)은 세종실록지리지[2]에 본관을 밝히지 않은 토성(土姓) 3성(姓)이 고(高)씨, 인(印)씨, 전(田)씨이고, 속성(續姓)으로 안(安)씨가 나중에 들어와서 살았다고 기록되어 있다. 그중 교동의 관향(貫鄕)을 가진 씨족은 인(印)씨 하나이다. 그 다음에 간행된 신증동국여지승람에는 고(高), 인(印), 전(田), 합(合), 뇌(雷), 안(安)씨 등이 속성으로 등재되어 있다. 이와 같이 두 기록에서 보면, 조선시대 전기에 교동도를 대표하는 성씨(姓氏)는 고, 인, 전씨 등이었음을 알 수 있다. 그러나 토성인 고, 인, 전씨를 대신하여 지역사회의 주류로 부상한 이입 성씨는 인사리와 양갑리에 창원 황씨(昌原黃氏), 난정리와 동산리에 온양 방씨(溫陽方氏), 지석리와 고구리에 청주 한씨(淸州韓氏) 등이 주축이 된 촌락은 400년, 봉소리의 전주이씨(全州李氏)와 안동 전씨(安東全氏) 촌은 약 280년, 삼선리의 안동 권씨(安東權氏) 촌은 약 250년의 역사를 자랑하고 있다(조선총독부, 1934; 경기도지편찬위원회, 1957). 이외에도 나주 나씨(羅州羅氏)를 언급하고 있다(교동사, 1995).

한편, 교동향토지(1995)와 강화문화원(2006)에서 발행한 강화집성촌 성씨 정착사에 의하면 교동도에 입향한 성씨 중 해주 최씨는 고려 태사 문헌공 충(太師 文軒公 沖)의 원손이며 시강원 좌보덕(左輔德)의 후손 신강(信剛)이 고구리에 거주하였으므로 오래되었고, 온양 방씨는 약 500년 전에 좌승지를 지낸 방강(方綱)의 손자 치정(致精)이 입향조이며, 창원 황씨는 회산부원군 회암 석기(檜山府院君 檜巖 石奇)의 증손 군수 의헌(郡守 義軒)이 약 500년 전에 인사리에 처음으로 입향하였고, 전주 이씨는 효령대군의 증손 인(仁)이 임진왜란 때 피난하였으며, 인의 손 빈수가 입향하여 약

[2] 세종실록지리지에 의하면 우리나라의 성종(姓種)은 6가지로 나뉘었다. 토성(土姓): 주, 부, 군, 현의 명칭을 본관으로 갖는 성으로 우리나라의 지배적인 성; 망성(亡姓): 고려 때 기록에는 있었으나 15세기는 이미 사라진 성; 래성(來姓): 다른 지방에서 들어온 성; 속성(續姓): 고려 때 기록에는 없고 15세기에 처음 나타난 성; 입진성(入鎭姓): 고려 이래 국가의 사민정책으로 정착한 사람들의 성; 사성(賜姓): 백성이나 귀화인(歸化人)에게 임금이 하사(下賜)한 성.

480년이 된다고 한다. 2006년 현재 성씨별 세거수는 온양 방씨와 창원 황씨가 각각 90여 가구, 안동 권씨 80여 가구, 청주 한씨 70여 가구를 차지하고 있다.

13. 교동(喬桐)의 노래[3]

작사 나웅환
작곡 조성호

1절 화개산 높은 기상 우리들의 표상이라
고읍산성 사적지는 이 고장의 자랑이요
성실과 사랑으로 발전하는 우리 교동
서로서로 협력해 복지교동 이룩하여

2절 기름진 넓은 들판 너와 나의 삶의 현장
고구난정 저수지는 부유함의 원천이네
근면과 노력으로 건설하는 우리 고장
두 팔 걷어 힘 모아 밝은 교동 만들어서

(후렴) 대대손손 내려온 자랑스러운 내 고장
삼천리 길이 빛내며
후손에게 물려줄 아름다운 내 고장
가꾸면서 보존하세

[3] 교동면민(喬桐面民)의 자긍심을 높이고 주민 화합에 기여하며 교동면민의 기상과 발전상을 나타내, 선조들의 역사를 후손들이 가꾸면서 보존하고 교동면의 지속적인 발전을 위하여 2005년 1월 교동면 삼선리 출신 교동 부면장을 역임한 나웅환(羅雄煥)이 가사를 쓰고, 인천광역시 남구 간석동의 초등학교 교사 조성호가 작곡하였다. 같은 해 7월 나웅환 위원장 외 17인으로 구성된 '교동의 노래' 제작추진위원회에서 가사 및 노래를 심의하여 결정하였다.

14. 교동민국(喬桐民國)

교동사람들과 교동도를 알고 있는 사람 중에서 「교동민국(喬桐民國)」이란 말을 많이 사용하고 있다. 교동민국이란 말뜻에는 지난날 한국전쟁으로 아픈 상처를 떠올릴 수도 있고, 또 교동의 특이한 정서와 부유함을 나타내기도 한다. 한국전쟁 시에 나라 전체가 혼란 속에 빠져 있었을 뿐만 아니라 어느 지역이나 공권력이나 행정력이 미치지 못해 치안 부재인 곳이 많았을 것이다. 교동도도 예외가 아니어서 치안 사각지대였다. 난정리에 살았던 나택환 장로(73세)의 기억에 한국전쟁은 유격대였다. "그때는 유격대들 세상이어서 아무도 교동에 와서는 치안을 유지 못했어요. 그래서 「교동민국」이란 얘기가 그때 나온 거예요."(www.christiannocut.co.kr, 2010.6.29).

오마이뉴스(2003.7.21) 보도를 보면 '교동사람들은 교동의 분명한 정체성'으로 「교동민국」이라고 한다. 교동의 정체성은 지금은 인천광역시 강화군에 속해 있지만, 말씨도 음식문화도 풍습도 강화도와 조금 다르다. 오히려 연백과 가까워서 6.25 전쟁 이전만 해도 이곳과 교류가 많아 문화나 풍습이 황해도 연백에 더 가까운 편이다. 부유함보다는 문화적으로 정체성이 달라서 그렇게 불렀는지 모르겠다.

2014년 기준으로 국민 1인당 한 해 쌀 소비량을 65.1 kg으로 계산하였을 때 교동도에서 1년간 생산되는 쌀은 교동면민은 약 58년, 강화군민은 약 4년간 먹을 수 있는 양이 생산된다. 그래서 교동도는 옛날부터 부촌(富村)이며 남부러울 것이 없어 「교동민국」이란 말이 생겨날 정도였단다(일요신문, 2015.2.23). 오윤근 교동면장의 시대일보(2015.3.2) 뉴스에 특별기고 「강화도, 교동도를 아시나요」에서도 부유한 교동도를 비유하여 교동민국이라고 하였다.

15. 교동을 칭송한 시(詩)

山下家家白酒 산 아래 집집마다 흰 술 걸르네

牧隱 李穡(목은 이색)[4]

海門無際碧天低 교동의 끝없는 바다 위 푸른 하늘은 낮게 걸렸는데
帆影飛來日在西 배 그림자는 나는 듯 해는 서산으로 지네
山下家家篘白酒 화개산 아래 집집마다 흰 술을 걸러내네
斷葱(총)斫(작)[5]鱠欲鷄棲 파 썰고 회를 떠 잘 먹고 나니 닭이 횃대에 오르네

記遊喬桐 기유교동

牧隱 李穡(목은 이색)[6]

正午潮迴散薄陰 한낮이 되어 조수가 밀려가고 옅은 그늘도 사라지니
扁舟一放碧江潯(심) 조각배를 푸른 물가로 내저어 놓는다
慶源殿下風初順 경원전 아래 바람은 처음부터 순조롭고
華蓋山前日欲沈 화개산 앞에 이르니 해가 잠기려 하네
已喜詩僧長作伴 시승(詩僧)은 종일토록 시를 지어 기쁜데

---

[4] 목은 이색(牧隱 李穡, 1328~1396)은 경상북도 영덕군 영해면 괴시리 무가정(無價亭)에서 출생하였고, 자는 영숙(穎叔), 호는 목은(牧隱), 시호는 문정(文靖)이다. 20세에 원(元)나라에 유학하였고, 성리학의 대문호로 일생 6,000수의 시문을 남겼다. 특히 부친 찬성사(贊成使) 이곡(李穀)과 교동과 강화에 관한 시문 10편 이상을 남겼다. 이색은 69세를 일기로 여강(驪江, 현재 여주의 남한강) 청심루(淸心樓) 아래 연자탄(燕子灘)에서 세상을 떠났다.

[5] 강도고금시선(江都古今詩選 譯本; 강화문화원, 1988)에서는 斷葱 斫(깍을 작)을 所(소)로 표기하여 誤記로 판단된다.

[6] 고려 말에 대표적인 유학자는 이색, 정몽주, 이숭인, 이종학, 정도전, 권근, 길재 등이 있었으며(최규성, 2006), 그중 목은 이색 선생은 교동에 남다른 애정을 갖고 살았던 대학자이다. 강화읍지(江華邑誌)에 보면 교동도 화개사(華蓋寺)에서 독서를 하고 고적을 두루 살피며 지냈다는 기록이 보인다. 이색이 강화도에서 지은 시문이 다수 전하는데, 아름다운 교동을 모습을 한 폭의 그림처럼 펼쳐 보인 시가 위의 2편「교동」과「기유교동(記遊喬桐)」이 있다.

況逢漁夫以知音　더구나 어부가 지기(知己)인 양 맞아 주는데
祇今眼病頻追悔　이제는 눈병이 자주 후회되지만
夜讀殘書月滿林　밤에 남은 책 읽자니 달만 숲에 가득하네.

頌喬林(송교림)

海史 林承翼(해사 임승익)[7]

此地文鄕屈指先　이곳은 글 잘하는 고을로 먼저 손꼽을 수 있네
家家絃誦海中天　집집마다 시 읊는 고장이 이곳인가 한다
五更夜火匡生壁[8]　밤중까지 불켜 놓고 고학(苦學)을 하고 있네
萬丈晴虹米老船　길길이 빛나는 무지개는 미국 배에서 비치고
無草山庭松影滿　소나무 그림자에 산에는 풀이 없구나
有珠澤國浪紋圓　반짝이는 연못이 여러 곳이니 물결은 무늬를 만들고
況今吏隱兼師敎　이제 벼슬아치들은 은거하고 스승이 되어 가르쳐
每月學堂設盛筵　매달 학당에서는 큰 잔치가 벌어진다네

16. 구 교동의 8경(舊 喬桐의 八景)

교동팔경은 남북 분단 이전의 교동도의 자연환경 중 멋진 풍경을 말하는 것이나, 민통선의 설치로 조류에 의한 지형의 변화 등으로 현존하지 않는 것이 대부분이다. 따라서 신구(新舊)로 구분하여 소개하였으며, 구교동팔경의 원문은 제3대 교동군수였던 서상교(徐相喬)의 주관 하에 편찬한 교동

---

[7] 해사 임승익(海史 林承翼)은 1872년생으로 강화에 거주하며 1894년 식년시 진사 3등을 받은 인물로서, 강화도조약이 최종 조인된 장소인 연무당상량문(鍊武堂上樑文)과 전등사 대조루중수기문(對潮樓重修記文)을 지었다고 한다. 교동을 칭송하는 시를 쓴 해사 임승익은 이외에도 인사리(仁士里)에 있는 '인현서실(仁峴書室)'을, 교동군수 곽찬(郭璨)도 인사리에 있는 '인재서실(仁齊書室)'을 작시하였다. 인재서실은 일사 황세련(逸士 黃世鍊)이 살던 집이고, 그의 호는 인재(仁齋)이다.

[8] 광생벽(匡生壁): 광형(匡衡)이 가난하여 이웃집에 붙은 벽에 구멍을 뚫고 새어나오는 불빛으로 공부한다는 뜻으로 고학(苦學)하였음을 의미한다. 교동군수 서상교(徐相喬)는 매월 2회씩 시예(詩藝)를 베풀었는데 항상 많은 선비들이 모였다고 한다(江都古今詩選, 2001).

군읍지(1899)에서 인용하였다. 이 시를 지은 시인이 정작 누구인지는 알 수 없지만 중국의 소상팔경도(瀟湘八景圖)의 영향을 받아 오랫동안 팔경시 형태로 창작하던 형식을 빌려 교동(喬桐)을 노래한 것임에는 분명하다고 하였다(이민희, 2012).

1) 東津送客(동진송객)

懽然道舊儵然行 不是勞勞送客情 海闊天長三萬里 搏風歸鳥 渺雲程

[동진포에서 손님을 전송: 기쁘게 도의로 오래 사귄 친구가 홀연히 떠나니, 착잡한 심정으로 나그네 전송하네. 바다는 한없이 하늘에 펼친 듯 삼만리요, 바람을 맞으며 돌아가는 새들은 아득한 구름길로 날아가네]

– 동진포에서 강화 본도 양사면 인화포(寅火浦)와 삼산면 하리포(下里浦)로 손님을 배웅하는 광경

2) 北門觀稼(북문관가)

光華日月以殷春 滿野羲農已上人 鑿井耕田皆帝力 舊邦千載命 維新

[북문에서 농사 짓는 것을 구경: 빛나는 일월은 성대한 봄이오니, 들에는 복희씨의 농사꾼이 가득하네. 우물을 파고 밭을 갈은 모두 황제의 힘인데, 옛 나라는 천년명이 오직 새롭네]

– 읍내리 북문에서 바라보는 들에서 야경(野耕), 파종(播種)하는 모습은 민본(民本)을 튼튼히 하는 한 폭의 그림

3) 鷹巖賞月(응암상월)

一年明月最今宵 碧落雲空雁影蕭 桂棹蘭槳思美曲 隔江還有倚 歌簫

[응암에서 달구경: 일년 중 달빛이 가장 밝은 오늘 밤에, 푸드득 구름 낀 하늘 나는 기러기 그림자 외롭네. 계수나무 노와 난초 삿대로 인을 그리는데, 강 건너에는 기대어 노래하며 통소 부는 사람 있구나]

– 읍내리 동남쪽 바다에 소도서로서 속칭 '喪輿바위(應岩嶼)'라고 말하며, 등월시(登月時)에 광경이 아름다움

4) 龍井探花(용정탐화)

千紫萬紅一色深遍山芳樹又輕陰 天機流動宜春服 沂水冠童點 也心

[용정에서 꽃을 찾아: 천만 가지 자줏빛과 붉은 꽃은 한결같은 빛으로 깊은데, 산에 가득한 꽃다운 나무에 은은한 그늘일세. 천기가 흘러 봄옷이 마땅하니, 기수(沂水)에 목욕하는 아이들은 증점(曾點, 공자의 제자)의 마음일세]

– 용정리(상룡리의 달우물 용정마을) 일대의 가지가지 빛깔로 만발한 꽃으로 아름다움

5) 遠浦稅帆(원포세범)

擧帆西風解纜歌 朝來舟舶擁烟波 滿家穰穰秋因熟 添得今年萬 斛多

[먼 포구에 들어오는 배: 서풍에 돛대 올리고 닻줄 풀며 노래하니, 아침에 오는 돛단배를 연기가 에워싸네. 집안 가득한 곡식 가을에 거둔 결실이니, 금년엔 일만 곡(斛)이 불어났네]

– 삼도통어사시 경기도, 황해도, 충청도로부터 조선(漕船)이 세공(稅貢)을 싣고 줄지어 포구로 들어오는 모습

6) 孤菴禪鐘(고암선종)

人我中間較彼山 鐘聲遙出白雲間 天花亂落蒲團靜 宿藹蒼蒼暮 色寒

[외로운 암자의 종소리: 남과 나의 중간에서 저 산과 비교하니, 종소리는 멀리 흰구름 사이로 들리네. 눈송이 어지럽게 들에 떨어져 고요한데, 쑥대밭은 푸르고 석양빛이 쓸쓸하네]

– 화개암에서 불도를 닦기 위해 조석으로 타종하는 은은히 들려오는 종소리

7) 黍島漁燈(서도어등)

蓑笠孤舟釣月中 蘆花渾色白頭翁 一溪漢鼎相江碧 款及聲聲萬 古風

[서도의 고깃배 등불: 도롱이에 삿갓 쓴 채 작은 배타고 달밤에 낚시하니, 갈대꽃은 혼연히 흰머리 늙은이일세. 낚시 줄은 강물에 서로 푸르니, 어

부가 소리는 만고의 기풍일세]
- 기장섬의 새우잡이 어선들이 철야조업으로 비치는 불빛은 장관(삼산면 하리에 속하는 무인도로서 교동섬 아래 기장섬은 본래는 7가구가 사는 유인도였으나 간첩이 나타난 후 무인도이며, 기장이 많이 자생하여 기장섬(黍島)이었고, 주변에 어족이 풍부해 한때는 풍요를 구가하던 섬)

8) 鎭山夕烽(진산석봉)

孤烽縹緲[9]海連天 四境平安一夕傳 戍卒橫行餘宿醉 月色轅門雜雲烟
[진산의 저녁 봉화: 외로운 봉홧불이 아득히 바다와 하늘을 연이었는데, 사방은 평안한 저녁을 전하네. 수(戍)자리 병졸들은 다니다가 숙취가 아직 남았는데, 달빛은 군문(軍門)에 비치고 구름연기 가득하다]
- 읍내리의 서남쪽에 위치한 남산의 옛 이름은 진망산(鎭望山)이었고 일락시(日落時)의 아름다움

17. 신 교동의 8경(新 喬桐의 八景)

박헌용(1932)[10]의 속수증보강도지에서 구교동팔경을 신교동팔경으로 바꾼 이유를 명확히 설명하였다. 즉, 옛날의 교동팔경은 옛적에는 이미 팔경이었으나 지금은 사람일이 많이 바뀌고 풍물 또한 다(쇠락)하여 교동 사람들이 함께 신교동팔경으로 고쳤다고 한다. 옛 동진송객(東津送客)은 오늘날 동진은 진흙으로 메워져 막히고 나루는 진망산 아래로 옮겨졌고, 북문관가(北門觀稼)의 북문은 들의 볕이 심히 적고, 응암상월(鷹巖賞月)의 응

---

[9] 교동군읍지(1899)에는 위와 같이 緲(적을 묘, 아득할 묘)로 표기하고 있으나, 교동사(1995)에서는 渺(물질펀할 묘)로 잘못 표기되어 있다.

[10] 박헌용(朴憲用, 1882~1940)은 강화군 화도면 출생으로 자는 윤장(允章)이고, 호는 동관(東觀)으로 한학자이자 독립운동가이다. 중국 상해로 군자금을 반출하려다 발각되어 인천경찰서에서 감옥생활을 2년 하였고, 독립운동시 안창호와 관련되어 여순감옥에서 3년간 옥고를 치렀다. 요시찰대상자로 강화에서 연금상태로 머물고 있을 때 강도고금시선(江都古今詩選, 2001)과 속수증보강도지(續修增補江都誌, 1932)를 편술하였다(강화의 인물, 1997).

암은 읍내리 동남쪽 바다의 작은 섬이라 사람이 다니지 않는 곳이고, 용정탐화(龍井探花)의 용정의 꽃은 다른 산보다 반드시 더 아름답다 할 수 없고, 원포세범(遠浦稅帆) 선박과 진산석봉(鎭山夕烽)은 오늘날 없어진지 오래되었고, 서도어등(黍島漁燈)의 어등은 없어져 볼 수 없으며, 고암선종(孤菴禪鐘)은 어찌 암자의 이름을 밝히지 않았는지... 이런 이유로 신교동팔경으로 고친다고 설명하였다. 본 원고에서는 신교동팔경에서도 정취를 느낄 수 있도록 시(詩)를 인용하였다(교동사, 1995).

1) 華菴曉鐘(화엄효종)

화개사에서 들여오는 새벽 종소리는 사람의 마음을 정화

遠天曙色透煙嵐(아지랑이남) 落落疏星散二三
風便孤鐘何處語 華山南畔小伽藍 [晴嵐 李鐘世]

먼 하늘의 새벽빛은 아지랑이를 꿰뚫고
흩어진 별들은 하나 둘씩 사라지네
바람에 들려오는 외로운 종소리 어디서 울리는가
화개산 남쪽의 작은 가람(伽藍)에서 이겠지

2) 濱滰暮帆(빈장모범)

빈장산(濱滰山)의 소나무는 조선 초기 경기수영의 배 짓는 데도 사용되었거니와 바다 저편에서 오는 범선(帆船)들의 모습이 가관(可觀)

濱滰山外水粘天 芥蟻飄飄日暮船
滿載西州魚稻去 來時僅得半囊錢 [作者 未詳]

빈장산 밖에 물이 하늘에 닿고
해 저문 배는 개미처럼 표표하기만 하네
고기를 가득 실은 배는 서주(西州)로 갔건만
올 때 얻은 것은 돈주머니 반밖에 안된다네

3) 蠶頭牧笛(잠두목적)

율두산에서 소치는 목동들이 부는 피리소리는 석양을 재촉하고 뭇사람들의 흥취

不騎白馬騎黃牛 不唱黃鶴唱白鳩
莫唱梅花關塞曲 太平中有戰爭愁 [小石 沈奭基]

백마를 타지 않고 누렁소를 타고서
황학은 울지 않고 흰 갈매기만 노래하네
매화 관한곡(關塞曲)만 부르지 마소
태평 속에서도 전쟁의 수심(愁心)은 있는 것이라네
[소석 심석기(小石 沈奭基)의 호를 박헌용(1932)의 속수증보강도지에서는 少石으로 표기]

4) 末灘漁火(말탄어화)

말탄포(末灘浦, 지금의 서한리)에 밤이 되면 어선에서 비추는 불빛이 장관

汀州夜冷白蘋風 篝(배롱구)火如星徹水紅
櫓響潮頭人語起 酒燈遙出浦間楓 [一南 黃濬益]

섬의 밤바람은 차기만 해라
별같은 불 우리 빨갛게 바다를 물들이네
조수에 노 저어 사람들의 말소리이니
주막집 등불은 나루터 단풍 사이로 빛나네

5) 水晶落照(수정낙조)

수정산(水晶山)에서 바라보는 낙조는 가히 일품

金波蕩漾水晶峰 海面通紅落日春
熠帳人間遲暮色 雙眶(눈자위광)石省淚龍鐘 [黃寅明, 黃濬益의 侄]

금파(金波)는 수정봉에 넘실거리고
바다는 온통 낙조로 붉게 물들었네
덧없는 인생 늙은 빛이 감돌고
두 눈두덩에 나도 모르게 눈물짓노라

6) 虎浦霽月(호포제월)

구름 한 점 없는 청명한 날 밤에 기러기 떼를 지어 날고 바다 위를 교교히 비추는 달빛은 만고에 변함없이 아름답다(虎浦: 虎頭浦).

碧落無雲雁影流 瀁東明月適丁秋
墟姬唱送江南曲 浦上遊人款酒樓 [作者 無名氏]

구름없는 푸른 하늘엔 기러기떼 흘러가고
동녘에 밝은 달은 가을이 어울리네
언덕의 가희(歌姬)등은 강남곡(江南曲)을 불러 보내고
나루터 손님들은 주막에서 떠드네

7) 仁山觀漲(인산관창)

지금의 인사리 앞 바다는 조석으로 바닷물이 들고 나면 그 일대가 조수로 가득찬 경관

葦花風雨漲秋潮 一帶丁州失界標
田舍坐開魚蛤市 漁舟已入第三橋 [雲水齋 黃龍益]

갈 꽃핀 들판에 가을철 조수가 불어나니
일대의 섬은 경계를 알 수 없네
전사(田舍)의 어시장은 좌판을 벌이니
어선은 어느새 제삼교(第三橋)로 가버렸네

8) 鎭望納凉(진망납량)

진망산(城 남쪽의 산)의 소나무가 울창하여 그늘이 좋고, 더구나 앞은 탁 트인 바다라서 하절에는 더욱 상쾌

城南山色鬱蒼蒼 滿地松蔭夏日凉
閒苑淸風多比地 躡空遊客望仙鄕 [晴嵐 李鍾世]

성 남쪽 산색은 울창하기만 하고
온 산 소나무 그늘은 납량(納凉)에 그만이라
동산에 청풍이 시원히 불어노니
빈터에 오른 유객은 선경을 바라보네

제 2 부

옛날의 교동

1. 고읍성(古邑城)과 사찰

교동의 고읍성은 고구려 때 처음으로 고목근현(高木根縣)이 설치되었고, 신라 때에는 교동현으로 개칭되었으며, 고려 때는 감무(監務)를 두었고, 조선조 인조 7년 이전까지 읍(邑)이었고, 인조 7년에 읍이 현재의 읍내리로 이전하기까지 현청(縣廳)이 있는 곳이었다. 관아터는 토성으로 둘러싸여 있고, 동헌(東軒)터 앞에는 1500년으로 추정되는 무풀레나무 고목이 아직도 싱싱하게 살아 있다. 동헌 우측에는 연못자리가 움푹하게 파여 있고, 동쪽에는 부근당 자리가 있다.

현재 지형으로 보면 고읍성 자리는 고구저수지에서 동쪽 끝 도로변에 위치하며, 남쪽으로는 화개산, 북동쪽은 낮은 산이 있어 서쪽으로 개방된 지형이다. 화개산 북쪽, 지금의 고구리 동남 연안이 고목근현 터이다(박헌용의 속수증보강도지, 1932). 고읍성의 둘레는 1,171 m이고, 면적은 약 47,500 m^2 (14,400평)이며, 평행사변형의 평면 형태를 띠고 있었다(육군박물관, 2000; 교동향교지, 2012). 고읍성은 현재 일부 토성(土城)이 있을 뿐 대부분 흔적도 찾을 길 없으며, 이여양(李汝讓)이 현감(縣監)으로 있

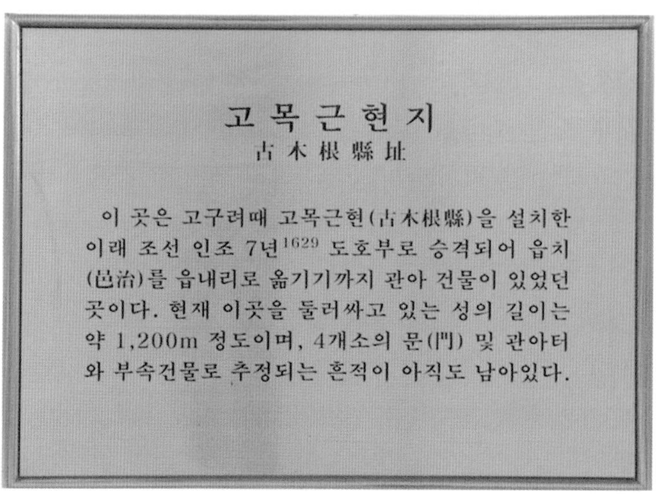

▲ 교동면 고구리에 있는 고목근현 터 안내판

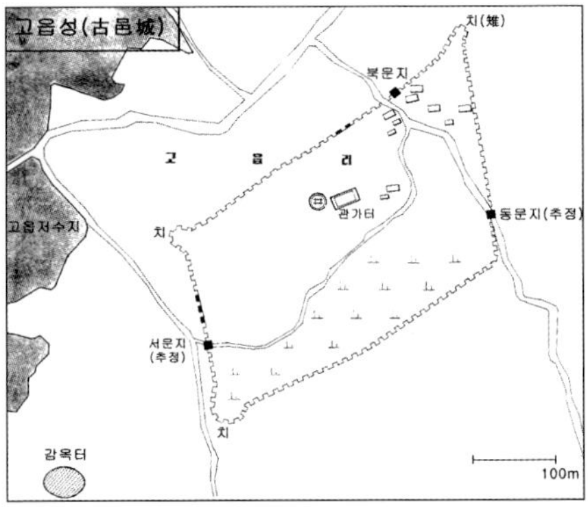

▲ (출처: 육군박물관(2000) 155쪽에서 인용 및 일부 변형)

으면서 화개산성의 외성(外城)을 철거하여 쌓았다고 한다. 고읍성 안에 옛 교동현의 관아터와 연당(蓮塘)이 지금도 있으며 감옥터도 있다. 북문지와 추정 동문지, 추정 서문지의 3문이 있으며, 성(城)의 동북, 서북, 서남쪽에 3개의 치(雉)를 두었다(육군박물관, 2000). 현재 남쪽 길이 약 300 m, 폭 6 m의 토성이 남아 있고 북문지를 포함한 동북쪽에 토성이 남아 있으나 훼손이 심하여 석축의 일부 및 흔적만 찾아볼 수 있다. 추정 서문지 주변에도 약 100 m의 토성이 남아 있다. 강화군향리지(2013년)에 따르면 화개산과 고구저수지 사이에 고읍성터에 고목근현(古木根縣), 경원전지(慶源殿址), 갈공사지(葛公寺址), 고읍형옥지(古邑刑獄址), 구향교지(舊鄕校址) 등의 터가 있다고 기술되어 있다.

1) 고읍형옥지(古邑刑獄址)

교동 고읍성의 서남쪽으로 약 150 m 떨어진 곳에 위치한다(육군박물관, 2000). 고읍성 쪽으로 돌출한 화개산의 낮은 구릉으로 주변은 임야이며, 민묘(民墓) 몇 기가 있다. 오늘날의 형무소와 비슷한 감옥으로, 죄인을 수용하였다고 하며, 일명 감옥서지(監獄署址)라고도 한다. 특히, 황해도의 죄인도 이송 수감하였다고 한다. 현재 건조물은 없고 석재를 혼용한 토담과 그 터만 남아 있을 뿐이다(교동향교지, 2012).

2) 빙고지(氷庫址)

빙고채라고 불리는 곳으로 고구리가 읍(邑)이었을 때 얼음저장고가 있었던 곳으로 추정된다(교동도 김흥기 주장).

3) 경원전지(慶源殿址)

경원전지는 고구저수지 동쪽에 위치하며, 고려 희종(熙宗)이 유배되어 기거하던 전각지로 구전(口伝)되어 추정하고 있는데, 이 집은 유적조차 알 길이 없으나 고려 말 학자 목은 이색과 과객(過客)의 작시로 미루어 보아 경원전이 있었던 것이라고 판단된다(증보강화사, 1983; 강도의 맥, 2004). 경원전지가 현재의 고읍성내에 위치한다는 설도 있다. 현재, 유적 주변은 밭으로 경작되고 있으며 동서 31 m, 남북 25 m 규모의 평탄지가 형성되어 있다. 평탄지 북동쪽에 우물지가 남아 있고, 북쪽으로 추초석과 축대석 등이 형성되어 있다(교동향교지, 2012).

▲ 출처: 강화향리지(2013)

慶源殿(경원전)

牧隱 李穡(목은 이색)[11]

溓(강)東提北隘(영)盈盈 동쪽 둑이며 북쪽 언덕은 물이 넘치는데
春水潮侵野外程 봄에 물은 조수와 함께 들길까지 스며들고
十里遙沈汀樹色 물 가장자리 나무빛은 멀리 잠겼는데
慶源殿[12]外慕煙平 경원전 밖엔 저녁 너울만이 감돌고 있네

4) 갈공사지(葛公寺址)

갈공사가 화개산 북록(北麓)이라 하였으므로 봉소리에 있었을 것으로 추측하며, 명현(名賢)의 시문에 나타나므로 고찰(古刹)로 추측하고 있다(강도의 맥, 1999). 한편 갈공사지는 고읍저수지가 내려다 보이는 화개산 중턱에 위치하며, 고구리에 위치한다고 표기하였다(강화군향리지, 2013). 이곳은 목은 이색의 수양처(修養處), 수행처(修行處) 또는 수장처(修藏處)라고 알려진 사찰이다(박헌용의 속수증보강도지, 1932; 강도의 맥, 2004). 목은 이색은 고려가 망하자 이곳에 들어와 태조 이성계(李成桂)의 간곡한 청에도 나서지 않았다고 한다. 무학대사, 낙공선사, 지공선사도 한때 갈공사에 머물면서 화개사로 공부하러 다녔다고 한다. 현재 갈공사지로 추정되는 지역에는 민묘(民墓)가 들어서 있다. 현재 사지(寺址)임을 확인할 수 있는 시설물들도 대부분 망실된 상태이며, 축대(築臺)의 흔적으로 추정되는 토단(土壇)이 남아 있다(교동향교지, 2012)

【喬桐郡邑誌(1899): 葛公寺在華蓋山北 牧隱先生修歲處 今無】. 갈공사는 화개산 북쪽에 있다. 목은 선생이 수양하던 곳이다. 지금은 없다.

---

[11] 목은 이색(牧隱 李穡), 포은 정몽주(圃隱 鄭夢周), 야은 길재(冶隱 吉再), 도은 이숭인(陶隱 李崇仁), 교은 정이오(郊隱 鄭以吾), 순은 신덕린(醇隱 申德鄰) 등을 고려의 육은(六隱)이라고도 한다.

[12] 경원전은 교동에 있었는데 고려 희종(熙宗)이 최충헌(崔忠獻)에 의해 유배되어 살던 곳이라고 전해진다. 강도고금시선(2001)에는 그의 아들 최우(崔瑀)의 협박이라고 하여 표기하고 있다.

葛公寺(갈공사)

牧隱 李穡(목은 이색)

正午潮廻散薄暮 한낮에 조수 밀고 얇은 그늘 헤쳤는데,
扁舟一放碧江潯 거룻배 푸른 강물에 한 번 띄웠네.
慶源殿下風初順 경원전 아래 바람은 순하게 부는데,
華蓋山前日欲沈 화개산 앞 해는 지려하네.
已喜詩僧長作伴 이미 시승이 오래 같이 노는 걸 기뻐했는데,
況逢漁父似知音 하물며 어부 만난 것이 지음(知音)같네.
祇今眼病頻追悔 지금 눈병 난 것이 자주 후회되네,
夜讀殘書月滿林 밤에 잔서(殘書)를 읽는데 달이 숲에 가득하네.

葛公寺(갈공사)

郊隱 鄭以吾(교은 정이오)[13]

孤城四面海爲堧 외로운 성 사면은 바다인데,
雲水相和色渺然 구름과 물이 서로 화합하여 아득하네.
路入陂塘多種柳 길이 못가로 나서 버들을 많이 심었고,
家依島嶼遍耕田 집은 섬을 의지하여 넓게 밭갈이하네.
淡烟芳草黃牛外 뿌연 연기와 꽃다운 풀이 누런소 바깥에 있고,
細雨斜風白鳥邊 가랑비와 바람은 흰 새 개에 지나가네.
北望松都何恨意 북으로 송도 바라보니 한스러운 생각이 드는데,
群峰岌嶪翠磨天 뭇 봉우리 높고 높아 퍼렇게 하늘에 닿았네.

5) 법장사지(法杖寺址)

고구저수지 끝에서 봉소리 방향으로 약 350 m를 더 가면 우측으로 작은

[13] 정이오(鄭以吾, 1347~1434). 자는 수가(粹可), 호는 교은(郊隱) 또는 우곡(愚谷)이다. 병조의랑, 예문관 직제학, 대사성(大司成)을 지냈으며, 영의정에 추증되었다. 조준(趙浚), 하륜(河崙) 등과 서사절요(西書節要)를 찬진(撰進)하고, 교은집(郊隱集)과 화약고기(火藥庫記), 남산팔영(南山八詠) 등이 있다.

도로가 있다. 이곳을 따라서 고개를 넘어가면 보이는 마을이 법장사(法杖寺)가 있던 마을이다. 이 마을을 둘러싼 야산의 동남사면(東南斜面)에 위치하고 있었다고 한다. 전하는 말에 의하면, 옛날에 이 마을에 대추나무가 많아 승려들이 그 나무로 지팡이를 만들었다 하여 법장이라 한다는 설이 있다. 혹은 사법관청에서 일하는 사람이 살았다 하여 법장이라고 하는 설도 있다(교동향교지, 2012).

6) 안양사지(安養寺址)

화개산 남쪽 상룡리 199번지 주변에 장수약수터가 있었는데, 이 일대가 안양사가 있던 곳으로 추정된다(강도의 맥, 1999). 안양사는 화개사와 함께 「동국여지승람」에 기록될 정도로 그 연혁이 있으나 현재는 터(遺址)만 남아 있으며(박헌용의 속수증보강도지, 1932), 사역 전체의 규모는 동서 21 m, 남북 19 m로 사찰지는 동쪽을 향하고 있었던 것으로 짐작된다(www.nadeulgil.com). 약수터의 오른쪽에 잡목과 수풀 사이로 낮은 토탄 석축을 관찰할 수 있다(교동향교지, 2012).

【喬桐郡邑誌(1899): 安養寺在華蓋山南今無】. 안양사는 화개산 남쪽에 있다. 지금은 없다.

7) 화양사지(華陽寺址)

지석리에 지석교회 북쪽으로 약 50 m 떨어진 곳에 삼거리가 있으며, 좌측도로를 따라가는 우측에 화양동 또는 화양골이라 불리는 마을이 있다. 이곳에 '절우물'이라 부르는 우물을 중심으로 비교적 큰 규모의 사찰이었던 것으로 추정된다. 그 범위는 동서와 남북이 각각 50 m 정도이다. 절우물 주변에 옥개석 1기와 대석 1기가 방치되어 있다(교동향교지, 2012).

【喬桐郡邑誌(1899): 華陽寺在乭串里華陽洞 只存石塔】. 화양사는 돌곶리 화양동에 있다. 지금은 단지 석탑만 있다.

2. 교동의 연료 토탄(土炭)

교동에서 토탄이 발견된 것은 왜정 말기 고구리 목아래 저수지 제방을 축조할 때 땅을 파다가 대량 발견되었으며, 송계(松溪)마을에서도 일부 발견되어 총 매장량을 6만 톤으로 추정하고 있다(교동향토지, 1995).

1962년 서울대학교 답사팀은 고구저수지(古龜貯水池)에서 돌화살촉 등의 유물들을 발견하여, 교동은 선사시대부터 사람이 살았을 것으로 추정하였다. 1960년대 교동의 초등학교에서 겨울철 난로는 고구저수지 일대에서 토탄을 캐서 교실 난방을 하였다. 그 후 연탄이 보급되고, 전기가 보급되고, 기름 보일러가 보급되어 토탄은 채굴하지 않아 땅 속에 묻혀서 잊고 있다. 인하대학교박물관(2000)은 강화지역의 선사유적 및 유물을 발굴하였으며, 교동도 「고구리토탄지」에서는 고구저수지 바닥에 토탄지(土炭地)가 있었으며, 이곳에서 돌도끼, 돌화살촉, 철촉 등이 출토되었다고 서울대학교 연구팀과 같은 보고를 하였다. 특히 저수지 공사 때 토탄층에서 포유동물의 뼈(고래?)가 출토되었다고 한다. 또한, 안양사지(寺址)의 남쪽에는 1 m 정도의 토탄(土炭) 축대(築臺)와 당시 사용하던 것으로 추정되는 샘터

▲ 도로를 중심으로 고구저수지 윗편 화개산 아래에 토탄이 매장되어 곳

와 수풀 사이의 낮은 석축이 남아 있다. 한겨레신문에 게재되었던 '철새 떠나는 곳 내 마음 머문다'의 인터뷰(2010.11.20)에서 대룡리 골목에서 50년째 연안정육점을 열고 있는 최덕곤(당시 73세) 씨는 "고구리 땅 밑을 늑자(넉 자)쯤 파면 꺼멓고 누런, 탄화된 고목이 나온다. 그것을 낫으로 갈라 두부처럼 떠 말려선 난로에 때면 아주 화력이 좋다"라고 말했다. 토탄층에서는 심심찮게 선인들 생활용품이 발견되기도 했다고 증언했다. 최씨는 "뭐가 낫에 툭 걸려 뒤져보면 화살촉이나 철제 수저 같은 게 나온다"고 했다. 토탄층은 지금 고구저수지 물에 잠겼다. 또 평야의 지반이 낮은 논에서는 토탄을 채취하여 땔감으로 쓰고 있다. 이것은 바닷가 모래톱 안쪽의 석호 근처에 무성하였던 식물이 하천과 조류의 퇴적작용으로 땅에 파묻혀 탄화(炭化)된 것으로 판단된다.

이상훈(2014)의 「전략전술의 한국사」에서 우리나라 서해안에서 해안저습성 토탄지(土炭地; 생물체가 불완전하게 분해된 채 퇴적)는 약 7천만 년 전 무렵부터 3천년 전까지 형성되었는데, 이들은 대부분 현재 해수면보다 2~6 m 높은 곳에 분포한다고 하였다.

유필우(2009)는 「아침에 들려오던 두 가지 소리」에서 연백군 호남면에서 '...땔감이 없을 때는 논에 나가서 토탄(土炭)을 캤다...'라고 증언하고 있다. 또한 우리나라 3대(大) 평야인 연백평야의 특산물로는 쌀이 있고, 바다에서는 조기와 새우, 땅에서는 토탄(土炭)이 있다고 한다(http://rigvedawiki.net/연백군). 이와 같이 교동도의 낮은 지대와 인접한 연백군의 평야에서 똑같이 토탄이 매장되어 있는데, 그 옛날 지각형성과 분리과정에서 이루어졌는지 살펴봐야 할 것이다.

3. 화개사(華蓋寺)

화개사(華蓋寺)는 고려시대 이래 줄곧 교동도를 대표하는 전통 사찰이나, 불행히도 창건 년대와 관련 자료가 존재하지 않아서 언제 창건되었는지 정확히 알 수 없지만 대체로 고려시대 이전으로 추측하고 있다. 화개사

▲ 화개산 남쪽 기슭에 있는 화개사

의 명칭도 과거에는 지금과 다르게 불렀다. 1341년(고려 충혜왕) 목은 이색 선생이 14세 때 친구 2명과 화개산에서 공부했다고 기술했으나(牧隱集, 시고 권 17 讀書處家), 화개산이라 했을 뿐 구체적인 공부 장소를 밝히지는 않았지만, 산중의 독서처는 사찰로 보는 것이 자연스러울 것이다【喬桐華蓋山. 十四歲所居也./ 今司憲韓侍史, 民部張議郎, 及余三人者. 負?入海中喬桐華蓋山】.

그 후 1481년(조선 성종 16)부터 1871년(고종 8)까지 8차례에 걸쳐 교동도 화개산에 화엄사(華嚴寺)가 있다고 기술되어 있다(동국여지승람; 신증동국여지승람 권 13 喬桐 佛宇條; 동국여지지 교동 寺刹條; 여지도서 교동 사찰조; 가람고 교동조; 범우고 교동조; 교동부읍지 사찰조). 18세기 중엽에 발행된 지도(교동수영도, 1725; 교동지도, 1760; 해동지도, 18세기 중엽; 교동지도, 18세기 중엽)에는 화암사(華岩寺)로 표시되어 있다. 화엄사와 화암사에서 화개(華蓋)로 바뀌는 첫 기록은 1895년(고종 32) 화개암(華蓋菴)이 교동부 관청 북쪽, 화개산 남쪽에 있다고 교동부읍지와 교동군읍지 불우조(佛宇條)이다. 가장 최근에 박헌용(1932)이 저술한 속수증보강도지에도 화개암이라 하였다.

화개사는 1840년경 화재로 소실되었다가 다시 건립되었고, 1915년경

노후로 인해 붕괴되었고, 1967년 화재로 인해 불상과 서적이 소실되었으나(강도의 맥, 1999), 1968년 교동에서 신축기성회를 조직하고 시주를 받아 복원 및 중창하였다(강화현판집, 2005). 교동도의 유일한 비구니(比丘尼) 사찰이다. 원래 화개산 화개사는 목은 이색이 꼽은 8대 명산 중 화개산에 위치한 사찰로 화개사(華蓋寺)의 이름처럼 꽃으로 덮인 아름다움을 뽐내고 있었지만 지금은 두 번의 화재로 그 모양새가 어떻게 변했는지 알 수 없다. 그러나 화개사 앞뜰에서 바라보는 풍경은 절경이라고 할 수 있다.

華蓋庵(화개암)

喬桐郡守 郭璨(교동군수 곽찬)

霜花霜鬢兩爭先 찬 서리에 흰머리니 누가 먼저냐고 하네
江華秋光又一年 강화에서 또 한 해 가을이 왔구나
釋子誦經楓壁下 단풍을 마주하여 경문을 외우는 승려가 있더니
漁人曬網荻籬邊 싸리울에서 그물 씻는 어부가 있구나
即今晩節猶佳節 지금에야 늦었지만 좋은 계절일세나
太半文仙與酒仙 글하는 선비는 술 잘하는 손과 함께 하였지
時有天風吹落帽 때야 말로 바람 일어 모자가 날으니
玉山頹臥挿茱筵 산수유를 머리에 꽂은 신선이 누워있구나

4. 화개사 부도(華蓋寺 浮屠)

부도(浮屠)와 탑(塔)은 영어로 둘 다 쓰투파(Tsutupa)이며, 탑(Tower)이 아니다. 쓰투파는 산스크리트 고대 인도어로 무덤을 뜻하며 불교가 인도의 서북부에서 아프가니스탄을 통해 중국의 서북으로 들어올 때 음이 탑파, 탑으로 변하고, 남쪽 인도차이나 반도를 거쳐 오면서 부도로 된 것이다. 부도, 탑, 탑파 또는 파고다가 모두 어원이 같은 것으로 알려져 있다. 우리나라에서 탑은 부처님의 사리, 부도는 스님의 사리를 묻는 곳으로 구별하기도 하나, 부도탑처럼 하나로 붙여 쓰기도 한다. 화개사 부도(華蓋寺

浮屠)의 크기는 높이 86 cm, 직경 56 cm이며, 기단부(基壇部), 탑신부(塔身部), 상륜부(上輪部)로 구성되어 있으나, 아쉽게도 어떤 스님의 사리를 안치했는지 전해오는 바가 없다. 화개사는 고려시대 때부터 있었다는 사찰이란 것은 오직 한기의 부도탑 뿐이다. 탑신의 전체 모양이 아주 간결하면서 탑신부만 있는 석종형(石鐘形) 부도이고, 끝처리는 마치 연잎을 두른 듯 섬세한 아름다움을 나타내고 있다.

▲ 화개사 앞뜰에 있는 부도탑과 안내문

5. 화개산(華蓋山)

신증동국여지승람(新增東國輿地勝覽)[14]에 화개산은 "현 남쪽 3리에 있다"고 하였다. 교동군읍지(1899)에 화개산은 「在郡北三里爲祖山 山勢斗起如張蓋 故曰華蓋」라고 하였고, 여지도서(輿地圖書)에서도 「在府北三里 爲島中之祖山而 山勢斗起如張蓋形」이라 하여, 화개산은 "군(부)의 북쪽 3리 되는 곳에 있고 조산(祖山)이 되며, 산세가 갑자기 솟아 양산을 펼쳐놓은

[14] 1481년(성종 12)에 50권으로 편찬된 관찬지리서(官撰地理書) 동국여지승람(東國輿地勝覽)이 발간되었다. 1499년에 임사홍(任士洪), 성현(成俔) 등이 부분적인 교정과 보충을 가하였으나 내용상의 큰 변동은 없었다. 신증동국여지승람(新增東國輿地勝覽)은 동국여지승람을 제3차 수정을 하고 내용을 증보한 것으로서, 1528년(중종 23)에 착수하여 1530년(중종 25)에 이행(李荇), 윤은보(尹殷輔), 신공제(申公濟), 홍언필(洪彥弼), 이사균(李思鈞) 등이 편찬한 책이다.

것과 같아 화개라 한다"라고 기록되어 있다.

華蓋山 詩(화개산 시)

牧隱 李穡(목은 이색)

海中華蓋挿靑天 바다 속 화개산은 하늘에 닿았는데
上有荒祠不記年 산 위에 옛 사당은 언제 지어졌는지 모르겠네
奠罷一盃時北望 제사한 후 한 잔 마시고 이따금 북쪽을 바라보니
扶蘇山色轉蒼然 부소산 빛이 더욱 푸르구나(어둑어둑하여 졌구나)

조선시대 문인 최숙정(崔淑精)[15]은 화개산 정상에서 아래와 같은 시를 썼다.

華蓋山(화개산)

逍遙山 提學 崔淑精(소요산 제학 최숙정)

蒼山[16]高壓六鰲頭 푸른 산 높고 높아 여섯 마리의 자라를 누르고 있구나
倦客登臨豁遠愁 게으른 나그네 올라서니 먼 근심 사라지네.
水國寒潮漁店暮 섬의 찬 조수에 고기잡이 마을 저물었고,
天涯斜日海門秋 하늘가 지는 해에 바다 문에 가을일세.
胸懷[17]納納三千里 가슴은 활짝 틔어 삼천리요,
眼界悠悠數十州 눈길에 보이는 것은 수십 주(州)로다.
四座風流誰最健 사방 둘러앉은 풍류는 누가 가장 건장한가,
一盃相屬更遲留 서로 한 잔 권하며 늦게까지 놀아보세.

[15] 삼과제학 최숙정(三科提學 崔淑精, 1433~1480)의 자는 국화(國華), 호는 소요재(逍遙齋), 사숙재(私淑齋)이며, 시호는 청간(淸簡)이다. 형조좌랑과 지평(持平), 여주목사, 부제학을 지냈다. 노사신(盧思愼)과 함께 삼국사절요를 편찬하였으며 시문에 뛰어나 인왕산시(仁王山詩)가 있으며 저서로는 소요재집(逍遙齋集)이 있다.

[16] 신증동국여지승람(新增東國輿地勝覽, 1530)과 강도고금시선(江都古今詩選 譯本; 강화문화원, 1988)에서 '蒼山(창산)'을 '瞻山(첨산)'으로 표현하였으며,

[17] 상기 두 책에서 '智懷(지회)'를 '胸悔(흉회)'로 각각 다르게 표현하였다.

6. 화개산성(華蓋山城)

교동도의 제일 높은 화개산 위에 지어진 화개산성은 석성(石城)으로 내성(內城)과 외성(外城)이 있으며, 언제 처음 축조되었는지를 알려주는 기록은 없고 증개축에 관한 기사만이 남아 있는 것으로 알려져 있다. 1750년대에 제작된 것으로 추정되는 해동지도(海東地圖)에 화개산에 산성이 묘사되어 있고, 1872년 간행된 「지방지도[18] 강도(地方地圖 江都)」 편에는 성곽, 산성, 봉수대가 설치되어 있는 것으로 묘사되어 있다. 박헌용(1932)의 속수증보강도지에는 옛 현감(縣監)시 구축하였다고 한다.

대동지지에 화개산성의 둘레는 3,534척이고 연못과 샘이 1개씩 있다. 영조 때 개축하였지만, 지금은 무너져 내렸다【華蓋山城周三千五百三十四尺, 池一泉一, 英宗朝改築, 今廢】. 산성(山城)은 모서리가 둥근 직사각형 형태로 총 둘레는 2,168 m로서, 내성은 1,103 m로 북문지와 서암문이 있

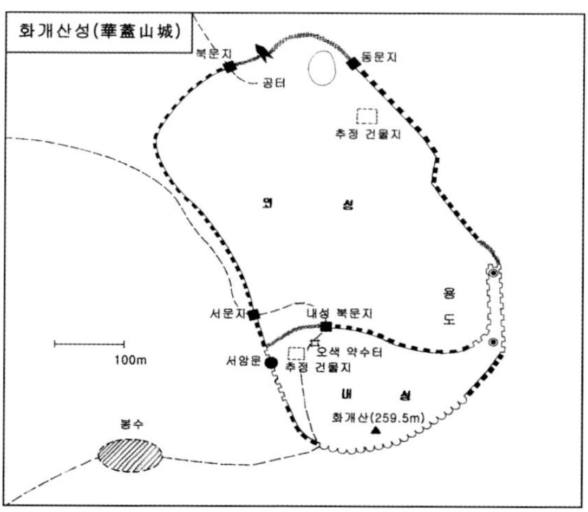

◀ (출처: 육군박물관(2000) 164쪽에서 인용 및 일부 변형)

[18] 1872년 지방지도는 병인양요와 신미양요를 겪은 뒤 조선이 국방을 강화하고 사회, 경제개혁을 추진하는 과정에서 제작됐다. 따라서 각 군현 지도에는 진보(鎭堡)와 같은 국방시설이 상세히 표시돼 있다. 하지만 이런 군사적 요소 외에도 산천을 비롯한 자연요소, 읍치 등의 관청건물과 소속 동리와 같은 행정적 요소, 창고, 시장, 역원(驛院), 도로 등의 사회경제적 요소, 제단, 누정(樓亭), 서원, 고적과 같은 문화적 요소를 망라하고 있다.

고, 외성은 1,155 m로 동문지(東門址), 북문지(北門址), 서문지(西門址)가 있다(육군박물관, 2000). 동국여지지(東國輿地志)에는 화개산성은 돌로 축성되었으며, 둘레는 3,534척 이내이다. 하나의 연못과 하나의 샘이 있으며, 군창이 있다고 하였다. 각종 지리지(地理誌)에는 산성의 길이가 3,534척(尺)이고, 높이는 약 3장(丈)이며, 포곡식 산성으로 남쪽은 산성 상부의 절벽을 성벽으로 이용하고, 북쪽은 화개산의 북록에 걸쳐 전체적으로 남북으로 길게 축조되어 있었다고 한다. 화개산성은 최초 축성 시기에 대해 알려진 바는 없으나, 세종실록지리지(1454)에 화개산에 석성이 있는데, 「둘레는 1,565보(약 1,878 m)이며, 내부에 연못과 샘이 1개씩 있다」라고 기록되어 적어도 세종 이전에 축조된 것으로 보인다(육군박물관, 2000). 1591년(선조 24) 당시 현감 이여양(李汝讓)이 외성을 철거하여 고읍성(古邑城)을 쌓았으며, 성내에 2개의 큰 우물이 있었다고 한다(교동군읍지, 1899; 강도의 맥, 1999, 2004). 한편 역사학자 이병도(李丙燾)는 화개산성을 백제시대에 관미성(關彌城)[19]과 연관하여 설명한 바 있다.

이시원(李是遠)의 「국조문헌(國朝文獻)」에 의하면, 1555년(명종 10) 왜구의 침입을 당하여 지현 최제운(崔霽雲)이 증축하고 성내에 군량고를 두

[19] 화개산성(華蓋山城)과 관미성(關彌城)의 연관성에 관한 역사학자 이병도 박사의 역주에서 삼국사기에 광개토왕과 관미성에 관한 다음과 같은 기록이 있다. 즉, 392년 7월에 광개토왕이 남으로 백제를 쳐서 10개 성을 빼앗았다. 10월에 백제의 관미성을 공함(攻陷)하였다. 그 성은 사면으로 초절(峭絶, 가파르다)하고 바닷물로 둘려 있는데 왕이 군사를 일곱 갈래로 나누어 공격하여 20일 만에 함락하였다. 이에 대하여 이병도(1976)는 한국고대사연구에서 삼국사기를 국역하면서 관미성(關彌城)은 광개토왕비에 나타나는 백제성 이름 중의 각미성(閣彌城) 그것이 아닌가 한다. '각(閣)'과 '관(關)'은 글자 모양도 비슷하고 음도 비슷하므로 혹 혼용되었을 수도 있다고 하였다. 한국정신문화원(1991)이 펴낸 한국민족대백과사전에는 관미성의 형세를 삼국사기에서는 사면이 가파르고 바닷물로 둘러싸여 있다고 하였는 바, 이에 따라 관미성의 위치를 강화군 교동도에 비정하는 설, 임진강과 한강의 하류인 조강(祖江)에 위치한 오두산성(鰲頭山城)에 비정하는 설, 또는 예성강 하구에 비정하는 설 등이 있다고 한다. 다시 이병도 박사의 주장은 교동은 고구려 소유시대에는 고목근현(高木根縣)이라 하였다. '고목'은 '고마' '고무'의 사음(寫音)으로 '관미', '각미'와도 상관이 있는 말인 듯하며 더욱 그 지리로 보아 양자의 비정을 가능하게 한다. 이 섬의 유명한 '화개산성은 후세의 개수(改修)를 많이 거친 것이지만 실상 백제, 고려 이래의 고성(古城)일 것이다. 목은 이색의 시에 해중화개삽청천(海中華蓋揷青天)이라함과 같이 험고한 곳이다. '각미', '관미', '고목' 등은 이 화개의 고칭(古稱)일는지 모르겠다'라고 하였다.

었으며, 앞서 언급한 바와 같이 1591년(선조 24)에 지현 이여양이 외성을 철거하여 읍성(즉 고읍성)을 축조하는 데 사용하였다고 한다. 1677년(숙종 3)에 고쳐 쌓았고, 1737년(영조 13)에 개축하였으며, 1677년(숙종 3) 부사(府使) 유비연(柳斐然)이 개축하였다고 한다. 1737년(영조 13)에 개축하여 군창을 두었다는 기록이 보인다. 성종실록(成宗實錄)에 의하면 산성 안에는 연못 하나와 샘이 하나씩 있다고 했으나, 교동군읍지(1899)에는 오직 큰 우물 두 개만 있다고 하였다. 박헌용(1932)의 속수증보강도지에는 주(周)는 십장 21간 6척(十丈 二十一間六尺)이고, 높이는 삼장(三丈)이라고 하였다. 군창(軍倉)[20]도 있었으나 지금은 없어졌다.

▲ 좌: 화개산성 서벽, 우: 화개산성 동벽(육군박물관, 2000)

【東國輿地志: 華盖山城 石築周三千五百三十四尺內, 有一池一泉, 有軍倉】.

【輿地圖書 上 江都府誌(1765年): 華盖山城石築周圍三千五百三十四尺高三丈內有一池一泉】.

【新增東國輿地勝覽(제13권; 喬桐縣): 華盖山城石築周三千五百三十四尺高十八尺內有一池一泉有軍倉】.

【喬桐郡邑誌: 華盖山城古縣監時所築, 辛卯十月, 知縣李汝讓毁撤外城, 移築縣邑. 今則只有內城基址 城內有二大井】.

[20] 박헌용(1932)의 속수증보강도지에는 신증동국여지승람(新增東國輿地勝覽)과 마찬가지로 군창(軍倉)도 있었으나 지금은 없어졌다고 하였다.

7. 문무정(文武井)

교동도는 지붕이 없는 역사박물관이 있는 보물섬이다. 교동도 밑은「물탱크」라고 할 정도로 물이 많은 섬이다. 화개산 남쪽 기슭에는 두 개의 샘이 있었다고 한다. 화개사 왼쪽 길을 따라 뒷산 쪽으로 오르면 구부러진 길 오른쪽에 움푹 꺼진 커다란 웅덩이를 볼 수 있다. '오래 전에 엄청난 물이 솟구쳐 나오던 샘' 또는 '물이 고여 있던 못'이었다는 얘기가 있다. 강도(江島)의 민담과 전설(강화문화원, 1994)에 따르면, 동쪽에 있는 샘을 문정(文井), 서쪽에 있는 샘이 무정(武井)이라 하였다고 한다. 임신부가 문정 샘물을 마시면 문인이 태어나고, 무정 샘물을 마시면 무인이 태어난다는 이야기가 있다.

또한 전설에 의하면 문정과 무정에서 대단한 용수(湧水)가 용출되어 절 아래 마을을 통과하여 응암쪽으로 입수되는 해천(海川)의 물이 얼마나 대단하던지 달밤 해천의 물빛과 물소리에 놀란 임산부들이 낙태하는 사태가 빈번하였다고 한다. 강화군향리지(2013)에 의하면 이 샘(泉)의 물빛이 멀리 바다 건너 송가도(松家島)까지 비쳤으며, 부녀자들의 풍기가 몹시 문란하게 되었다고 한다. 따라서, 이 용천정(湧川井)을 여러 가지 방법으로 막으려 하였으나 막지 못하던 중 어느 노승(老僧)이 이르기를 소금 몇 포만 넣으면 무정과 문정이 막을 수 있다 하여 그렇게 하였더니 신기하게도 문정과 무정이 용출되지 않고 말라버렸다는 전설이 전해진다(증보강화사, 1983; 강화문화원, 1995). 실제로 현재 문정과 무정을 시작으로 응량만(應洋灣; 鷹巖嶼를 지칭) 입구로 유입되는 해천이 존재하는데 물이 흐른 흔적이 큰 규모로 남아 있음을 확인할 수 있어 무정과 문정의 실존이 사실이었을 것으로 판단된다. 1899년(광무 3) 편찬된『교동군읍지』에 수록된 지도에 문정(文井)과 무정(武井)으로 묘사되어 있다.

8. 봉수(烽燧)

봉수제의 시원은 고대 중국에서 유래하며, 한국의 고대 삼국시대에도 당

(唐)의 영향을 받아 사용된 중요한 군사 통신시설이었다. 고려시대에도 삼국시대의 영향으로 봉수를 활용하고 유지하였을 것이나 몇 가지 기록만 전할 뿐이다(강화외성, 2006). 조선시대에는 한양으로 천도 후 1423년(세종 5) 목멱산(木覓山, 서울의 남산) 봉수를 설치하고, 전국 주요선을 5거제(炬制)로 나누어 직봉 체계를 운영하였고, 보조선이 있어 간봉 체제를 동시에 운영하였다(이상백, 1978; 강화외성, 2006). 강화도와 교동도의 화개산 봉수는 제5거(炬)에 해당되었다. 제5거의 출발점은 전라도 여수 돌산도방답진(突山島防踏鎭)을 출발하여 전라도(흥양, 장흥, 완도, 진도, 무안, 영광, 부안, 옥구)→충청도 각 지역→인천→김포→강화→교동→강화→김포→고양→서울의 목멱산에 도착하는 것이다(이상백, 1978). 이 중 강화도와 교동도의 봉수 체계는 대모산(大母山) 봉수(불은면 신현리)→진강산(鎭江山) 봉수(양도면 도장리)→덕산(德山) 봉수(내가면 황청리)→화개산(華蓋山) 봉수(교동면 대룡리)→하음산(河陰山) 봉수(하점면 신봉리)→남산 봉수(강화읍 신문리)→통진 남산→김포 냉정산→양천 개화산→한성 목멱산에 이르렀다(이상백, 1978; 신편강화사 上, 2003).

1) 화개산 봉수

화개산 봉수는 교동도의 화개산 정상(259.5 m)에서 서쪽으로 약 300 m의 떨어진 해발 250 m 가량의 봉우리에 위치하고 있다. 봉수가 위치하는 교동도는 4면이 바다로 둘러싸여 있는 장타원형의 작은 섬으로서 봉수는

▲ 화개산 봉수와 안내문

동-서 2개소의 뾰족한 산봉우리에 위치하고 있다. 동-서로는 능선을 따라 이어져 있는 봉우리 때문에 시야 확보가 곤란하나, 남-북으로는 시야가 트여 있어 전망이 용이하다. 특히, 남쪽에 있는 화개산 봉수는 해안선을 따라 북상하는 외적의 침입을 조망하며 감시하며 이웃 봉수로 전보하기에 유리한 입지조건을 갖추고 있다. 대응봉수의 거리는 조선 초기 동쪽의 별립산(別立山) 봉수와는 7 km, 조선 중기에 남쪽의 망산 봉수와는 9.75 km, 동쪽의 하음성산 봉수와는 10.75 km, 수정산 봉수와는 서쪽으로 4.25 km의 가까운 거리에 있었다.

2) 수정산 봉수

수정산 봉수는 제4거(炬) 간봉으로 서한리 산 92번지에 있었으나 지금은 봉수터와 연조만 남아 있을 뿐이다. 봉수터는 동서 25 m이고, 남북 14 m의 규모이다. 서쪽으로 3.3 m×2.6 m의 추정되는 연조와 석벽 및 석재 등이 발견되었다. 서쪽 비탈의 높이는 1.8 m이고, 북쪽 비탈의 높이는 2.0 m이다(육군박물관, 2000).

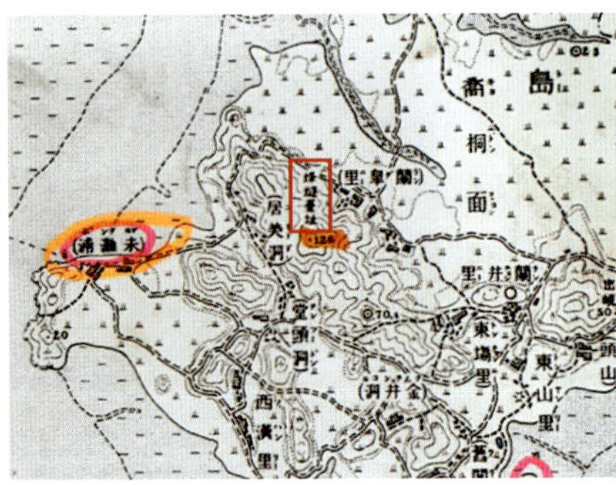

▲ 수정산 봉수의 위치

봉수는 세종실록지리지(1454)에 경기 교동현(京畿 喬桐縣) 소재 2개소의 봉수 중 1개소로서 "봉화이처 성산 재현남 동준강화별립산【烽火二處 城山 在縣南 東准江華別立山】"이라 하여 현(縣)의 남쪽에 소재하며 동쪽으로 강화 별립산(조선 전기)에 응한다고 하였다.

또한 봉수는 세종실록지리지(1454)에 경기 교동현(京畿 喬桐縣) 소재하는 2개소의 봉수 중 1개소로서 "봉화이처 수정산 재현서 동준성산 북준연안간월산【烽火二處 修井山 在縣西 東准城山 北准延安看月山】"이라 하여 현의 서쪽 수정산에 소재하며 동쪽으로 성산, 북쪽으로 연안 간월산에 응한다고 하였다. 수정산 봉수는 제4거에 속하여 통신 통로가 달랐다(신편강화사, 2003; 강화외성, 2006).

조선 후기의 여지도서(1760)에는 "하음산봉 서응화개산 동응부남산봉【河陰山烽 西應華蓋山 東應府南山烽】"이라 하여 봉수 명칭의 변화(하음성산(河陰城山) → 하음산봉(河陰山烽))와 이때에는 이전의 송악산 봉수가 남산 봉수로 이설하여 폐지됨에 따라 새로운 노선 관계가 설정되어 있었음을 알 수 있다.

강화부지(1783)에는 봉수 체계의 변화가 일부 있었다. 즉, 교동도의 봉수는 불은면 대모산(大母山)에서는 동쪽으로 김포군 통진 약산(藥山) 방향이고, 서쪽으로 진강산(鎭江山) 봉수 ⇄ 망산(望山) 봉수 ⇄ 화개산(華蓋山) 봉수 ⇄ 하음산/봉두산(河陰山/鳳頭山) 봉수 ⇄ 남산(南山) 봉수 → 통진 남산(南山) 봉수로 이어졌다. 한편, 교동도의 수정산(脩井山, 江華府志에 표기) 봉수는 서쪽으로 연안군 간월산(看月山)과 북쪽의 연안 각산(角山)으로 통한다. 한편 "하음산봉수 즉 봉두산 서응화개산환 입응본부남산 봉수군 16명【河陰山烽燧 卽鳳頭山 西應華蓋山還 入應本府南山 烽燧軍十六名】"이라 하여 봉수가 위치한 하음산이 곧 봉두산이며, 서쪽의 화개산에서 응하여 강화읍 남산으로 통한다. 또한 덕산(德山) 대신에 망산(網山)이 등장하는 바, 덕산을 망산으로도 지칭하였다.

교동군읍지(1899)와 여지도서강도부지(輿地圖書江都府誌)에 의하면 교동도 봉수 원문의 일부는【華蓋山烽燧, 自江華鎭網山南來應, 東去應同府河陰山烽燧】와【網山烽, 東應鎭網山西應喬桐華蓋山烽】으로 각각 기록되어 있어 진강산(鎭網山)은 지금의 鎭江山을 한자 표기를 달리한 것 같다. 즉, 경로는「화개산 봉수는 강화 진강산 남쪽으로부터 신호를 받아 남쪽 진망산 봉수로 신호를 보내며, 동쪽 하음산 봉수와는 동일하다고 하였다. 또한, 여지도서 강도부지에서는 망산 봉수는 동쪽의 진강산과 응하고, 서쪽의 교동 화개산 봉수와 응한다」고 기록되어 있는데 망산(網山)이 덕산(德山)을 지칭한 것으로 판단된다.

교동군읍지(1899)에는 교동도의 봉수는 세 곳이 있는데, 한 곳은 서면

난곶리(亂串里라고 표기되어 있어 蘭串里의 오기) 수정산(修井山, 초기 문헌에는 修井山으로, 후에는 水晶山으로 표기)에 있고, 한 곳은 남면 용정리(龍井里) 화개산(華蓋山)에 있고, 또 한 곳은 남산(南山)에 있다【三處內, 一處在西面亂串里修井山, 一處在南面龍井里華蓋山, 一處在南山】.

수정산 봉수는「연안 간월산 서쪽에서 신호를 받아 북쪽 교동 각산 봉수로 보낸다」라고 되어 있으며, 원문은【水晶山烽燧, 自延安看月山西來應, 北去應同府角山烽燧】로 되어 있다. 수정산 봉수는 교동도 서한리의 해발 100 m의 수정산 정상에 위치하고 있다. 대응 봉수의 거리는 동쪽 성산(華蓋山) 봉수와는 4.25 km, 북쪽 간월산 봉수 및 각산 봉수와는 황해를 중간에 두고 각각 7.5 km의 동일한 거리에 있다. 신증동국여지승람(新增東國輿地勝覽, 1530)에는 교동현의 봉수 조에서 "수정산봉수 북응황해도 연안부각산【修井山烽燧 北應黃海道 延安府角山】"이라 하여 종래 동쪽으로 응하던 성산 봉수 노선이 폐지되고 북쪽으로 연안 간월산에서 황해도 연안부 각산【黃海道 延安府 角山】봉수에 응하는 새로운 노선이 신설되었음을 알 수 있다.

진망산 봉수는 교동도 읍내리 남산포의 바로 뒤 해발 53 m인 남산 정상에 위치하며, 남산 봉수(南山烽燧)로도 통용되고 있다. 이 봉수는 여지도서(輿地圖書, 1760)의 편찬 시점인 18세기 중엽에 신설된 봉수이다. 여지도서의 봉수조에 "(신증)진망산봉수 재부서이리 자강화속말도봉수 서래응지준본영【(新增)鎭望山烽燧 在府西二里 自江華屬末島烽燧 西來應只准本營】"이라 하여 부(府)의 서쪽 2리에 소재하며 강화 말도 봉수에 속하여 서쪽으로 교동의 본영에만 응한다고 하였다. 이후 경기지(京畿誌)의 교동부읍지(1842)에는 당시 동현에 수정산, 화개산 봉수와 더불어 진망산 봉수에 대해 "일처재남산【一處在南山】"이라 하였다. 이후의 박헌용(1932)의 속수증보강도지에는 교동도의 봉수는 불은면 대모산(大母山)에서는 동쪽으로 김포군 통진 약산(藥山) 방향이고, 서쪽으로 진강산(鎭江山) 봉수⇄내가면 덕산(德山) 봉수⇄화개산(華蓋山) 봉수⇄하음산(河陰山/奉天山) 봉수⇄강화읍 남산(南山) 봉수→통진 남산(南山) 봉수로 이어졌다. 교동도 수정산 봉수는 연백군 간월산에서 받아 북쪽 응동군 각산으로 보낸다. 한편 화개산 서남쪽에 소재하는 진망산(鎭望山) 봉수는 장봉(長峯)에서 초기한 봉수가 망도(望島) → 말도(望島 → 末島)를 경유하여 진망산 봉수에 이르면 구 교동의 본영에 전달하였다고 한다.

참고로 봉수대에는 5개의 연대(煙臺)가 있어 낮에는 연기를 피워 현지

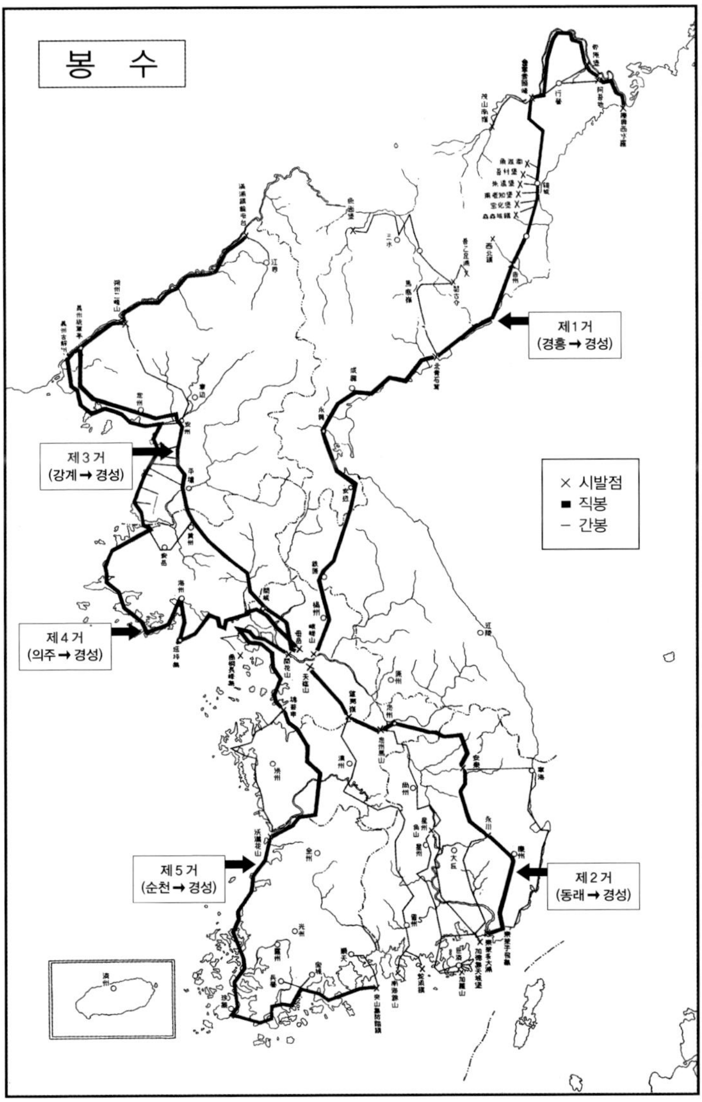

▲ 조선시대의 전국 봉수 체계도[이상백(1978)에서 인용 및 일부 변형]

사정을 알리는 방법으로 야측거화 주측번자(夜測擧火 晝測燔柴)이었다(이상백, 1978). 즉, 밤에는 불꽃으로 알렸으며, 땔감의 재료에 따라 연기의 색깔이나 모양이 다르게 나타나는데 여우똥과 염소똥을 태워서 연기를 올렸다고 한다. 구름이 짙게 끼고, 바람이 강하게 불어 연기로 사정을 알리기 어려울 때는 봉수군이 구간별로 차례로 알린다.

이상백(1978)이 저술한 한국사에 의하면 통신 신호 방법은, (1) 일거(一炬): 연대(煙臺) 하나를 올리면 편안하다는 뜻이고, (2) 이거(二炬): 연대 두 개를 올리면 적이 나타났다는 뜻이고, (3) 삼거(三炬): 연대 세 개를 올리면 적군이 국경을 넘었다는 뜻이고, (4) 사거(四炬): 연대 네 개를 올리면 적국이 강을 넘었다는 뜻이고, (5) 오거(五炬): 연대 다섯 개를 올리면 접전 중이라는 뜻이다. 봉수제도는 1894년 갑오개혁으로 중단되었다.

[표 4] 교동도의 봉수 체계

체 계	봉수명	위 치	연락 체계	비 고
직접봉수	대모산 봉수	불은면 신현리 대모산(84 m)	東應: 통진 수안산봉수 西應: 진강산봉수	김포 수안산(藥山) → 진강산 봉수
	진강산 봉수	양도면 도장리 진강산(443 m)	동응: 대모산 봉수 서응: 덕산봉수	대모산 → 덕산 봉수
	덕산 봉수(망산)	내가면 황청리 덕산 (240 m)	동응: 진강산 봉수 북응: 화개산봉수	진강산 봉수 → 화개산 봉수
	화개산 봉수	**교동면 대룡리 화개산(260 m)**	**남응: 덕산 봉수 동응: 하음산 봉수**	**덕산 봉수 → 하음산 봉수**
	하음산 봉수	하점면 신봉리 봉천산 (290 m)	서응: 화개산 봉수 동응: 남산 봉수	화개산 봉수 → 강화읍 남산 봉수 ※별립산에 설치, 세종 때에 봉천산으로 이설
	남산 봉수	강화읍 신문리 남산(223 m)	서응: 하음산 봉수 동응: 통진 남산 봉수	하음산 봉수 → 통진 남산 봉수 ※송악산(북산)에 설치, 1677년 남산으로 이설
	수정산 봉수	**교동면 서한리 수정산(100 m)**	**서응: 연안 간월산 북응: 연안 갈산**	**강화지역 봉수 연락 체계와 별개임**
간접봉수	**교동 남산 봉수**	**교동면 읍내리 남산(진망산)(60 m)**	**장봉도, 볼음도, 말도에서 받아 교동 통어영에 보고**	
	봉구산 봉수	서도면 주문도리 봉구산(147 m)	**교동 통어영에 보고**	

9. 한증막(汗蒸幕)

고대 그리스 의학자 히포크라테스는 “약으로 고칠 수 없는 병은 수술로 고쳐야 하고, 수술로도 고칠 수 없는 병은 열(熱)로 다스려야 하고, 열로도 다스릴 수 없는 병은 불치의 병이다”라고 하였다.

우리 몸의 병을 열로 다스릴 수 있다는 사실은 고려시대 때부터 이미 알고 있었던 것으로 보인다. 고려시대에는 일종의 의료시설인 한증막을 돌과 흙으로 만들었고, 고을 목사(牧使)가 직접 관리를 했다고 한다. 내부 공간에 소나무 가지 등을 이용해 불을 지펴 그 열기로 한증을 하였던 목욕시설을 말한다. 돌과 흙에서 원적외선도 방출되어 뛰어난 열기욕이 가능하여 관절염이나 신경통, 중풍, 부인병 등에도 효과가 있었다고 한다.

이러한 한증막이 교동도 고구리(古龜里) 화개산, 서한리(西漢里) 수정산, 봉소리(鳳韶里) 은압산(銀鴨山), 상룡리 장다릿골 등에 4개가 있다. 한증막의 공통점은 산 북쪽 또는 골짜기에 있으며, 시냇가 또는 샘(泉)이 나오는 우물이 있는 것이다.

또 다른 형태로 산자락보다는 거의 평지에 있었던 한증막으로 봉소리의 숯고개 한증막이 삼성산 입구에 있었고, 읍내리 절냇골에 있었으나 흔적도 알 수 없고, 서한리에 있었던 한증막은 산골짜기에 있었으며 터전과 바로 앞에 우물이 있어 흔적을 쉽게 알 수 있다.

1) 고구리 한증막

화개산 북쪽 고구리에 있는 한증막은 원형에 가깝지만 1991년(혹은 2008년 보수) 일부 보수하여 변형되었으며, 전체적인 모양은 둥근 원형으로, 크기는 둘레 15.0 m, 지름 4.5 m, 높이는 3.0 m이며, 입구는 70×60 cm이다. 원래는 황토와 돌로 만들어져 있었지만 세월이 흘러 황토가 비바람에 씻겨 지금은 외부에는 돌만 보이고 있다. 이 한증막은 조선 후기에 만들어진 것으로 추정하나 확실하지 않으며, 주민들은 “어릴 때 동네 어른들이 불을 지펴 한증막에서 목욕을 즐기는 것을 보았다”면서 1970년대 말까지 주민들이 사용했다고 한다. 현재 전국적으로 밝혀진 옛날 한증막 중 최대 규모이다.

2) 수정산 한증막

수정산 북쪽 서한리 조선골(造船, 배를 만들던 곳)에 있는 한증막이 원형(原型) 그대로 보존되어 있다. 전형적인 형태는 원추형이며, 크기는 둘레 18.0 m, 지름 약 6.0 m, 높이 약 2.5 m, 입구는 70×60 cm이다. 이 한증막은 조선 후기에 만들어져 1960년까지 사용되었다고 한다. 한증막이 있는 곳은 공통적으로 맑은 물이 흐르는 시냇가에 위치해 있어 한증막에서 땀을 내고 목욕할 수 있는 지리적 위치에 있다는 특징이 있다. 난정1리에 사는 황애분(당시 82세) 할머니 말씀. “그거 아주 오래된 거유. 아이구, 나두 젊어서 한증 많이 했지. 소나무 장작불 때서 숯 끄집어 내고, 생솔가지 깔구선 옷이나 가마니 뒤집어쓰고 들어가 앉았는 거여.” 할머니는 “거기가 가재골인데 물이 맑아서 가재가 엄청 많았다”고 기억했다.

3) 은압산 한증막

은압산 북쪽 기슭에도 한증막이 있으며, 고구리와 수정산의 한증막과 달리 안내판도 없고, 진입로도 없다. 또한 전혀 수리를 하지 않아 돌과 흙으로 쌓아 올린 것이 풍화작용으로 씻겨내려 많이 훼손되어 있다. 현재 비닐 천막으로 둘러싸여 있으나 그마저도 오래되어 틈새에는 풀과 작은 나무들이 자라고 있다. 전체적인 모양은 수정산 한증막과 비슷하며, 크기는 둘레 13.0 m, 지름 4.0 m, 높이는 2.5 m이며, 입구는 70×60 cm이다. 한증막이 있는 곳은 공통적으로 맑은 물이 흐르는 시냇가에 위치해 있으나, 은압산 한증막 앞에는 우물이 있어서 땀을 내고 목욕할 수 있게 조성되어 있었다. 봉소리에 거주하는 서완종(徐完鍾, 69세) 씨는 현재 정식 관리인은 아니지만 1960년대까지 중풍, 관절, 고혈압 환자들이 와서 3일, 5일, 7일, 10일씩 한증을 할 때 서완종 씨 부모님 집에서 숙식을 하였기에 그런 연유로 그때부터 지금까지 돌보고 있다고 한다. 특히, 점심은 직접 한증막 앞

우물을 이용하여 지어먹었다고 한다. 서완종 씨에 의하면 "다른 한증막과 마찬가지로 소나무 가지를 꺾어서 불을 지피면 한증막이 달구어지며, 그 후 얇은 속옷에 헌옷이나 가마니를 두르고 그 안에서 땀을 낸 후 나와서

▲ 위로부터, 화개산 고구리 한증막, 수정산 한증막, 은압산 한증막(왼쪽: 한증막, 오른쪽: 우물), 장다릿골 한증막(왼쪽: 허물어진 한증막, 오른쪽: 우물)

우물에서 목욕을 하였다"라고 한다. 현재 큰 돌 6~7개로 에워싸인 우물은 그리 깊지 않아 샘물이 많았을 것으로 생각되나 지금은 샘물이 말라서 나뭇잎으로 덮여 있어 지난날의 분주했던 모습은 찾을 수 없다.

4) 장다릿골 한증막

상룡리 선멀마을 서쪽 화개산 남쪽(송림고개 방향)에 있는 긴 골짜기의 이름이 장다릿골이며, 이곳에 있는 한증막의 실체를 찾을 수 있었다. 한증막이 있는 앞에는 교동도에서 수거된 쓰레기를 종류별로 손으로 분리하는 작업장이 있으며, 바로 뒤에는 고사리(양치식물)를 재배하고 있다. 예전에 이곳에 민가가 10~15가구가 있었다고 한다(방형길 교동향교 전교, 71세). 이곳 오른쪽으로 시냇가가 있으며 물이 고인 작은 연못도 있다. 이 한증막도 앞서 언급한 수정산, 은압산에 있는 한증막과 같이 진흙과 돌을 이용하여 축조하였으며, 전체적인 모양이 원형으로 현재 기단부에서 상부로 1.5~2.0 m 정도만 남고 대부분 무너져 상부는 형태가 없었다. 한증막 바로 왼쪽에 긴사각형 형태의 우물이 있으며, 다른 한증막 주변에 있는 우물과 마찬가지로 나뭇가지와 낙엽으로 덮여 있으나 조금만 정리하면 샘물이 솟을 것 같았다.

이 한증막의 위치는 서한리 한증막과 같이 약간 깊은 골짜기에 있고, 주변에 울창한 나무가 많이 있으며, 수량이 풍부한 우물이 있는 것이 매우 유사하였다. 여기서도 주변의 소나무를 꺾어서 내부를 뜨겁게 달군 후 헌옷가지 가마니를 쓰고 들어가 일정 시간 동안 한증을 하고 샘물로 목욕을 하였으며, 20~30년 전까지 사용하였다고 한다.

5) 흔적만 남은 한증막

(1) 숯고개 한증막

삼성산(三星山)과 왕재산(汪載山) 사이에 화동교회 바로 맞은편 삼성산 자락에도 한증막이 있었다. 이곳도 다른 한증막과 마찬가지로 생소나무(생솔가지)를 꺾어 불을 지피고 난 후 헌옷이나 가마니를 쓰고 들어가 땀을 낸 후 밖으로 나와서 우물에서 목욕하기를 반복하였다고 한다. 이곳은 중풍과 관절염에 매우 효과가 있어 교동도민뿐만 아니라 강화본도에서도 치료하기 위해 와서 짧게는 일주일에서 길게는 한 달간 머무르면서 치료를 하였다고 한다(대룡리의 李廷瑞, 77세). 특히 중풍에 뛰어나 효과가 있어 환자가 들것에 실려와 한 달 정도 한증을 한 후 걸어나간 경우가 많으며, 그 당시에 치료한 사람이 지금도 무학리와 난정리에 각각 생존해 있다(최호성(崔浩成) 씨 증언, 65세). 이 한증막은 1970년대 후반 철거하였으며, 당시 사용하던 우물은 현재 논에 묻혀 있다고 한다.

(2) 서한리 한증막

서한리 모 기도원 뒤에 있었던 한증막은 약 25년 전까지도 사용하였으며, 터전과 우물이 남아 있다(서한리 김희분 증언, 76세). 아쉽게도 1970년 초 새마을운동이 한창일 때 가가호호 자갈을 공출(供出)하다시피 해야 했는데 교동도는 간척지로 암반이나 돌이 매우 귀했다. 이때 동네 가까이 있으면서 사용하지 않던 한증막을 헐어서 돌을 깨서 자갈로 만들었기에 한증막이 거의 훼손되었으며, 화개산과 수정산에 있는 것만 남아 있다고 증언한다(한기출 위원장). 또한 산림녹화사업으로 임야에 나무를 남벌 또는 훼손하는 것은 강력히 규제하여 한증막 사용이 뜸하여 풍화작용으로 훼손되었다고 한다(서한리 김희분 증언).

(3) 읍내리 절냇골

읍내리 화개사 아래에도 한증막이 있었다(교동향교 전교 방형길, 71세 증언). 화개사 아래에 시냇가에 있었기에 절냇골이라 하였으며, 교동향교 및 화개사의 증축과 더불어 30여 년 전까지 사용하다가 폐쇄되었고, 지금은 흔적조차 거의 없다고 한다. 이 한증막도 다른 곳과 마찬가지로 소나무 가지를 꺾어서 불을 지피고 난 후 열기(熱氣)가 좋을 때 들어가 땀을 흠뻑 내고 나와서 시냇가에서 목욕을 하였다고 한다.

현재까지 고구리 한증막과 수정산 한증막 두 곳만 사진으로 알려져 있었으나, 이번에 저자가 은압산 한증막과 상룡리 장다릿골 한증막의 실체를 밝혔다. 또한 봉소리 숯고개, 읍내리 절냇골, 서한리의 한증막 등 전체적으로 일곱 개의 한증막이 있는 것을 확인하였다.

국내 유일의 교동도의 귀중한 한증막이 풍화작용(風化作用)과 야생동물의 은신처(隱身處)로 파괴되고 있다. 특히 내부는 밑바닥이 질퍽한 습기로 음침하고, 야생동물들의 배설물과 발자국으로 몸살을 앓고 있는 형편이고, 외부는 방치된 채로 빠르게 훼손되고 있다. 우리 조상들의 지혜로운 문화와 유적을 강화군에서는 서둘러서 향토문화재로 지정하여 보호해야 할 것이다. 2002년부터 교동사랑회(cafe.daum.net/lovegyodong)에서 한증막을 알리기 시작하여, 교동면사무소에서는 겨우 조악한 안내판 하나 달랑 세웠단다. 몇몇 언론 매체에서는 기사로 다루긴 했으나 관계당국에서 후속 조치가 없어 안타깝다고 입을 모은다.

10. 효자묘(孝子墓)

효자묘에 대하여 정확한 시기는 알 수 없으나 삼국시대(고구려, 백제, 신라)의 시대적 배경을 가지고 있는 것으로 추정된다. 그 시절 병환 중인 홀아버지를 모시고 청주골에서 살았던 효성이 지극한 신씨라는 젊은이가 아버지의 공양식 제공을 댓가로 교동현의 군사로 징발된 부유한 집의 자제 대신 화개산성에 모병되어 종사하게 되자 그 아버지는 아들의 안부에 노심

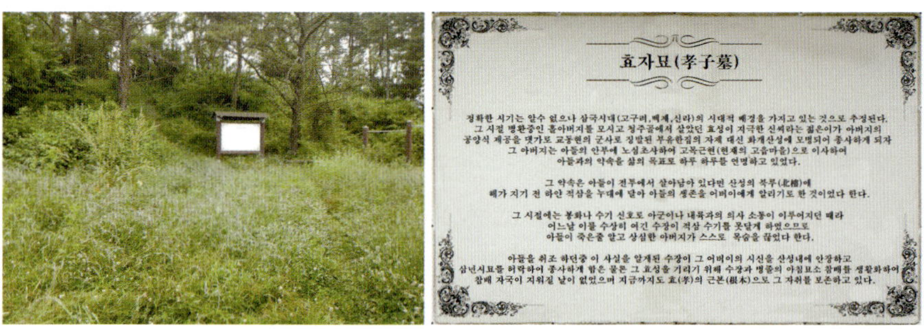

▲ 좌: 화개산성 내에 있는 효자묘 자리, 우: 안내판

초사하여 고목근현(현재의 고읍마을)으로 이사하여 아들과의 약속을 삶의 목표로 하루하루를 연명하고 있었다. 그 약속은 아들이 전투에서 살아남아 있다면 산성의 북루(北樓)에 해가 지기 전 하얀 적삼을 누대에 달아 아들의 생존을 어버이에게 알리기로 한 것이었다고 한다.

그 시절에는 봉화나 수기 신호로 아군이나 내륙과의 의사소통이 이루어지던 때라 어느 날 이를 수상히 여긴 수장이 적삼 수기를 못달게 하였으므로 아들이 죽은 줄 알고 상심한 아버지가 스스로 목숨을 끊었다고 한다. 아들을 취조하던 중 이 사실을 알게 된 수장이 그 어버이의 시신을 산성 내에 안장하고 삼년시묘를 허락하여 종사하게 함은 물론 그 효성을 기리기 위해 수장과 병졸의 아침 묘소 참배를 생활화하여 참배 자국이 지워질 날이 없었으며 지금까지도 효의 근본으로 그 자취를 보존하고 있다.

11. 대운정(戴雲亭)

2008년 12월 30일 화개산 정상에 정자 준공을 마치고 현판을 달았다. 정자의 명칭은 대운정(戴雲亭)으로 뜻을 풀이를 하면 '구름을 이고 있는 정자'라는 뜻이 되겠으나 상고시대에 교동은 고림(高林), 달을신(達乙新)과 함께 대운도(戴雲島)라는 명칭을 가졌음은 앞에서 언급하였다. 고려시대에 사신이 뱃길로 도착하던 곳이 진망산(지금의 남산) 아래의 남산포였다. 고려시대의 사신이 주로 머물던 곳이 사신관(使臣館)이 있었다. 조선조에 안해루(安海樓) 서편인 남산포 주변에 객사가 있었는데 대운관(戴雲館)이라는 현판까지 있었다고 하는데 이것이 같은 건물로 추측된다. 이 객사 밖에는 세 개의 문이 있었는데 1899년(고종 36) 4월에 중건하고 단청하였으니 지금은 그 빈터도 찾을 길 없다(교동향토사, 1995). 따라서 교동의 옛 이름인 대운도를 따서 지은 건물이 있었고, 이런 맥락에서 화개산 정상에 교동의 또 다른 이름으로 화개산 정자를 대운정(戴雲亭)이라 이름을 지었다고 한다. 현판의 글씨는 교동면 출신이며, 교동의 노래를 작사한 나웅환님이 썼다고 한다.

▲ 화개산 정상에 있는 대운정(현판 글씨는 확대한 것임)

12. 사신관터(使臣館址)

교동면 읍내리(2004년에 출간한 '강도의 맥'에는 난정리(蘭井里)로 표기되어 있으므로 오기) 571번지 진망산(鎭望山, 또는 南山) 기슭에 사신관(使臣館)이 있었으며, 남산포에는 고려 때 중국 송나라 사신이 머물다 본국으로 돌아갈 때 바닷길의 무사안녕을 기원하던 당집이 있었다(강도지명고, 1992; 교동사, 1995). 조선 중기 이후 통어사 정기원(統禦使 鄭岐源)이 고쳐서 무기수장고로 이용하다가 방어사 이근영(李根永)이 읍내리로 옮겼다(박헌용의 속수증보강도지, 1932; 강화군향리지, 2013). 이 당집은 6.25 동란 중 소실된 것을 1969년 다시 세워 뱃사람들이 제사를 지냈다. 남산포에는 근래까지 자연암을 정으로 쪼아 만든「사신 등선로」인 층층대 계단이 있다【喬桐邑誌: 鎭望山下 有一大廈 名曰 使臣館 傍有神堂 稱曰 使臣堂 海邊 岩石上有 釘(정)鑿(감)層階 名曰 使臣 登船之路】. 이와 같은 암석으로 만든 유형의 문화자산이 보존되어 왔으나, 1900년대 후기 남산포가 교동의 관문으로 여객선의 접안이 필요해짐에 따라 밀물과 썰물에 관계없이 안전한 접안이 이루어질 수 있게 사신 등선로를 콘크리트로 매립하여 지금은 그 일부만 남아 옛 원형은 묻혀 볼 수가 없다.

13. 사신당지(使臣堂址)

진망산(南山: 해발 53 m) 밑에 사신관이라고 하는 큰 건물이 있었고, 그 옆에 신당(神堂)이 있었는데 이를 사신당(使臣堂)이라 불렀다. 이 건물은 6.25 때 없어진 것을 1969년 다시 건립한 것이다. 사신당 내부에는 임경업[21]

---

[21] 조선에서 조기(石首魚)를 식용으로 이용하게 된 것이 약 400년 전이라는 사실은 동국여지승람(東國輿地勝覽)과 향약집성방(鄕藥集成方)의 기록으로 짐작할 수 있으며, 주산지인 연평도(延坪島)에서 조기 어업의 창시자는 임경업 장군(林慶業 將軍)이라고 한다(정문기, 1939년 4월 동아일보: 정문기, 1974, 어류박물지). 1636년 병자호란 때 임경업(林慶業, 1594~1646) 장군이 청나라에 볼모로 잡혀간 세자를 구하기 위해 중국으로 가던 중 선원들의 부식이 떨어지자 연평도에 배를 대고 은가시나무(두릅나무, 일명 엄나무)로 발을 만들어 개펄에 꽂아 두었더니 물이 빠진 뒤 가지마다 조기가 걸려 있어 이것이 조기잡이의 시초가 됐다는 설화가 전해지고 있다. 이후에 이야기가 자꾸 퍼져서 어민들이 임경업 장군을 수호신(守護神)으로 모시기 시작했고, 풍어굿인 곶창굿이 평안도 철산(鐵山)에서 전라남도 흑산도(黑山島)까지 등장하고 있다(설성경, 1987).

연평도에서는 임경업 장군을 기리는 충민사(忠愍祠)에서 어민들은 출어에 앞서 풍어제(豊漁祭)를 지낸다. 임경업 장군신은 연평도와 가까운 경기도와 충청도 도서지역에서 더 활발하게 마을을 보호하고 풍어를 관장하는 신격으로 모셔지고 있다. 연평도에는 임장군 사당(祠堂)이 있고, 당진군 고대면에 임장군 본당인 용신(龍神)과 함께 장군당, 서산시 부석면에 임장군의 영정이 있는 영신당, 무의도에도 사당이 있고, 교동도 옆 말도(㐣島)에도 임장군의 사당인 남신당 터가 있고, 강화도 내가면 외포리에 늑대장군 당집도 임장군을 모셔놓고 풍어제를 지낸다(증보강화사, 1994; 강화군향리지, 2013). 또한 풍어를 기원하는 강화군 외포리 곶창굿이 있는데 득제장군(임경업 장군이란 설)을 주신으로 모시는 풍어제가 있고, 내가면 황청리 국수산 당집에서도 임장군을 모셔놓고 풍어제를 지내고 있다(한국학대학원, 1981). 또한, 서산시 부석면 창리의 전통 굿인 창리 영신제, 태안군 황도 붕기 풍어제, 영흥도 풍어제 등은 임경업 장군을 모시는 대표적인 서해안 풍어제이다.

민간에서는 영험력이 강한 신으로 봉신되는 임경업 장군은 무당을 보호하고 잡귀를 쫓아내고, 병을 낫게 하며, 무병장수와 안과태평을 주고, 풍어를 담당하는 신이라고 믿고 있다. 또한 무당들의 수호신이기도 하여, 남자 무당인 박수는 무신도 형태로 임경업 장군신을 모시며, 여자 무당인 만신은 임경업 장군신의 상징으로 고비전(일종의 탱화같은 신령)이라 하여 종이를 오려 만든 것을 신당의 벽에 걸기도 한다.

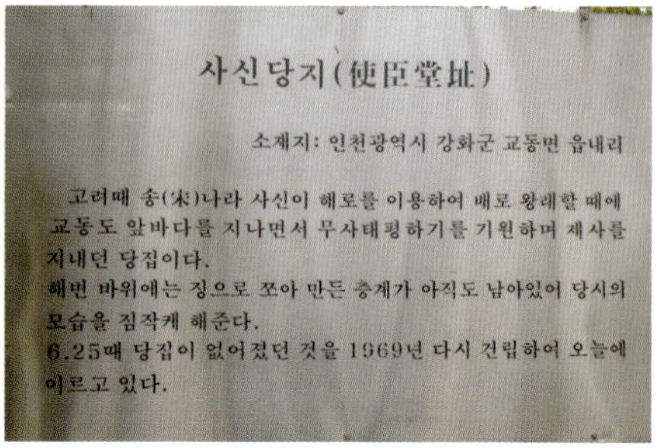

▲ 사신당과 안내판

장군(林慶業 將軍)으로 추정되는 인물이 그려져 있다. 사신당은 설립 초기에는 중국 사신들의 무사 왕래를 기원하는 곳이었을 것이나, 조선 중기 이후에는 통어영(統禦營)에서 관리하였고, 연대는 확실하지 않으나 임경업 장군을 모셔 놓은 것은 어업을 하는 교동도의 섬 특성상 바다의 무사안녕과 풍어를 기원하는 당집으로 활용하였으리라 짐작된다. 이와 같은 예는 경기도 및 충청남도의 많은 섬에서도 볼 수 있다. 특히 신증동국여지승람(제13권) 교동현의 토산(土産)은 조기, 숭어, 굴, 토화(土花, 가리맛조개), 조개, 낙지, 쌀새우(白蝦), 소금 등이고, 여지도서(輿地圖書)에서도 강도(江都)의 토산은 민어(民魚), 수어(秀魚, 숭어), 진어(眞魚, 준치), 소어(蘇魚, 밴댕이), 노어(鱸魚, 농어), 석수어(石首魚, 조기) 등으로 당시에 어업이 활발하여 이를 뒷받침해준다.

[표 5] 강화 창후리와 교동 월선포를 운항하던 선박

<table>
<tr><th rowspan="2">운항항로</th><th rowspan="2">선박명</th><th rowspan="2">운항시간</th><th rowspan="2">톤 수</th><th rowspan="2">건조년도</th><th rowspan="2">승객정원</th><th rowspan="2">차 량</th><th colspan="2">운항요금</th></tr>
<tr><th>승 객</th><th>차 량</th></tr>
<tr><td rowspan="5">하점면
창후리
~
교동도
월선포</td><td>화개1호</td><td rowspan="5">07:00
~
19:00</td><td>55</td><td>1981. 10</td><td>44</td><td>8</td><td rowspan="5">(주민)
소인: 350
대인: 650
(일반)
소인: 350
대인: 750</td><td rowspan="5">승용차 기준
(주민)
9,300원
(일반)
12,000원</td></tr>
<tr><td>화개3호</td><td>33</td><td>1983. 06</td><td>45</td><td>3</td></tr>
<tr><td>화개5호</td><td>83</td><td>1991. 05</td><td>136</td><td>15</td></tr>
<tr><td>화개7호</td><td>149</td><td>1996. 07</td><td>147</td><td>24</td></tr>
<tr><td>화개9호</td><td>223</td><td>2001. 10</td><td>160</td><td>40</td></tr>
</table>

14. 교동의 선박운행(船舶運行)

강화도의 최초의 지리지인 이형상(李衡祥, 1696)의 강도지(江都誌)에 의하면 강화 인화진(寅火津)은 교동을 왕래하는 직로(直路)라고 하였다. 신증동국여지승람 제12권에 인화석진(寅火石津)이 교동으로 다니는 길목이고, 교동의 동진(東津)은 부(府)의 동문 밖에 있으며 강화 인화보(寅火堡)까지 수로 십리이다(新增東國輿地勝覽 喬桐縣 제13권). 대동여지도(1861)와 대동지지(1861)를 보면 강화도 본섬에서 교동도까지 통하는 나루의 구간은 인화석진에서 동진(東津)으로 십리라고 되어 있다. 여지도서강도부지(輿地圖書江都府誌)에서는 인화석진에서 교동 및 송가도가 약 10여 리로 통한다(寅火石津路十餘里通喬桐及松家島). 한편, 박헌용(1932)의 속수증보강도지 상권에 강화군전도(江華郡全圖)가 자세하게 그려져 있으며, 강화도와 교동도의 유일한 항로는 양사면 인화포와 교동 동진포 사이가 3리(浬)로 표시되어 있다. 양사면 인화진은 교동면 읍내리 또는 연백군 호두포로 연결되는 곳이기도 했으나, 휴전선 관계로 출입항이 제한되었다. 남산포는 교동면의 관문으로 강화를 거쳐 인천으로 연결되던 정기여객선이 기항하던 곳인데, 이 기능도 휴전선 확정으로 끊어졌다.

강화인물사(1997)와 교동선교100년사(1999)에 의하면 교동도의 뱃길은 1919년 이후 강화의 우석 유진식(友石 兪鎭植)과 고성근(高成根)이 발동선 4척과 기선을 매입하여 합자회사인 「삼신상회(森信商會)」를 설립하고, 신도환(神島丸), 일신환(日新丸), 강화환(江華丸), 제삼강화환(第三江華丸)으로 다음과 같은 4개 항로로 여객과 화물을 실어 나를 수 있도록 운항하였다. 아래에서 보는 바와 같이 교동도에 입항하던 곳은 인사리(북진포), 율두포, 남산포, 죽산포 등 4곳이 있었다.

- 연안선: 인천 → 초지 → 대명 → 갑곶 → 월곶 → 영정포(개풍) → 산이포(철산리) → 당머리(개풍) → 고미포(개포) → 비아리(연안) → **교동 인사리** → **교동 율두포** → 백석포(연안)
- 서도선: 인천 → 시도 → 장봉 → 선수 → 매음 → 건평 → 외포 → 석모 → **교동 남산포** → 주문

- 마포 → 선이봉 → 염창 → 영정포 → 당머리 → 고미 → **교동 인사리**
- 인천 → 증포 → 하리 → 서검 → **교동 죽산포**

증보강화사(1994)에서 1945년 이전에는 주문도와 서도를 출항하여 교동면 죽산포 → 교동면 남산포 → 삼산면 석모리 → 양사면 인화포 → 양사면 산이포 → 강화읍 월곶진 → 한강 → 서울 마포 부두로 해상 교통망이 구축되어 있었다. 1959년 4월 25일 화연호가 취항하여 외포항 → 삼산 → 교동 → 서도로 운항하였다. 1973년에는 강화호(江華號)가 외포리 → 석포리 → 교동도(남산포) → 서도면을 매일 왕복했으나 년 1회 1개월간 정기 안전검사를 받을 때의 불편함을 해결하기 위하여 해명호(海明號)를 건조하여 매일 2회 왕복 운항으로 원활하게 되었다가 1982년에 완전히 폐지되었다. 한편, 월선포(月仙浦, 증보강화사(1994)의 표기; 月船浦, 강화군향리지(2013)의 표기)는 교동면 상룡리에 있으며, 1960년 11월 노사용이 하점면 창후리 선착장과 월선포구까지 화객선 운항 허가를 받아 부정기적으로 운영하였으나, 1972년 정식으로 인가를 받아 창후리와 월선포 사이에 화물을 운송하였으며, 여객은 위에서 언급한 바와 같이 외포리에서 남산포가 주된 항로였다. 근래에 이르러 화개해운회사에서 화물수송선과 정기여객선을 운항하게 된 것이다(증보강화사, 1994). 즉, 최근까지 화개 1, 3, 5, 7, 9호 등 5편의 선박이 운항되었으나(신편강화사 下, 2003), 2014년 7월 1일 양사면 인화리와 교동면 봉소리 간의 연륙교로 총연장 3.44 km의 교동대교가 개통되어 현재 창후리 선착장과 월선포 포구는 한산하기만 하다.

▲ 교동 월선포 선착장에서 강화 창후리 선착장으로 여객과 화물을 실어 나르는 화개호

제3부

왕족의 유배

1. 조선시대 형벌제도의 기원

조선시대의 형벌제도의 연원은 고려 말기로 거슬러 올라간다. 즉, 당시에 귀족관료와 사원에 의한 토지의 겸병, 압량위천(壓良爲賤) 그리고 통치질서의 문란 등으로 사회적 갈등이 점차 격화되었다. 공민왕대의 과거시험을 통하여 정계에 진출한 신진유사(新進儒士)들과 이성계(李成桂)를 중심으로 한 개혁세력과 구(舊) 귀족들 간에 깊은 갈등은 결국 고려왕조가 몰락하고 유교이념에 입각한 조선왕조가 탄생하였다.

조선은 초기부터 건국을 주도한 사대부들에 의해 법제의 정비에 착수하였다. 태조 6년 조선경국전(朝鮮經國典)이 모체가 되어 경제육전(經濟六典)을 반포하였고, 세종 때는 원육전(元六典)과 속육전(續六典) 등을 반포하였다. 이로써 법전의 체제를 일단 갖추었으나 세조대에 이르러 국초의 거듭된 법전편찬(法典編纂)의 경험을 바탕으로 경국대전(經國大典)의 편찬에 착수하여 성종대에 완성함으로써 이른바 조종지법(朝宗之法)으로 조선 500년의 기본적인 통치규범의 구실을 하게 되었다. 조선의 형벌제도는 이와 같은 법제에 의해 체계화되고 정비되었다.

2. 형벌의 종류

조선시대의 형벌은 고려와 마찬가지로 태형(笞刑), 장형(杖刑), 도형(徒刑), 유형(流刑), 사형(死刑) 등 5형 제도를 기본으로 하였으나, 도형, 유형과 같은 자유형이 확대되고 형구(刑具)의 규격과 사용방법, 절차 등이 성문규정에 의하여 전국적인 통일을 기하였으며, 형률의 적용에 있어서 관리에 의한 자의를 방지하기 위한 감독체제를 강화하였다. 즉, 행정과 사법이 엄격히 분리되지는 않았지만 인신(人身)을 구속할 수 있는 기관을 직수아문(直囚衙門)이라고 하여 경국대전 등에 명시하였고, 지방의 군, 현의 수령은 장형 이하, 관찰사는 유형 이하의 사건만을 처리하게 하고, 사형은 삼복제(三覆制)를 시행하여 국왕의 재결에 의해서만 집행할 수 있게 하였다. 형벌권의 남용에 대하여 엄중한 형사적 처벌을 가하고 각 지방에는 훈도 검율(訓道 檢律)이라는 율사를 중앙에서 파견하여 관찰사의 사법업무를 보좌케 하였다. 모든 형사법전에는 휼수(恤囚)의 규정을 두어 죄수의 인권 보장을 위한 법적 제도를 마련하였으며, 역대 임금들은 인정(仁政)의 상징으로서 휼형(恤刑: 형의 시행을 신중하게 다룸)을 중시하였다.

1) 태형(笞刑)

태형은 가장 가벼운 형벌이고 10대에서 50대까지 5등급이 있다. 회초리를 만들어 태형을 집행할 때에는 "매의 가는 편 끝으로 볼기를 친다"고 하였다. 태형의 집행은 죄수를 형대에 묶은 다음, 하의를 내리고 둔부를 노출시켜 대수를 세어가면서 집행하는데 부녀자의 경우에는 옷을 벗기지 않으나 간음한 여자에 대해서는 옷을 벗기고 집행하였다. 15세 이하, 임신한 여자, 나이가 70세 이상인 자와 폐질에 걸린 자는 태형을 집행하지 않았다. 1920년에 완전히 폐지되었다.

2) 장형(杖刑)

장형은 태형보다 중한 벌로서 곤장으로 60대에서 100대까지 5등급이 있다. 큰 회초리로 만들어 매질하는 것으로 형률상에 있어서 장형은 별도로 집행하는 경우도 있지만 도형과 유형에 대하여 이를 병과하는 것이 보통이었다. 1895년에 폐지되었다.

3) 도형(徒刑)

고려시대부터 도입된 형벌로 도형은 오늘날의 징역형에 해당하는 것이다. 도형 기간 동안 관아에 구금하고 일정한 노역에 종사시키는 자유형의 일종이다. 도형의 기간은 최단기 1년에서 최장기 3년까지인데 도형에는 반드시 장형이 부과되었다.

4) 유형(流刑)

유형은 중죄를 범한 자에 대하여 먼 지방으로 귀양을 보내어 죽을 때까지 고향으로 돌아오지 못하게 하는 형벌이다. 유형은 황무지와 해변의 고을에 배치시키는 것이며, 도형과 같이 노역을 부과하지는 않았다. 유형제도는 극형으로서의 사형에 대한 감형 또는 완화조치의 의미를 지니고 있었다. 유형은 도형과 함께 자유형에 속하여 조선시대 전반에 걸쳐 널리 행하여지던 형벌로서 도형과는 달리 기간이 정하여지지 않았다. 그러므로 임금의 사령, 또는 소결 등의 왕명에 의해서만 특별히 석방될 수 있었다. 특히 조선시대 정치의 주도권을 둘러싸고 전개된 당쟁은 많은 정치범을 낳게 하였는데 사형을 면한 대부분의 정치범들은 유형으로 처벌되었다. 유형은 장형이 병과되는 것이 보통이었으며 유배죄인에 대한 계호 및 처우 등의 책임은 그 지방의 수령에게 있었다.

5) 사형(死刑)

사형은 형벌 중에서 극형에 해당하는 것으로 조선시대에는 교형(絞刑)과 참형(斬刑)의 2종으로 정하였다. 교형은 신체를 온전한 상태로 두고 목을 졸라 죽이는 것이며, 참형은 보통 신체에서 머리를 잘라 죽이는 것이다. 한편 죄질에 따라 능지처참(陵遲處斬)하는 경우도 있었다. 사형을 집행한 다음 위협의 효과를 거두기 위해 죄수의 머리나 시체를 매달아 공중에 전시하는 것을 효수(梟首) 혹은 기시(棄市)라고 하였다.

사형에는 대시집행과 불대시집행이 있는데, 대시집행이라함은 사형이 확정된 후에도 일정 기간 대기하였다가 추분 이후부터 입춘 이전에 날짜를 정하여 사형을 집행하는 것으로 일반사형수에게 적용하였다. 이에 반하여 불대시집행은 사형이 확정되면 때를 기다리지 아니하고 즉시 사형을 집행하는 것으로 보통 모반(謀反), 모대역(謀大逆), 모반(謀叛), 악역(惡逆), 부도(不道), 대불경(大不敬), 불효(不孝), 불목(不睦), 불의(不義), 내란(內亂) 등 10대 악질 범죄에 적용되었다. 사형은 삼복제에 의하여 3차례의 재판을 거쳐 신중을 기하도록 하였고, 사형의 확정은 반드시 임금의 재결을 받아야만 하였다.

사형의 집행방법에 대하여는 교형과 참형의 능지처사(능지처참과 동의어)라고만 되어 있을 뿐 더 자세한 규정이 정하여지지 않았다. 따라서 밧줄로 목을 매어 달아 죽이는 교형과 목을 잘라 죽이는 참형의 경우에는 방법이 간단하였지만, 능지처사의 경우에는 대역사건의 국사범이나, 특히 일반에게 경계할 필요가 있는 반도덕적 범죄인에게 행하여졌기 때문에 민중에 대한 위협의 목적으로 오살(五殺), 육시(戮屍), 거열(車裂) 등 여러 가지 잔인한 방법으로 집행되었다.

오살과 육시는 죄인의 머리를 벤 다음 팔, 다리, 몸둥이를 자르는 극형이다. 거열은 죄인의 팔과 다리를 4방향으로 우마에 묶어 우마를 동시에 움직이게 하여 죽게 하는 형벌이다. 그 외에도 사사(賜死), 부관참시(剖棺斬屍)가 있었다. 사사는 왕명으로 독약을 마시게 하여 죽게 하는 것으로 왕족이나 현직자로서 역모에 관련되었을 때 주로 행하여졌다. 부관참시는 이미 죽은 자의 무덤을 파헤쳐 시체를 꺼내 참형 또는 능지처사를 행하는 것이다. 연산군 시대 무오사화, 갑자사화에 연루된 자 등에 대하여 부관참시형이 시행되었다.

6) 속전(贖錢)

조선에서는 특별히 정한 범죄를 제외하고는 형 대신 금전으로 납부할 수 있는 제도가 있었는데 이것이 바로 속전제도였다. 속전은 오늘날 벌금과도 유사하다. 그렇지만 벌금은 재산형인데 비해 속전은 신체형, 자유형, 생명형을 선고받은 후 본형을 재산형으로 대신한다는 점에서 구별된다. 그러나 모든 형벌을 대신할 수 있는 것이 아니며 속전할 수 있는 요건을 법률로 정해 놓았다.

7) 부가형(附加刑)

조선의 형벌에는 기본형인 5형 이외에도 여러 종류의 부가형이 있었다.

그중 중요한 것은 자자(刺字), 노비몰수, 재산몰수, 피해배상 등이 있으며 연좌제도도 일종의 부가형의 성질을 띠고 있다. 자자형은 신체의 어느 부위에 먹물로 글씨를 새겨 넣는 형벌인데 주로 도적으로서 장형, 도형, 유형에 처하여진 자에게 부과되었다.

3. 조선시대의 감옥

조선시대의 감옥은 범죄의 혐의가 있는 자에 대하여 수사재판의 형사절차를 거쳐 형을 집행할 때까지의 수용을 위주로 하는 구금시설이다. 형조, 한성부, 사헌부, 병조, 승정원, 수령 등의 직수아문에는 감옥시설이 부설되어 있었으며 그중 형조의 전옥서(典獄署)는 구금만을 전담하는 기관이었다. 전옥서는 고려의 제도를 계승하여 개국 초부터 형조에 소속되어 죄인의 옥수를 맡아하던 관서로서 감옥시설로는 대표적인 기관이다. 전옥서는 갑오경장 이후 경무청 감옥서로 변경되었다가 1907년 감옥사무가 법부로 이관된 후 경성감옥으로 개칭되었다. 그 후 서대문구 현저동으로 신축 이전되면서 종래의 시설은 경성감옥 종로출장소로 운영되다가 1912년 폐지되었다.

4. 귀양(歸養)과 유배(流配)의 의미

1) 귀양(歸養)

고려시대와 조선시대에 죄인을 먼 시골이나 섬으로 보내어 일정한 기간 동안 제한된 곳에서만 살게 하던 형벌로서 초기에는 방축향리(放逐鄕里)의 뜻으로 쓰다가 나중에 귀양이라 하였다. 귀양은 죄인의 형기가 일정 기간을 정해진 것을 말한다. 귀양은 초기에는 방축향리, 즉 벼슬을 삭탈하고 제 고향으로 내쫓던 형벌의 뜻으로 쓰다가 후세에 와서는 도배(徒配), 유배(流配), 찬배(竄配), 정배(定配)의 뜻으로 쓰였다.

2) 유형(流刑)

유배(流配)라고도 하며 매우 중한 죄를 범한 자를 차마 사형시키지 못하고, 먼 지방으로 귀양 보내어 죽을 때까지 살게 하는 형벌로 반드시 장형(杖刑)을 병과하였으나, 조선왕조에 있어서 폐군이나 종친 등에서는 장형을 부과한 예가 없다. 유배를 보내는 거리에 따라 2천리, 2천 5백리, 3천리의 세 등급이 있었으며【流三等 照依地理遠近 定發各處荒蕪 及瀕海州縣安置】, 각각에 장100형을 집행하였다. 본래 유배지는 죄인의 거주지로부터 적어도 600리 이상 떨어지고 죄인의 집이 있는 도내(道內)가 아니어야 했다. 서울과 경기, 충청도를 제외한 곳이라는 일정한 규정이 있었으나 실제로는 충청도에도 보내는 경우가 있었다. 조선시대의 유형에는 이주, 부처, 정배, 무기정배, 원지정배, 절도정배(외딴섬), 절도안치, 가극안치, 위리안치, 본향안치 등이 있었다.

- 부처(付處): 죄인의 거처를 정하도록 해 격리하는 안치
- 본향안치(本鄕安置): 죄인의 고향에서 살도록 하는 죄로 가벼운 죄인의 안치
- 절도안치(絶島安置): 혼자 육지에서 먼 외딴 섬에 격리하는 안치로서 중죄에 부과
- 위리안치(圍離安置)[22]: 유배지의 거주지를 엄격하게 제한하여 집 담장을 가시나무로 둘러 격리하는 안치
- 가극안치(加棘安置): 유배지의 거주지를 엄격하게 제한하여 집 주위에 가시덤불을 놓아 외부와의 왕래를 통제하는 안치

다만, 섬(島)인 경우의 유배는 절도안치에 위리안치를 겸하는 것이었다.

[22] 유배인들에게는 가족 동반이 허용됐지만 위리안치의 경우에는 가족을 동반할 수 없다. 이 때문에 유배인들은 제주 여인들과 혼인을 해 제주에 다양한 성씨가 생겨나는 이유가 되기도 했다. 광해군이 어머니 인목대비(仁穆大妃)를 폐위시킨 데 반대하는 상소를 올렸다가 제주에 유배된 간옹 이익(艮翁 李翼)은 헌마공신(獻馬功臣) 김만일의 딸을 맞아 경주 이씨 국당공파의 제주 입도조가 됐다. 조선 태조가 고려의 유신을 위무할 때 "충신은 두 임금을 섬길 수 없다"고 신정권을 끝까지 반대하다 유배 온 김만희는 김해 김씨 좌정승공파, 한천은 청주 한씨의 입도조가 된다.

그러나 실제로는 유배인에 대한 감시 책임은 관내 수령에게 있었기 때문에 수령의 성격이나 재량에 따라 위리안치는 형식에 그치는 경우가 많았다. 위리안치는 유배인들이 바깥출입을 하지 못하도록 집 주위에 탱자나무를 심어 놓는다. 담 아래에는 수선화를 심어 놓는다. 추사 김정희는 제주인들이 수선화를 보리밭에서 뽑아버리는 것을 안타까워했다고 한다.

5. 조선시대 주요 유배지

1) 강화도

유배지로서 강화도의 특징은 왕과 왕족의 혈통을 갖고 있는 인물들이 역모와 관련이 있을 때 이용되던 도서지역이다. 강화도가 도서 지역이라는 지리적 특수성도 있지만 서울(漢陽)과 개경(開京)인 수도와 가까워서 지속적인 감시와 통제가 상대적으로 가능했으며, 또 이들의 동정을 살필 필요가 있었기 때문이었다.

고려시대에는 21대 희종, 23대 고종, 32대 우왕, 33대 창왕 등이 강화에서 유배생활을 했고, 조선시대에는 금평군, 안평대군, 10대 임금 연산군, 선조의 맏아들 임해군, 선조의 열 네째 아들인 영창대군, 또한 선조의 손자이자 인조의 동생인 능창대군, 인조의 다섯째 아들 숭선군, 15대 임금 광해군과 폐비 유씨(廢妃 柳氏), 광해군의 폐세자 지(廢世子 祬)와 폐세자빈 박씨(廢世子嬪 朴氏), 상계군의 아들인 익평군, 철종의 아버지인 전계대원군과 할아버지인 은언군, 흥선대원군의 손자이며 고종의 조카인 영선군 등도 강화도로 유배를 당했다. 강화도와 교동도는 고려시대부터 조선시대까지 1천여 년 동안 왕족의 유배지로 활용되었으며, 유배생활을 했던 왕과 왕족은 고려시대부터 조선시대까지 약 30여 명에 이른다.

2) 제주도

한양에서 가장 먼 곳으로 '유배 3천리'라는 말이 있을 정도였다. 대표적으로 광해군은 제주도로 유배를 가서 일생을 마쳤다. 간옹 이익(艮翁 李瀷), 추사 김정희(秋史 金正喜), 충암 김정(沖菴 金淨), 인목대비(仁穆大妃)의 어머니 노씨부인, 우암 송시열(尤庵 宋時烈), 면암 최익현(勉庵 崔益鉉), 정난주(丁蘭珠; 다산 정약용의 조카이며, 황사영의 부인) 마리아 등의 유배지였다.

3) 기타

함경남도 삼수갑산(三水甲山)은 함경도 북서쪽에 있는 두 지역이 삼수(三水)와 갑산(甲山)으로 날씨가 우리나라에서 가장 춥다. 매우 구석지고 험해서 귀양갔던 많은 사람들이 추위에 얼어 죽거나 호랑이에게 물려 죽었다. 삼수갑산은 죄인유배지로 유명했는데, 유배를 보내면 대부분 형기가 다하기 전 사망한다 하여 당시에도 악명이 높은 불모지였다.

대표적인 유배지와 유배자는 함경남도 북청(白沙 李恒福), 강원도 영월 청룡포(端宗), 강원도 삼척시 근덕면 궁촌리(고려 恭讓王), 경상남도 남해군 노도(西浦 金萬重), 경상남도 거제도(고려 毅宗), 경상남도 울주군 언양(圃隱 鄭夢周), 제주시 추자도(桐溪 鄭蘊), 전라남도 완도군 보길도(孤山 尹善道), 전라남도 신안군 흑산도(巽庵 丁若銓, 영조대왕의 정순왕후 오빠 金龜柱, 勉菴 崔益鉉), 전라남도 강진(茶山 丁若鏞), 전라남도 나주 회진현 거평부옥(현재의 다시면 운봉리의 백동마을, 三峯 鄭道傳), 전라남도 화순군 능주면 남정리(靜菴 趙光祖) 등이 있다. 다만, 영조(英祖) 때에는 특별한 경우가 아니면 흑산도와 같이 험한 곳이나 무인도에는 유배를 금지시켰다.

6. 고려시대

1) 제21대 희종(熙宗)

희종은 신종과 선정왕후 김씨의 맏아들로 1181년 5월에 출생하였으며,

1200년 4월에 왕태자에 책봉되었고, 1204년 1월에 병상에 누운 신종(神宗)의 선위를 양위받았다. 고려 21대 왕으로 재위는 1204~1211년까지 8년간이었다. 휘는 영(韺), 초명은 덕(悳), 자는 불피(不陂)이다. 희종[23]은 즉위한 공으로 최충헌을 문하시중 진강군개국후(晉康君開國侯)에 봉하였던 바, 횡포가 심했으므로 왕은 내시랑중 왕준명(內侍郎中 王濬明) 등과 모의하여 최충헌을 죽이려고 하였다. 그러나 성사하지 못하여 오히려 1211년 권신(權臣) 최충헌이 희종을 폐위시켜 교동(華蓋山 뒤편) 경원전(慶源殿)으로 유배되었다가, 최충헌이 죽은 후 개성으로 돌아갔다. 1227년(고종 14) 어떤 자가 최충헌의 아들 이(怡)에게 "얼마 전에 최이가 병들어 누웠을 때 상장군 노지정(上將軍 盧之正), 대장군 금휘(大將軍 琴暉), 장군 김희제(將軍 金希磾) 등이 점쟁이 주연지의 집에서 공을 해치고 전왕 희종이 생사를 같이할 것을 맹세한다"고 밀고하였다. 최이는 장군 이광유(李光裕)를 보내서 희종(熙宗)을 교동으로 옮기고 주연지, 노지정 일파를 바다에 던지는 등 가혹한 보복을 했다(강도의 맥, 2004). 또 1232년(고종 19) 6월에는 교동에서 자연도(紫燕島, 지금의 영종도로 옛날에는 제비가 많아서 紫燕島라고 하였음)로 옮겼다. 유배생활 26년만인 노년에 법천정사(法天精舍)로 옮겨 1237년(고종 24) 8월에 57세를 일기로 용유도에서 생을 마감하여 악진궁(樂眞宮)으로 옮겼다. 같은 해 10월에 덕정산(德政山) 남쪽에 장례를 지냈다(신편강화사 中, 2003). 한편 이형상(1696)의 강도지(江都誌)와 박헌용(1932)의 속수증보강도지에는 능(陵)이 진강산(鎭江山) 동록(東麓)에 위치해 있다고 기록하고 있다. 덕정산은 해발 320 m이고 바로 남쪽에 해발 441.3 m의 진강산이 연이어서 있어 두 산을 구분하지 않고 덕정산과 진강산의 명칭을 사용한 듯하다(강도지명고, 1992). 두 산의 중심으로 석

[23] 국사 전반에 관한 모든 결정은 최충헌에 의해서 이루어졌으나, 희종은 왕실의 예법에 따라 정식으로 왕위에 올랐다는 측면에서 즉위에 대한 대의명분이 분명하여 왕권을 회복할 수 있는 좋은 기반이 될 수 있었다. 그러기 때문에 최충헌을 제거하려는 움직임이 가시화되기 시작했다. 몇 차례 최충헌 부자를 살해하기 위한 모사가 있었으며, 이에 최충헌은 영응관에 교정도감을 설치하고 스스로 교정도감의 별감으로 있으면서 그곳에서 모든 국사를 처리했으며, 그가 죽은 후에는 최이(우), 최항, 최의가 교정별감직을 세습하며 왕권을 대신하게 된다.

릉의 정확한 방향은 동남쪽이다.

묘호는 처음에 정종(貞宗)이었으나 뒤에 희종으로 고쳤다. 능호(陵號)는 강화군 양도면 진강산 동록(東麓)에 석릉(碩陵)이다(이형상의 강도지, 1696; 강화부지, 1765; 박헌용의 속수증보강도지, 1932). 강화고려역사문화재단(www.ghistory.or.kr)의 강화부지 권상(江華府志 卷上)에서 희종릉(熙宗陵) 석릉(碩陵)을 석릉(石陵)으로 잘못 표기하고 있다. 원문도 【高麗 熙宗陵 號 石陵 在府治南二十一里】로 잘못 이기(移記)한 것으로 판단된다. 위에서 언급한 바와 같이 석릉의 위치를 이형상의 강도지(江都誌, 1696)에는 진강산(鎭江山) 동록(東麓)에, 강도부지에는 부남(府南) 20리 길상면(碩陵高麗熙宗陵在府南二十里吉祥面)에, 심부개판강도부지에는 부남(府南) 20리에 있다고 각기 다르게 기록되어 있으나 전체적인 방향이나 행정명을 길상면 또는 양도면이라 하였으나 크게 문제될 것은 없다.

석릉(碩陵)의 현재의 모습과 달리 오랜 세월 동안 방치하여 폐허가 된 것을 현종 때 강화유수 조복양(趙復陽)이 찾아내어 봉분하였으나, 또 다시 세월이 흘러 봉분이 붕괴되고 석조물이 파괴되어 없어진 것을 1974년 강화군에서 보수 및 정화하였다(신편강화사 中, 2003).

2) 제30대 충정왕(忠定王)

1337년~1352년, 고려 제30대 국왕(재위: 1349~1351)이다. 휘는 저(胝), 첫 봉작은 경창부원군(慶昌府院君)이고, 원에서 내린 시호는 충정왕(忠定王)이다. 형 충목왕이 여덟 살에 왕위에 올라 12살 때인 1348년 12월에 병으로 죽자 이듬해 5월 원나라 순제(順帝)에게서 고려 제30대 왕으로 책봉되어 7월 왕위에 올랐다. 강화부(江華府) 서쪽 4리에 있는 용장사(龍藏寺)에 유배된 충정왕은 이곳에서 삼촌인 공민왕에게 왕위를 넘겨주었다. 그리고 이듬해인 1352년 3월 15세인 충정왕의 복위를 두려워한 공민왕에 의해 독살되었다(증보강화사, 1983; 강도의 맥, 2004).

〈地文〉

(1) 충정왕은 나이 15세의 어린 나이로 강화 서문 용장사에 피하여 왔었

다가 원나라 노국공주와 결혼한 강릉대군 기에게 원나라 사신의 압력으로 양위하게 되었다.

(2) 이때 종사관으로는 박사신(朴思愼), 한유(韓攸), 이강(李岡), 신덕린(申德隣) 등 4명이었다.

(3) 충정왕[24]이 양위하니 그날로 식사도 불충분하고 내외 접촉을 못하게 하므로 나날이 울며 새웠다. 그러다가 찜새술을 먹여 독살시키니 울지 아니한 사람이 없었다(증보강화사, 1983).

3) 제32대 우왕(禑王)

1365년~1389년, 고려 제32대 국왕(재위: 1374년~1388년)이다. 어릴 때 이름은 모니노(牟尼奴)이며, 신돈의 시비(侍婢)인 반야(般若)의 소생이다(한국민족문화대백과사전, 2001). 휘(諱)는 우(禑)이고 시호는 받지 못했다. 이인임(李仁任)이 섭정을 거둔 1383년부터 1388년 5월까지 우왕(禑

---

[24] 강화 내성 서문에 첨화루(瞻華樓)라 쓴 문루(門樓)가 있으며, 고비고개 방향으로 고려산 아래에 국화저수지가 있고 북쪽에 '용장마을'이 있다. 산 아래 밭이나 마을이나 모두 고려 때 용장사(龍藏寺)가 자리했던 절터라고 한다. 동국여지승람 기록에 의하면 '옛터는 강화부 서쪽 4리에 있다. 고려 공민왕이 선위 받았는데 충정왕이 이 절에서 양위했다【古基在府西四里 高麗 恭愍王位 忠定王遜于是寺】'라는 기록이 있다. 공민왕은 형 충혜왕(28대)의 작은 아들 충정왕으로부터 양위 받고 용장사에 머물던 15살의 어린 조카를 살해했다. 용장사를 눈여겨봐야 할 또 다른 사실이 있다. 고려 말 삼은(三隱) 중 한 사람인 목은 이색 선생이 남긴 미지산(현재의 용문산) 용문사 대장전기【砥平縣 彌智山 龍門寺 大藏殿記】에는 '대장경 한 부는 모관 모가 시주한 것이다. 처음에 강화부 용장사에 두었다【大藏一部 某官某之所施也 始置于江華府龍藏寺】'라고 기록하고 있다. 대장경 한 부가 용장사에 있었다는 것이다. 고려사(高麗史)의 기록에는 1251년(고종 38) 9월 임금이 '성 서문 밖 대장경판당에 행차하여 백관을 거느리고 행향(불공)드렸다는 것이다【幸城西門外 大藏經板堂 率百官行香】'. 서문 밖 대장경판당은 어디에 있었을까? 고려의 중성(中城) 서문의 이름은 선기문(宣祺門)인데 속칭 승거문(僧居門)으로 불렸다는 사실이 박헌용(1932)의 속수증보강도지에 기록되어 있다. 고종은 아마도 선기문(승거문) 밖 대장경판당에 들렸을 것이다. 그런데 강화도 역사를 기록한 이형상(1696)의 강도지(江都誌)에는 용장사는 지금의 승거문【龍藏寺 今之 僧居門】이라 했으니 결국은 대장경판당은 용장사일 가능성이 크다. 국화저수지 끝 용장마을 아래에 '싱구문'이 있었다는데 도성에서부터 거기까지 집들이 이어져 있어 비가 내려도 추녀 끝으로 걸으면 옷 젖는 일이 없었다고 한다. 당시 강화 인구 30만 명이었다고 한다. 다소 과장된 말이겠으나 고려 때에 강화에 인구가 상당히 많았고 얼마나 많은 집들이 있었는지 알 수 있다. 구전(口傳)으로 '싱구문'이란 선기문(승거문)이 분명하다. 선기문은 국화저수지 서쪽 용장사터 앞에 있었던 것이다.

王)은 친정을 하였다가 위화도 회군 사건을 일으키고 도모한 이성계의 위화도 회군 이후 폐위되어 강화도에 유배되었다가 여주로 이배된 뒤 강릉으로 다시 유배되었다가 그곳에서 사약을 받았다.

〈地文〉

(1) 우왕(禑王)이 살해된 곳을 강릉 살우리(江陵 殺禑里)라고 하고, 창왕(昌王)이 죽은 곳을 살창리(殺昌里)라 불렀다.
(2) 우왕이 강릉에서 죽었음을 알고 영비 최씨는 통곡하여 그 아비를 원망스럽게 말하였다.
(3) 우왕은 형(刑)을 당할 때에 겨드랑을 들어 보이면서 왕씨는 용(龍)의 후손이기에 겨드랑이 밑에 비늘이 있는데 너희들은 보라 하였는데 과연 말과 같았다고 한다.

4) 제33대 창왕(昌王)

1380년~1389년, 고려 제33대 국왕(재위: 1388~1389년)이다. 우왕의 아들로 휘는 창(昌)이며, 임금을 뜻하는 왕을 붙여 창왕이라 하였고, 정식 시호는 없다. 이성계가 우왕을 폐위시키고 9세인 창왕을 즉위시켰으며, 1389년 재위 1년 만에 이성계 일파에 의해 폐위되었다. 우왕과 창왕 부자의 폐위 이유는 신돈(辛旽)의 아들이므로 가짜를 폐하고 진짜 왕씨를 세우자는 데 있어, 그해 11월 15일 창왕(昌王)을 서인(庶人)으로 강등하고 강화도로 추방하자 드디어 구세력은 탈락되고 이성계 일파가 많이 중용되었다. 그 후 며칠 안 가서 대제학 유순(柳珣)이 강화에 가서 창왕을 살해하였다.

〈地文〉

(1) 창왕(昌王)이 살해된 곳은 강화읍 관청리 견자산(見子山) 남쪽 기슭인 구성(舊城) 소남 문안으로 살창(殺昌)이라고 부르고 있다.

7. 조선시대(朝鮮時代)

1) 금평군(錦平君)

정종(正宗)의 세 번째 서자인 금평군 이의생(錦平君 李義生, 미상~1435년)이 조선 왕족으로는 처음으로 강화(江華)로 유배되었다. 금평군은 숙의기씨(淑儀奇氏) 소생으로 사직(司直) 홍숙(洪宿)의 딸 남양 홍씨(南陽 洪氏)와 혼인하였으나 슬하에 자식은 없었다. 1422년(세종 4) 원윤(元尹)으로 봉해졌으나 1425년 의평군과 함께 사패(賜牌: 왕이 공을 세운 왕족이나 신하에게 땅이나 노비를 하사할 때 그 소유권을 인정하는 문서)를 위조하여 전라도 금구(金溝, 전라북도 김제)에 유배되었다가 같은 해 6월 23일에 풀려났다. 1427년(세종 9) 이의생이 먼저 매소월을 첩으로 삼고, 그를 시켜서 기생들을 중매하여 음난한 짓을 함으로 인해 다시 강화(江華)로 유배되었다가 1428년 유배에서 다시 풀려났다.

2) 안평대군(安平大君)

세종(世宗)의 셋째 아들 안평대군(1418~1453), 이름은 용(瑢), 자는 청지(淸之), 호는 비해당(匪懈堂), 낭간거사(琅玕居士), 매죽헌(梅竹軒)이다. 안평대군은 총명하고 시문, 서화, 거문고, 바둑에 능하였으나, 가장 처절한 죽음을 당하였다. 그는 단종 즉위 후 이징옥(李澄玉) 등을 시켜 함경도 경성(鏡城)에서 무기를 옮기고, 부암정(傅巖亭)에서 군사훈련을 하였으며, 사람들은 이곳을 흥룡지지(興龍之地)라고 하여 왕이 나올 역모의 땅으로 간주하였다(서울특별시 시사편찬위원회, 2013). 1453년(단종 1) 10월 10일 수양대군이 계유정난(癸酉靖難)을 일으켜 반역을 도모했다는 죄목을 받아 안평대군 부자(아들 友直)는 강화도로 귀양을 갔다가 교동도로 유배되었고 정난(靖難)이 일어난 지 열흘 만에 36세 나이에 사약을 받았으나 시신도 무덤도 없으며 기록도 없다. 교동도 어디에 유배되었는지 알 수 없다(교동사, 1995년). 안평대군의 부인은 그 전에 미리 죽었지만 며느리와

딸은 관비(官婢)가 되고, 그의 외동아들은 진도(珍島)로 이배되어 이듬해 교수(絞首)되었다.

→ 일설에 의하면 안평대군 아들 우직(友直)의 영혼을 위령하고 명복을 비는 위패(位牌)를 전등사(傳燈寺) 불당에 봉안하였다고 한다.

서울특별시 종로구 부암동 319-3번지 일대는 안평대군의 별장으로 무계정사(武溪精舍) 또는 무이정사(武夷精舍)라고 하였으며, 안평대군은 특히 시문과 글씨에 뛰어나 지금도 그곳에 있는 암석에 武溪洞(무계동) 각자(刻字)가 그의 작품으로 알려지고 있으며, 서울시에서는 유형문화재 제22호로 지정하여 관리하고 있다(서울시 시사편찬위원회, 2013).

3) 연산군(燕山君)

연산군의 생존기간은 1476(성종 7)~1506년(중종 1)이다. 이름은 융(㦕), 성종(成宗)의 장남, 어머니 숙의 윤씨 사이에 출생하였으며, 판본상사사 윤기무(判奉常寺事 尹起畝)의 딸 윤씨가 왕비로 책봉되자 연산군에 봉해졌다. 1479년 윤씨가 폐비 윤씨(廢妃 尹氏)로 폐출된 후 5년만인 1483년(성종 14) 8세에 세자에 책봉되었다. 1494년 12월 성종이 죽자 19세에 등극하여 왕이 되어 곧 20세가 되어 섭정(攝政)을 받지 않고 12년간 왕권을 행사했고, 중정반정 후 폐위되어 연산군으로 봉해졌고, 교동으로 유배되어 같은 31세로 12월에 죽었다【燕山君㦕. 母廢妃尹氏. 判奉常寺事起畝女. 成宗丙申生. 癸卯. 册封王世子. 丁未. 入學. 甲寅. 嗣位淫虐日甚. 宗社將危. 中宗反正. 廢. 封燕山君. 放于喬桐. 同年十二月卒. 在位十一年. 壽三十一】.

연산군은 1497년 창덕궁 인정전에서 조선조 제10대 왕으로 즉위하였지만 조선왕실의 족보인 선원계보(璿源系譜)에 묘호(廟號)와 능호(陵號)도 없이 왕자의 신분으로 기록되어 있으며, 연산군 재위기간의 기록조차 실록(實錄)이라 하지 않고 일기(日記)로 표현한다.

연산군은 왕에 즉위하여 초기 4년간은 빈민구제, 왜인과 야인의 침입을 대비하여 비변사(備戎司)를 두어 병기를 제조하고, 변경지방으로 백성 이

주 독려, 국조보감(國朝寶鑑)과 동국여지승람의 수정, 사가독서(賜暇讀書)의 부활 등 선정을 베풀었다. 1498년(연산군 4) 성종실록 편찬시 김종직(金宗直)의 조의제문(弔義帝文)이 발단되어 무오사화, 갑자사화를 겪으면서 포악한 정치를 일삼다가 1506년 11월 성희안(成希顔), 박원종(朴元宗), 유순정(柳順汀) 등이 군사를 일으켜 성종의 둘째 아들(異母弟) 진성대군을 왕으로 세우는 중종반정(中宗反正)이 일어났다. 1506년 9월 반정 즉시 연산군은 폐위되어 교동으로 유배되어 위리안치(圍籬安置) 되었다가 1506년 11월 이곳에서 역병(疫疾, 傳染病)으로 사망하였다.

1976년, 1983년과 1988년 강화문화원에서 각각 발간한 「강화사」 137쪽과 「증보강화사」 169쪽에는 교동면 고구리에서 병사하였으며 우물터가 남아 있다고 기술하였다. 1994년 강화문화원에서 발간한 「증보강화사」 176쪽에는 교동면 고구리에서 변사하였다고 하며 또는 봉소리에서 병사하였다는 고로(古老)의 말이 전한다고 서술되어 있다. 그 후에는 연산군의 적거지(謫居地)로 알려진 곳은 교동 읍내리 270번지 일대로 현재 고추밭, 고구마 경작지로 이용되고 있다. 주위에 우물이 남아 있어 옛날의 집이 있었다는 것으로 추측하고 있다(증보강화사, 1983). 또한 주위에는 토·자기편과 와편들이 산재해 있다. 또한 인근에는 부근당(扶芹堂)이 있는데 그곳이 연산군의 유배처라는 등의 설이 있다.

연산군이 유배지 교동으로 가는 길에 호송대장 경상우도병마절도사(慶尙右道兵馬節度使) 심순경(沈順經), 회령부사(會寧府使) 최한홍(崔漢洪), 평안도병마절도사(平安道兵馬節度使) 유계종(柳繼宗), 장예원판결사(掌隷院判決士) 이곤(李坤) 등 4명이 호송하였다. 교동앞 바다에서 배가 흔들리자 연산군은 무서워서 벌벌 떨었고, 관아에 도착하자 백성의 얼굴도 쳐다보지 못하고 땀만 뻘뻘 흘린 위인이었으며, 안치한 곳에 이르니 위리(圍籬)한 곳이 몹시 좁아 해를 볼 수가 없었고, 다만 한 개의 조그마한 문이 있어서 겨우 음식을 줄 수 있는 곳이었다고 한다(朝鮮王朝實錄 江華史料集, 2000; 연산군 12년 9월 2일, 중종 1년 9월 7일). 연산군은 31세에 역병(疫疾)으로 죽었고, 시신을 현지에서 강화로 옮겨 왕자의 예로 장례를 지냈다. 그로부터 6년 후인 1512년(중종 7) 12월 12일 부인 거창 신씨의 청에 의

해 1513년(중종 8) 2월 11일 치제(致祭)하고, 2월 20일 경기도 양주군 해촌(지금의 서울 도봉구 방학동)으로 이장하였다.

파란만장한 삶을 살았던 연산군은 시와 서예에 능숙하여 128편의 시를 남겼는데, 그중 108편이 집권 마지막 3년 동안 쓰여 연산일기로 남겼다. 그가 남긴 시 중에는 마치 자신의 운명을 마치 예감하고 쓴 것 같은 시도 있다. 김경준(2001)은 아래 시에서 앞의 뒤의 구(句)를 설명 없이 인용하였다.

四時佳景不如遊(사시가경불여유) 사시절 아름다운 경치도 놀이만은 못한 것이네
須賞幽臺朗月秋(수상유대랑월추) 부디 그윽한 대(臺) 가을 달을 구경하리라
莫好風江乘浪渡(막호풍강승랑도) 바람 부는 강에 배 타고 건너길 좋아 마오
飜舟當急救人唯(번주당급구인유) 배 뒤집혀 위급할 때 그 누가 구해주리

1504년(연산 10) 9월 29일에 쓴 시(詩)로 승지들에게 뜻을 해석하라고 하자, 「앞의 두 구(句)는 경치를 읊은 것이요, 뒤에 두 구(句)는 인신(人臣)을 경계한 것」이라 하였으며, 어서(御書)라고 기록되어 있다(신봉승, 1987).

人生如草露(인생여초로) 인생은 초로(草露)와 같고
會合不多時(회합불다시) 만남 역시 적고 영원하지 않다.

이민희(2012)는 강화에서 죽기 전에 이 시(詩)를 썼다고 하면서 남긴 시 한편은 특별한 의미로 다가온다고 해석하였다. 그러나 신봉승(1987)에 따르면 이 시는 1506년(연산 12) 9월 23일 연산군이 후궁들을 거느리고 후원(後園)에서 잔치를 베풀었을 때 지었다고 한다. 이날 연산군은 직접 풀피리(草笭)를 내려놓고 「人生如草露 會合不多時」하면서 탄식하고 눈물까지

흘렸으나 다른 후궁 나인들은 비웃었으나 전비(田非)와 장녹수(張綠水)만 눈물을 보였다. 연산군은 두 사람의 등을 어루만지며 "지금 태평한 지 오래이니 어찌 불의에 변이 있겠느냐마는, 만약 변고가 있게 되면 너희들은 반드시 면하지 못하리라"라고 말했다. 중종반정이 일어나 연산군이 축출되고 장녹수 등이 처형되는 것은 불과 열흘 뒤였다.

그리고 죽은 어머님을 생각하는 시는 어느 필부(匹夫)와 다를 바 없어 어릴 때 연산의 마음을 보는 듯하기도 하고(이민희, 2012), 자신의 감정을 주체 못하는 격렬함과 감정 과잉에서 오는 불안감이 나타나기도 한다(이덕일, 2006).

昨趨思廟拜慈親(작추사묘배자친) 어제 어머니 사당을 배알할 일에 생각이 달려가네,
尊爵難收涙滿茵(존작난수루만인) 존귀한 작호를 올려도 자리를 적시는 눈물 거두기 어렵도다.
懇追情懷難紀極(간추정회난기극) 간절한 정회는 그 끝을 다하기 어렵건만,
英靈應有顧誠眞(영영응유고성진) 영령이여! 정성스럽고 진실된 이 마음을 돌아보소서.

또한, 연이어 「자식을 먼저 보낸 아비의 마음」을 읊은 시는 폭군이라는 이미지와 다르게 느껴진다.

宗社幽靈不念誠(종사유령불염성) 종묘사직 영혼이 내 지성을 생각지 않아
如何忍頑我傷情(여하인완아상정) 어찌 이다지도 내 마음이 상하는지
連年四子離如夢(연년사자이여몽) 해를 이어 네 아들이 꿈 같이 떠나가니
哀涙千行便濯纓(애루천행변탁영) 슬픈 눈물 줄줄 흘러 갓끈을 적시네.

(1) 연산군 도착 포구(浦口)

연산군은 교동도의 어느 포구를 이용하여 당도하였을까? 이동연(2003)은 교동향토사학자 이강성 씨와 사료를 근거로 연산군이 유배 당시의 뱃길

은 인진나루와 호두포(虎頭浦)[25]라고 하였으며, 최보길(2014)도 연산군이 강화와 교동의 가장 가까운 인진나루와 호두포 뱃길을 이용했다고 하며, 옛날의 뱃길이 호두포라고 하였다. 이뿐만 아니라 앞서 언급한 대부분의 문헌에서 호두포를 통하여 입도(入島)하였다고 기록하고 있으나, 호두포라는 명칭이 당시의 지도나 문헌에 나타나지 않는다. 그 당시의 교동도의 포구는 치소(治所)가 고읍리(古邑里)에 있었을 때 황해도 연백군과 연결되는 북쪽 연안의 각산진(角山津; 현 북쪽 21리에 있으며 인참진(仁站津)이라고도 함【仁岾津 在縣北】이 있었으며, 황해도로 오가는 곳이었다. 그리고 동쪽 강화도의 인화석진(寅火石津)과 연결되는 비석진(鼻石津)이 주요 나루터였다. 교동도는 빗돌나루(鼻石津)가 현(縣) 남쪽에 있으며, 속칭 벗돌나루(寅火石津)라 하며, 나룻배가 있는데, 강화(江華)로 왕래한다【鼻石津、在縣南, 俗號寅火石津, 有渡船, 江華往來者由之】.

호두포는 1860년대 이후에 각종 지리지에 등장하며, 강화도 인화포구와 연락하던 곳이었다. 지도상에는 대동지지(1863)에 처음으로 호두포가 기록되므로 1860년 이후에 사용된 것으로 보인다. 문헌상에서도 호두포라는 지명이 처음 등장하는 것은 신교동팔경의 호포제월(虎浦齊月)이 등장한다. 당시 교동군수였던 서상교(徐相喬)가 주관하여 만든 교동군읍지(1899)에 교동군 동면 말곶리에 호두포가 동북쪽 십리에 있다고 소개된다【虎頭浦 東北十里】. 1896년(고종 33)에 교동군을 설치, 교동군에는 4개 면, 동면에 말곶리(唜串里)가 있고, 말곶리에 소추동(韶箒洞), 호두포라는 지명이 등장한다. 더군다나 교동선교100년사(1999)에 교동도의 뱃길은 1919년 해운회사 「삼신상회」에서 발동선과 기선으로 4개 항로의 여객선이 있었는데,

---

[25] 대부분의 사람들은 연산군의 유배 경로를 호두포를 통하여 교동도로 들어왔다고 주장하고 있다. 1896년(고종 33)에 교동군을 설치, 교동군에는 4개 면, 동면에 말곶리(唜串里)가 있고, 말곶리에 소추동(韶箒洞), 호두포라는 지명이 등장한다. 한편, 호두포를 호소포라고도 하는데, 1914년 3월 1일 행정구역 폐합에 따라 봉황산(鳳凰山)과 소소동(蕭韶洞)에서 한 글자씩 따서 봉소리라 하였고, 봉소리에는 종소(宗韶), 호소(虎韶), 홍현(紅峴) 마을이 있다고 하여 호소(虎韶)가 등장한다. 강화군(2003)에서 발행한 '강화 옛 지도'에서 볼 수 있듯이 많은 교동도에서 1860년 이전까지 호두포는 없었고, 강화도로 왕래하는 포구는 인화포와 동진(東津)이었다.

교동도에 입항하던 곳은 인사리(북진포), 율두포, 남산포, 죽산포 등 4곳이었다. 증보강화사(1994)에서 1945년 이전에 교동도의 여객선 입항 포구는 죽산포와 남산포가 구축되어 있었고, 1982년에 완전히 폐지되었다고 한다.

그러나, 이민희(2012)는 구교동팔경의 제1경인 동진송객(東津送客)에서 동진(東津)을 호두포와 동일하다고 설명하였다. 교동사(1995)에서는 동진에는 원(院)이 있을 정도라고 하여 읍내리를 지칭하였고, 교동향교지(1987)에서도 동진을 호두포와 동일시하지 않았다. 교동향토지(1995)에서는 동진송객의 동진은 읍내리에 있는 포구라고 지명을 분명히 하였다. 교동향교지(2012)에서 교동도가 섬이므로 사방으로 나루터가 발달하였는데 치소(治所)가 고읍리에 있을 때는 황해도 연백 각산(角山)과 연결하는 북쪽의 인점진(仁岾津)과 강화 인화리와 연결하는 비석진이 주요 나루터라고 하였다. 따라서 연산군의 교동도 입도는 비석진(東津)으로 당도하였을 것으로 판단된다. 필자의 견해로는 1500년대 초에 연산군이 호두포를 이용하여 교동으로 왔다는 설은 나중에 축조한 호두포와 강화도와 직선거리로 가장 가까워서 가정(假定)하여 지어낸 구전(口傳)으로 생각된다.

(2) 연산군 유배처(流配處)

1506년 9월 2일 연산군은 선인문(宣仁門), 돈의문(敦義門)을 나와 연희궁(衍禧宮)에서 유숙하고, 김포에서 유숙하고, 또 통진(通津)에서 유숙하고, 강화도와 김포 사이의 염하(鹽河)를 돛단배로 건너 강화에서 유숙하고, 강화도 양사면 인화리에서 돛단배를 타고 최종 유배지인 교동현 관아인 현정(縣庭)에 도착하였다(燃藜室記述 燕山朝古事本末, 136쪽). 한양에서 교동까지 기로소(耆老所) 당상이 타는 남여(藍輿)인 평교자를 타고 또 배를 타고 4박 5일 만에 최종 유배지에 도착한 셈이다.

1506년(중종 1) 9월 7일 「조선왕조실록 중종실록」에 따르면 심순경(沈順經), 최한홍(崔漢洪), 유계종(柳繼宗), 이곤(李坤) 등이 폐왕을 교동에 안치하고 와서 복명하고서 이어 아뢰기를 "…안치(安置)한 곳에 이르니 위리(圍籬)한 곳이 몹시 협착하여 해를 볼 수 없었고, 다만 한 개의 조그마한

문이 있어서 겨우 찬물(饌物)을 통하는…”이라고 하였다. 여기서 교동도 도착 당일의 상황을 설명하면서 유배처가 매우 협착하고, 해(太陽)를 볼 수 없고, 작은 문이나 찬물 등으로 미루어 새로 만든 유배처가 아니라 기존에 누군가 이용하였던 장소임을 유추할 수 있다. 왜냐하면 당시 긴급 통신수단으로 봉수가 있었으나 이는 적군과의 동태를 연락하는 수단이었고, 파발(擺撥) 제도가 있었으나 이것이 정착된 것은 임진왜란이 끝난 직후인 1601년(선조 34)부터 도체찰사인 이덕형(李德馨)의 강력한 주청으로 이루어졌기에 두 가지 통신수단을 이용하지는 않았을 것이다. 그렇기 때문에 사전에 준비하지 않고 기존에 사용되었던 유배소를 사용하였을 것이다.

안치(安置)는 배소의 일정한 장소에 격리시키는 것이고, 절도안치를 한 집 주위에 가시나무로써 위장(圍墻)을 설치하고, 그 안에 유폐거(幽閉居)하는 무거운 연금이 위리안치 또는 가극안치(加棘安置)이다.

연산군이 1506년에 위리안치 유배되었으므로 1464년(세조 10)에 의금부에서 종친 화의군 이영(和義君 李瓔), 한남군 이어(漢南君 李於), 영풍군 이전(永豊君 李瑔) 등에 대한 금방조건(禁防條件)을 마련하였는데 이 규정에 적용되었을 것으로 판단된다. 규정은 ① 난장(欄墻) 밖에 녹각성(鹿角城)을 설치하며, ② 외문(外門)은 항상 자물쇠로 잠그고, 조석은 10일에 한 차례만 주며, 또 담 안에 우물을 파서 자급하게 하고 외부인으로 하여금 서로 통하지 못하게 하며, ③ 외부인이 왕래하여 교통하거나 혹 물품을 주는 자가 있으면, 불충한 자에 견주어 논단하며, ④ 수령이 불시에 점검하고, 문을 지키는 자의 비위 사실이 있으면 율문에 의하여 죄를 처벌한다고 되어 있다. 왕족은 아니지만 같은 시대에 기묘사화(1519년)에 연루된 기준(奇遵)은 함경도 온성(穩城)에 위리안치 되어 작은 집에 유폐되었는데, 부엌과 담을 제거하고 주위에 4~5장(丈, 1장=10자[尺]=3.03 m)의 높은 나무를 심고 가시나무로 50척(尺, 1척=약 30.3 cm)의 울타리를 둘렀다. 처마와의 거리가 겨우 수 척에 불과해 낮에도 해가 방안에 들지 않아 한밤중과 같이 어두웠다. 통로는 울타리 남쪽에 음식을 반입하는 작은 구멍이 전부였으며 울타리 밖에는 수직소(守直所)가 있었다고 한다.

이와 같이 연산군이 유배되던 비슷한 시기에 왕족이나 중죄인의 위리안치소는 심순경이 복명한 연산군의 유배처와 아주 유사하였으리라 판단된다. 따라서 연산군의 위리안치소는 단기간에 급조된 것이 아니라 기왕에 있던 장소를 사용한 것으로 보인다.

(3) 연산군 유배지(流配地)와 죽음

1506년 연산군 12년 9월 2일「연산군일기」에 따르면 "전왕(前王)을 폐위(廢位)하여 연산군으로 강봉하여 교동현(喬桐縣)에 안치하였다"라고 기록되어 있다. 1506년 중종 1년 9월 7일「조선왕조실록 중종실록」에 따르면 심순경, 최한홍, 유계종, 이곤 등이 폐왕을 교동에 안치하고 와서 복명(밤 2鼓: 밤 10시를 알리는 북소리)하고서 이어 아뢰기를 "지나는 일로(一路)의 늙은이나 아이들이 모두 분주하게 앞서거니 뒤서거니 하며 다투어 손가락질하며 상쾌히 여기는 듯하였습니다. 안치한 곳에 이르니 위리한 곳이 몹시 협착하여 해를 볼 수 없었고, 다만 한 개의 조그마한 문이 있어서 겨우 찬물을 통하고 말을 전할 뿐이었습니다. 폐왕이 위리 안에 들어가자 여시(女侍)들이 목 놓아 울부짖어 호곡(號哭)하였습니다. 신(臣) 등이 작별을 고하니, 폐왕이 전하기를 나 때문에 멀리 오느라 수고하였다. 고맙고 고맙다"라고 하였다.

소문쇄록 국조기사(謏聞瑣錄 國朝記事)에 따르면 연산군은 평소 소행이 한없이 잔인·패려하여 사람 죽이기에 거리낌이 없었으나, 폐위되어 물러갈 적에 마땅히 형벌을 받을 줄로 알고 몹시 두려워하였다. 이날 큰 바람이 일어나 배가 거의 뒤집힐 뻔 하다가 간신히 교동에 당도하였다. 좌우로 호위하여 고을 뜰에 들어감에 장수와 군사들이 둘러섰으니 땅에 엎드려 땀을 흘리면서 감히 쳐다보지도 못하였다.

1506년 중종 1년 11월 7일에 교동수직장(喬桐守直將) 김양필(金良弼), 군관 윤귀서(尹龜瑞)가 와서 아뢰기를 "연산군이 역질로 몹시 괴로워하여 물도 마실 수 없을 뿐만 아니라, 눈도 뜨지 못합니다" 하니, 전교하기를, "구병할 만한 약을 내의원에 물어라" 하고, 삼공에게 의논하여 의원을 보내 구료하게 하였다.

1506년 중종실록 1년 11월 8일에 따르면 연산군이 사망하니 대신들과

▲ 교동면 부근당 내 연산군 부부의 영정(출처: 조계연, 2015)

상사문제를 논의하였다. 교동 수직장 김양필, 군관 구세장(具世璋)이 와서 아뢰기를 "초 6일에 연산군이 역질로 인하여 죽었습니다. 죽을 때 다른 말은 없었고 다만 신씨를 보고싶다고 하였습니다" 하였다(신씨는 곧 폐비이다). 상이 애도하고 중사 박종생(中使 朴從生)을 보내 수의(壽衣)를 내리고 그대로 머물러 감독하도록 하고 연산군을 후한 예로 장사 지내라 라고 전교하였다【喬桐守直將金良弼, 軍官具世璋來啓曰: "初六日燕山君, 因疫疾而死. 臨死無他語, 但欲見愼氏."【愼氏卽廢妃也】上悼之, 命遣中使朴從生, 致襚, 仍留監葬, 傳曰: "燕山君以厚禮(弊)〔幣〕之"】.

또 의정부와 모든 부원군 이상 증경정승(曾經政丞), 육조판서, 한성부판윤, 예조참의 이상으로 하여금 논의하게 하였는데 영의정 유순, 무령부원군 유자광, 좌의정 박원종, 우의정 유순정, 능천부원군 구수영, 고양부원군 신준, 연창부원군 김강, 해평부원군 정미수, 창산부원군 성희안, 좌찬성 박안성, 우찬성 노공필, 좌참찬 이손, 공조판서 권균, 예조판서 송일, 호조판서 이계남, 형조판서 이집, 한성부판윤 전임, 예조참판 김전, 예조참의 박의영 등이 계하기를 "연산군의 상사는 마땅히 왕자군의 예를 사용하소서" 하니 상이 윤허하였다. 유순 등이 또 아뢰기를 "조시(朝市; 조정(朝廷)과 시정(市井))를 정지하는 일은 거행할 수 없고 묘지기도 없어야 합니다" 하니, 정승 등이 아뢰기를 "예로부터 폐위된 왕의 경우에는 혹 사세부득이한 일도 있었지만, 연산군은 그렇지 않습니다. 비록 군(君)으로 봉하였다 하지만 그 죄가 종사에 관계될 뿐 아니라 위로 선왕에게 죄를 짓고 아래로는 신민에게 죄를 지었는데 조시를 정지하는 것은 거애(擧哀)를 의미하는 것이어서 정례(情禮)에 맞지 않습니다. 그래서 거행해서는 안 됩니다. 그리고 묘지기는 공의가 또한 불가하다고 합니다" 하니 전교하기를 "정조시(停朝市), 묘지기 등의 일을 예를 어겨서는 안 되지만 그 지방 관원으로 하여금 금화(禁火), 금벌(禁伐)하게 하라" 하고 예관을 보내 본도 감사, 도사와 더불어 염장(殮葬)하는 여러 가지 일을 곡진히 조처하여 왕자군의 예로 강화(江華)에 장사지내게 하고【傳曰: "停朝市, 墓直等事, 不可違禮, 令其官禁火, 禁伐" 且遣禮官, 與本道監司, 都事, 斂葬諸事, 曲盡措辦, 用王子君禮, 仍葬于江華】, 수행시녀(隨行侍女)는 3년, 수행방자(隨行房子)는 100일 동안 복을 입게 하는 한편, 조석상식(朝夕上食)과 삭망전(朔望奠)은 100일 만에 그치게 했으며, 수행내관은 100일 기한으로 서로 교체하여 왕래하며 담복(淡服)으로 제사를 지내게 하였으며 주상은 소선(素膳)으로 수라를 올리게 하고 경연을 정지하였다.

당연히 연산군의 묘소는 교동도 현지에 조성되었다. 그러나 1512년 12월에 강화도에 홍수가 일어나 묘소가 침식되었다. 이를 기회로 1512년(중종 7) 12월 12일 연산군 부인 신씨(愼氏)가 연산군을 양주군 해촌(楊州郡海村, 지금의 서울시 도봉구 방학동)으로 이장하기를 상언(上言)하니, 승정원에 전교하기를, "소원대로 들어 주고, 왕자군의 예로 개장(改葬)하도록 하라"고 하였다. 신씨의 요청대로 연산군의 묘는 사후 7년만인 1513년(중종 8) 2월 20일 강화에서 양주군 해등면 원당리(현 도봉구 방학동)로 이장되었다.

이것이 역사적으로 기록된 연산군의 교동도 유배로부터 사망과 묘지에 대한 사실 전부이다. 여기서 연산군이 1506년에 유배되어 2개월 만에 병사되었다는 사실 이외에 정확한 사료(史料) 없이 지금으로부터 무려 500년 전 이상의 유배 장소와 묘소를 정확하게 말하기란 결코 쉽지 않다는 것을 전제하고 싶다. 그럼에도 불구하고 조선의 전직 왕의 죽음을 맞이한 2개월 4일간(1506.9.2~11.6)의 행적과 그동안 머물렀던 곳이 작은 교동도인데, 그 정도는 알아야 하지 않겠냐 하는 생각을 지울 수가 없다. 현재까지 알려진 유배지에 대하여 가장 공신력을 제공하여야 할 강화군청 또는 강화문화원에서 발행하는 간행물도 연산군 유배지의 위치에 대하여 추정하는 주민의 구전(口傳)에 의존하여 기술하거나, 기존 발간된 추론에 의한 내용을 옮겨 적고 있을 뿐, 시대적 배경을 추적하여 탐구하거나 유배지의 장소에 관한 원론적 사실을 깊이 다룬 문건은 없다. 더군다나 7년간이나 묻혀 있던 묘터(墓地)에 대해서는 어떤 문건에서도 취급하지 않고 있다. 현재 발행되고 있는 각종 서적, 안내 자료, 각 학술단체, 대학박물관 등에서 발간한 보고서, 자료집에서 연산군의 유배지는 비슷하게 옮겨 쓰고 있는 실정으로 혼선만 주고 있는 실정이다.

호송장수 심순경은 나인 4명, 내시 2명, 반감(飯監) 1명을 데리고, 1506년 9월 2일 연산은 평교자(平轎子)를 타고 선인문(宣仁門), 돈의문(敦義門)을 나와 연희궁(衍禧宮)에서(제1일), 김포에서(제2일), 통진에서(제3일), 강화에서(제4일)에서 각각 유숙한 후 교동에 당도하였다"라고 한다. 제5일째 되는 9월 7일 심순경(沈順徑) 등이 교동에 안치하고 복명하였다고 한다. 한양으로 돌아가는 길이 순조롭게 배를 타고, 말을 타고 한양으로 갔다면 시간적으로 문제가 없다고 보인다.

현재 유배지는 교동도 봉소리(鳳韶里)의 신골, 고구리(古龜里) 골짜기 연산골(燕山谷: 죽은 장소), 읍내리(邑內里)로 추정하고 있다. 또한 연산군의 유배지와 관련하여 교동도 안내판 및 각종 안내서와 강화군에서 발간한 간행물에서도 봉소리, 고구리, 읍내리로 추론하여 세 곳으로 나뉘어져 표기되어 있다. 분명한 것은 연산군은 유배 2개월 만에 병사하였으므로 짧은 기간에 세 곳으로 옮겨 다니지는 않았을 것이다. 그럼에도 불구하고 여러 곳으로 설명하는 이유는 역사적인 관련 자료가 거의 부족한 가운데 대체로 관할 행정기관이 있었거나, 수군(水軍)이 있어 신변의 안전성과 유배자 관찰의 수월성, 지명 등에 근거하여 설명하고 있으므로 나름대로 타당성이 있어 보이나 연산군일기와 조선왕조실록의 짧은 기록, 교동 지형의 특성, 역사적 가능성, 주변 환경, 구전 등 여러 가지를 종합하면 유배지를 추정할 수 있다.

① 우선 봉소리의 신골[신골의 한자를 申谷(교동향교지, 2012; 강화향

리지, 2013), 薪谷(교동향토지, 1995), 新谷洞(남달우, 2008)]이다. 신곡은 봉황산 서쪽 붉은 고개 북쪽 골짜기를 잇는 마을로 신씨(申氏)가 많이 살아 신골이라 부르며(신편강화사 中, 2003; 강화향리지, 2013), 신골 북쪽으로는 약 75m의 왕봉산이 있다. 즉, 봉황산과 왕봉산 앞쪽에 유배지가 있었다는 논리이다. 또한 구전에 의하면 신씨가 많았던 이유는 연산군 유배시 폐비 신씨의 일가들이 들어와 집성촌을 이루어 살았다고 한다. 또한 대나무 숲이 우거져 있었고, 그 주변에는 지금도 기와가 출토된다고 한다. 또 다른 주장의 근거로서 봉소리 신곡동, 즉 옛 선착장인 호두포에서 조금 들어간 곳에 봉소리 동쪽 봉황산 기슭에 있으며 원래 나무가 우거져 숯을 굽던 곳이며, 신씨(申氏)가 많이 살아 신골이라고도 하며, 대나무가 무성한 곳이며 연산군이 읊었다는 시에도 "인진나루 보이는 곳에..."라는 구절이 있다고 전함으로 신빙성이 있고, 마을 사람들에 의하면 예전에 이곳에는 많은 토기와 집기가 나왔다고 한다. 따라서 신골이 적절한 곳으로 보인다고 한다. 강화문화원에서 출간한 증보강화사(증보강화사, 1994, 176쪽)에서는 교동면 고구리에서 병사했다고 하며 또는 봉소리에서 병사하였다는 고로(古老: 경험이 많고 옛일을 잘 아는 노인)의 말이 전해진다고 기술하고 있다.

여기서 근거로 제시하는 가) 폐비 일가 신씨가 이루어 살았다는 신골(申谷)은 연산군의 부인은 신승선(愼承善) 딸 신씨이기에 한자가 전혀 달라서 관련이 없다고 판단된다. 참고로 이 고장 출신 인사의 주장을 소개하면 연산군의 유배지로 봉소리 동쪽 왕봉산 기슭에 있으며, 신씨가 많이 살아 신골(新谷)이라고도 주장한다(교동사, 1995). 나) 기와 출토는 유배지 위리안치(圍籬安置)와 상관없이 어디에서든지 출토되기에 아무런 관련이 없으며, 다) 대나무 숲이 우거졌다고 하는데 이 또한 근거가 될 수 없다. 대나무 숲이라고 하지만 현재 식물생태학적 관점에서도 우리나라의 죽림(竹林) 서식 분포는 중부 이남의 경상남도와 전라남도가 적합한 지역이며, 겨울에는 월동(越冬) 서식이 거의 불가능하다(서울대학교 식물분류학자 박종욱 교수 증언). 최근 지구온난화에 따른 기후변화로 서식 범위가 북상하면서 대나무를 서울이나 강화도에서도 쉽게 볼 수 있으나 500년 전에는 불가능하였기 때문에 대나무 숲 주장은 근거에 부합되지 않는다. 또한 목을수(2014.10.16, www.cha.go.kr)의 「연산군 교동 유배지 재고」에서 유배 장소로 협소하여, 연산군을 수발하는 시녀들과 방자(房子: 지방관아에서 심부름이나 작은 일을 하던 사람)들의 주거와 호위하는 군사들의 막사 설치 장소로서 적합하지 않다고 주장하였다.

② 다음으로 유배지를 읍내리(邑內里)로 추정하여 안내판과 연산군이 마시던 우물이 있다고 설명하고 있다. 연산군이 유배되던 1506년 당시의 교동의 위격은 경기도 장단진(長湍鎭)에 소속된 현(縣)이었다. 연산군이 유배된 해는 1506년인데, 이로부터 123년이 지난 1629년(인조 7) 교동에 경기수영을 이설하면서 교동현감(喬桐縣監, 종6품)에서 교동도호부(喬桐都護府, 府使 종3품)로 승격되고, 수군절도사 겸 도호부사를 두었고, 1633년 삼도수군통어영(三道水軍統禦營)을 읍내리에 도호부의 관아가 만들어졌다. 즉, 1629년(인조 7, 2월 24일) 경기도 남양 화량진에 있던 수영을 교동현의 월곶진(月串鎭)으로 옮기고 현(縣)을 부(府)로 삼았다【庚戌 移水營於喬桐 陞縣爲府】. 교동읍성은 월곶진을 옮길 때 쌓았다고 전해지고 있다. 따라서 연산군이 교동도에 유배되고 읍성이 축성되기까지 123년의 시간 차이를 간과하고 관아(官衙)가 있던 읍내리로 유배하였다는 주장은 납득하기 어렵다. 다만, 유배지의 위치와 관련하여 교동군읍지(1899)의 고적(古蹟)편에 "정덕(正德) 원년(1506년, 병인)에 연산군이 본 현으로 방출되었고, 고현(古縣)은 군의 북쪽 10리 되는 곳에 있었는데, 숭정(崇禎) 2년 기사년(1629년)에 수군영(水軍營)으로 승격되었고, 읍이 남면 용정리 월곶진 터로 옮겼다. 고현의 성터가 지금도 고읍리에 남아 있다"라고 표현되어 있으며, 원문은 아래와 같다.

【正德元年丙寅放燕山主于本縣, 古縣在郡北十里, 崇禎二年己巳因陞營移邑于南面龍井里月串鎭基址, 古縣城址尙存今古邑里也】

여기서 본현(本縣)과 고현(古縣)의 해석을 달리하여 혼란이 있을 뿐 1506년 당시의 고현은 옛 현이 있었던 지금의 고구리를 말하며 고현의 성터가 지금도 고읍리(현 고구리)에 남아 있다는 기록이다. 과거 유배지는 감시와 통제를 위해서 관청 인근에 있는 것이 보편적이지만, 연산군이 유배됐을 당시 관청은 읍내리가 아닌 고구리였기 때문에 남달우(2008)도 "감시를 하기 위해서도 유배지는 관청 근처였을 것이며, 읍내리는 연산군이 죽은 지 120년 뒤에 새롭게 도읍지가 된 곳으로 후세에 잘못된 정보를 토대로 비석이 세워졌을 가능성이 높다"고 지적한 바 있다. 유배인의 탈출과 도주는 대단히 중요하며, 당시 읍내리는 송가도(松家島)와 인접해 있었고, 교동현에 이르기를 송가도는 현 남쪽 수로 5리에 있으며, 동서가 2리, 남북이 1리 반이며, 간전(墾田) 4결이 있고, 목자(牧子)가 2호 살며, 조수가 물러가면 글음섬(煤島)의 목마(牧馬)가 스스로 왕래한다【家島在縣南, 水路五里. 東西二里, 南北一里半. 有墾田四結, 牧子二戶居之. 潮退, 則煤島牧馬, 自相往來】. 따라서 읍내리에서 송가도는 불과 2 km 떨어져 있고, 걸어서 갈 수 있기에 유배 장소로 부적합하다고 판단된다.

이와 같은 이유로 현재 교동읍성 내에 연산군 유배지가 있었다는 것은 확실히 오류(誤謬)일 가능성이 높다. 특히 1985년에 만들어진 비석에 「연산군잠저지(燕山君潛邸址)」라는 표현 또한 옳지 못하다. 잠저지(潛邸址)란 임금이 등극하기 전에 거처하던 집을 말하는 것인데, 연산군은 유배를 왔기에 전혀 어울리지 않는 표현이다. 연산군의 유배지가 읍내리가 맞는다고 가정하더라도 안내판에 죄형을 구분하는 「연산군적거지(燕山君謫居址)」보다 유배의 일종인 「연산군유배지(燕山君流配址)」 또는 「연산군위리안치소(燕山君圍籬安置所)」로 수정해야 옳을 것이다. 적거(謫居)라는 의미는 귀양을 보낸다는 의미를 가지고 있지만 유배지에서의 활동이 자유로운 '행동을 삼간다'는 의미의 '근신형' 정도의 형벌의 집행이 가벼운 것을 말하는 것이므로 위리안치가 타당하다(남달우, 2008). 또한 안내판의 내용에는 연산군구저지(燕山君溝邸址)라 쓰여 있는데 잠(潛) 자를 구(溝) 자로 잘못 판독한 것으로 이해된다. 안내판이 있는 곳에는 교동사(1995)에 표기되어 있는 것처럼 읍내리 동문 안쪽은 철종이 3개월간 기거했던 장소가 확실하므로 「철종잠저소(哲宗潛邸所)」로 지정하여 우리의 후손이 또 하나의 유산으로 삼을 수 있도록 길이 물려주는 것이 우리의 의무이자 책임일 것이다.

다만, 강화역사박물관장 조계연(2015)은 광해군이 인화포구에서 출발하여 월산포와 남산포보다 동진포로 도착했을 가능성이 크다고 주장하였고, 교동도 주민은 폐군된 연산군과 광해군 두 분의 이야기를 길고 긴 시간성으로 연산군과 광해군 두 유배기(流配記)가 아닌 오래전 폐군의 이야기, 연산군 유배기가 된 것으로 확인하고, 연산군 위리안치지가 아닌 광해군의 유배지 위리안치지로 정비하는 것이 옳다고 주장하고 있어 이의 고증도 필요하다고 판단된다.

③ 다음으로 유배지를 고구리(古龜里)로 추정하고 있다. 강화문화원에서 발행한 증보강화사(1983)에서 고구리에서 병사하였다 라고 기술되어 있으며, 같은 문화원에서 발행한 증보강화사(1994)에서는 고구리와 봉소리를 같이 언급하고 있다.

현(古縣)이 있었던 지금의 고구리로서 고현의 성(城)터가 지금도 남아 있고, 이 지역에 연산골(燕山谷)이라는 지역명이 있어 가능하다는 것이다. 실제로 이 지역에 연산골(燕山谷)이라는 지역명이 있다(강화향리지, 2103). '영산'이란 음이 변하여 연산과 영산으로 혼용된 듯하다. 과거에 교동도는 세 개의 섬을 13세기 고려시대부터 15세기 조선시대 전기까지 여러 차례에 걸쳐 제방 축조와 간척 사업으로 하나의 섬이 되었다. 교동군읍지(1899)에 영산제(榮山堤)는 부(府)에서 북쪽으로 8리되는 구산리에 있고, 염천제

▲ 읍내리에 있는 연산군 유배지를 알리는 비석과 안내판

(鹽川堤)는 부(府)에서 북쪽으로 20리 되는 돌곶리에 있다고 기록되어 있다【榮山堤 在府北八里龜山里, 鹽川堤 在府北二十里乭串里】. 현재의 고구리 영산골(靈山)이란 지명은 어떤 연유로 명명된 지명인지는 알 수 없으며, 연산군의 유배와는 전혀 무관하며, '영산이라는 지명의 별다른 유래는 없다'고 기록되어 있다(교동향교지, 1987). 다만, 교동사(1995)에서는 고구리의 영산동(靈山洞)은 옛날 제언(堤堰)에서 유래되었다고 하여, 지명과 연산군과는 아무런 관련이 없는 듯하다. 이 경우에도 영산동(靈山洞)은 영산(榮山)이어야 할 것이다.

연산군이 유배되던 1506년 당시의 교동의 위격은 현(縣)이었다. 연산군이 어느 포구로 도착하였던 관청(官廳)이 있는 곳으로 이동되었을 것은 분명하다. 교동군읍지(1899)에 따르면 당시 현감 겸 수군만호는 장종손(縣監兼水軍萬戶 張終孫)이 맡고 있었으며, 갑자년(1504년)에 와서 무진년(1508년)에 떠났다 라고 한다【張終孫 甲子來戊辰去】. 따라서 당시 민(民)의 업무를 주관하던 현(縣)이 고읍리(지금의 고구리)에 있었으므로 연산군은 이곳으로 당도하였을 것이다.

즉, 현은 읍내리가 아닌 고읍(古邑)[26]이 있는 곳이었으며, 소문쇄록 국조기사(謏聞瑣錄 國朝記事)에 따르면 연산군은 "...좌우로 호위하여 고을 뜰에 들어감에 장수와 군사들이 둘러섰으니..."라는 대목에서 알 수 있듯이 당시 현감 겸 수군만호 장종손이 고을 뜰인 현청(縣廳)에서 연산군을 맞이한 것 같다. 참고로 1637년 6월 17일 광해군(光海君)이 제주도에 유배되었을 때 기착지인 행원리 어등포(於登浦)에 제주 목사(牧使)가 맞이했던 사례가 있는데 반하여 장종손은 도착 포구까지 나가지 않은 듯하다.

[26] 황규열(1995)『교동사』의 76쪽에 고읍성 터만 남아 있다고 서술하였다. 고읍성 안에 교동현의 관아 터와 연당(蓮塘)이 지금도 있다. 감옥 터도 있다.『여지도서』고적조에 옛 현(縣)의 터가 부(府)의 북쪽 십리에 있는데 성첩(城堞)이 지금도 남아 있다.『대동지지』3권에 교동 고읍성(古邑城)이 북쪽 십 리에 있는데 지금도 옛 터가 남아 있다 라고 되어 있다. 부(府)가 있던 곳은 현재 읍내리이고, 읍내리 북쪽 십 리 되는 곳은 바로 고구리이며, 여기가 바로 고읍성의 터가 현재도 뚜렷이 남아 있다. 강화문화원(1992)에서 발행한 강도지명고 294쪽과 강화사(1994)의 176쪽에는 "연산군은 교동면 고구리에서 병사했다고 하며 또는 봉소리에서 병사하였다는 고로(古老)의 말이 전해진다"라 하고 있다.

연산군 유배지로 추정되는 곳은 조선왕조실록에 의하면「…호위 장수 심순경이 안치소에 가서는 둘레에 친 울타리가 좁고 높아서 해를 볼 수가 없었으며, 다만 작은 문 하나가 있어 음식을 통하였습니다…」라고 하여 화개산 뒤쪽 북향(北向)의 고구리 주변일 것으로 생각된다. 당시 교동현의 관아터는 고구리 고읍성 안에 있었기 때문이다. 교동현의 현정(縣庭)에 대해서『여지도서(輿地圖書)』고적조에 "옛 현의 터가 (읍내리) 부(府)의 북쪽 십 리 되는 곳에 있다"라 되어 있는데 이곳이 바로 고구리 고읍성이기 때문이다. 그러므로 연산군이 유배된 위리안치소는 고읍성터 안 교동현 관아와 가까운 곳에 위치하였다고 생각된다. 강화문화원에서 출간한 증보강화사(1983, 169쪽; 1988, 169쪽)에서 고구리에서 병사했고 우물터가 남아 있다고 기록하고 있다. 2007년 11월 20일「비전 2017 교동발전 종합계획」중 '연산군 위리안치소의 확정 발표'(교동문화보존위원장 한기출)에서도 교동현 관아가 고읍성이었음을 전제로 교동면 고구2리 영산부락(연산골) 절골(寺刹谷)의 전래지를 연산군 위리안치소로 확정함이 타당하다고 주장하였다. 강화군향리지(2013)에 고구저수지(高龜貯水池) 위에 고읍형옥지(古邑刑獄地)를 표시하고 있다. 또한 목을수(2014)의「연산군 교동 유배지 재고」에서도 고구리 저수지 상류에 고목근현 주변 옥(獄)터로 추정하였다

▲ 좌: 2015년 고구리 화개산 북쪽 계곡에 세운 연산군 위리안치소, 우: 비석의 후면

(www.cha.go.kr).

현재 고구리에 화개산 북쪽 계곡(고구리 산 233번지)에 전면에 한글로 '연산군유배지(위리안치)'로, 후면에 한자로 '燕山君流配址(圍籬安置)'라고 쓴 화강암 비석(높이 2 m, 폭 1 m)이 세워져 있다. 이 비석은 2008년 11월 11일 면민(面民)들의 의견 협의를 통하여 고구리 산 233번지 영산을 유일한 연산군 유배지로 선정하여 강화군 향토유적 제28호인 연산군 유배지에 비석을 세웠으며, 그동안 갑론을박 설왕설래하던 연산군의 적소에 확실한 비석을 세우고 아울러 등산로 정비사업과 연계하여 관광지화를 도모하므로 또 하나의 역사적 장소로 만들었다고 한다(강화문화 제3호, 2009). 일설에 의하면 이 비석은 강화군 이장단(里長團) 체육대회에서 교동면(당시 면장 권태길)이 우승하여 상금으로 받은 200만원으로 특별한 고증(考證) 절차 없이 국유지인 이곳에 세웠다고 한다. 한편, 강화문화원(1989)에서 발간한 '풍운의 강도'에서 연산군이 병사했다는 곳이 연산골이라고 사진으로 제시하고 있는데, 이 사진을 언제 촬영했는지 알 수 없지만 교동면 이장단에서 세운 곳과 거의 일치하고 있다. 교동문화보존위원회 한기출 위원장(2010)은 이 지역 지형이 동서남록이 가파르고, 능선이 위리안치소를 둘러싼 원형의 분지이고, 화개산 정산의 화개산성과 봉수대가 있어 죄인을

▲ 연산군이 류찬되었다가 1506년 31세 나이로 병사했다는 연산골(풍운의 강도, 1985, 1989)

관찰하기에 용이하여 지역적 여건이 성립된다고 주장하였다. 현재의 산의 모양은 숲이 우거져서 앞의 사진의 형태와는 다른 것 같지만 산의 능선과 앞에 연못 등이 잘 일치하고 있다. 한편, 목을수(2014, www.cha.go.kr)의 「연산군 교동 유배지 재고」에서는 이곳을 연산군의 구묘지(舊墓地)로 추정하였다.

(4) 연산군이 마신 우물의 진실

「연산군적거지(燕山君謫居址)」 바로 앞에는 우물정(井) 자 모양의 석재 2단 높이의 우물이 있다. 안내판에는 "연산군이 귀양살이를 하던 옛 집터에는 우물이 남아 있어 지난날의 폭군의 자취를 회상케 한다"라고 쓰여 있다. 조계연(2015)이 신편강화사(2003)를 인용한 문구에 "...100세도 넘은 양반이 자기네 집 위에 거기에 연산군이 유배돼서 연산군이 먹던 우물도 있다..."고 하여, 연산군 때부터 있었다는 사실이라고 하였다. 현존하는 이 우물을 정확히 살펴보면 깊이는 물이 고여 있는 곳까지 거의 10여 미터로 깊고, 우물의 직경은 130 cm, 지상부 입구는 가로와 세로 공히 120 cm인 정사각형이다. 우물 안에서는 죽은 오동나무 한 그루가 중앙부에 잘려(잘린 곳의 직경이 26 cm) 고개를 내밀고 있다. 나무의 크기나 굵기로 보아 꽤 오랜 세월 우물 속에서 자라다 베인 듯했다. 우물 안을 들여다보면 지

▲ 좌: 연산군이 유배시절 마셨다는 우물과 오동나무(출처: 이동연, 2003), 우: 2015년에 저자가 촬영한 같은 우물

금 마셔도 될 만큼 맑은 물이 고여 있다. 위리안치된 연산군이 마시던 우물로 알려져 있고, 우물 안 오동나무도 연산군의 원혼이 서린 것이라고 전하고 있다.

우물 안을 살펴보면 땅을 샘이 나올 때까지 깊게 파고 돌을 쌓아 올린 전통적인 두레박 우물의 형태이다. 그러나 연산군이 유배지에서 마신 우물이라면 많은 의문이 생긴다. 1506년 교동에 유배되어 2개월 정도 살다가 역병(疫病)으로 병사하였는데 그 사이에 우물을 팠는지 아니면 그 이전에 있던 우물이었는지 알 수 없다. 안내판의 기록대로 이해하자면 유배된 1506년부터 2016년까지 510년간 돌우물이 완벽한 형태를 지니고 있다는 것이다. 1506년(중종 1)부터 1863년(철종 14)까지 357년간 조선왕조실록(朝鮮王朝實錄 江華史料集, 2000) 기록에 13번의 큰 지진(地震)이 있었다. 1518년(중종 13) 9월 6일부터 1556년(명종 11) 4월 4일까지 8번에 걸친 크고 작은 지진이 있었다. 또한 1632년(인조 10)과 1633년(인조 11)의 연이은 지진을 비롯하여, 그 이후에도 여러 번의 지진이 있었다. 당시의 지진은 지금과 같이 지진을 측정하는 기계가 없었기에 진도(震度)가 얼마인지 알 수 없으나 느낌으로 기록하였을 것이므로 결코 진도가 작지는 않았을 것이다. 따라서 돌우물이 온전하게 버티기에는 어려웠을 것이다.

1506년부터 1863년까지 4번의 큰 홍수와 6번의 해일(海溢)이 있었다. 해일은 차치하고 홍수에 대하여는 현재의 지형을 보면 우물 위에는 경사가 있고 붉은 흙으로 된 넓은 밭이기에 홍수가 있었으면 많은 양의 토사가 흘러내렸을 것이다. 1609년(광해군 1)에는 강한 비바람으로 교동향교의 명륜당, 동재와 서재가 무너졌다. 교동읍성은 1629년(인조 7)에 쌓은 것인데, 1921년의 폭풍으로 무너졌고 현재는 남문인 유량루 홍예(庾亮樓 紅霓)만 남아 있다. 이와 같이 지진, 홍수, 태풍 등 자연재해가 수없이 많았는데 우물이 500년 이상 온전하게 존재한다는 것은 거의 불가능하다고 판단하기에 충분하다.

필자는 2015년 8월 30일 교동교회 구본선 목사를 만나서 교동교회와 우물에 대한 이야기를 들을 수 있었다. 즉, 강화의 기독교인들은 선교 초기부터 신앙교육과 계몽교육을 위한 학교를 설립하여 운영하여 왔다고 한다.

1897년에 송해면 상도리 홍의(또는 洪海)에 학교가 설립된 것이 나타나고(이덕주와 조이제, 1994; 경기도사, 2004), 1901년 4월 1일 미국인 선교사 조원시(趙元時, G.H. Jones)와 박능일(朴能一) 목사의 협력으로 잠두의숙(蠶頭義塾)이 설립되었으며, 이 학교가 현재의 합일초등학교의 전신이다(증보강화사, 1994). 기독교와 관련하여 이동휘(李東輝)는 1905년 3월 강화진위대대가 있던 강화부 견자산(見子山) 아래 위치한 동영(東營)에 사립 육영학교를 설립하였으며, 이 학교는 1906년경 보창학교(普昌學校)로 개칭되었다(이덕주와 조이제, 1994; 경기도사, 2004). 이와 같이 선교사들은 교육을 중요시하였다. 구본선 목사는 "저쪽에 일렬로 늘어선 나무들 보이죠. 그 아래가 1899년 설립된 옛 교동교회 터"라고 한다. 당시 감리교 선교사들은 교회를 세우면 반드시 학교도 운영했다. 문헌에 따르면 오른쪽이 교회 건물, 왼쪽이 4년제 교육기관인 동화학교였다. 그러므로 116년 전 교회가 교인과 학생들을 위해 판 우물이라고 설명한다. 옛 교회당과 학교터는 현재 고구마, 콩밭, 고추밭이 되어 있다.

(5) 연산군의 유배지와 묘소를 찾기 위한 제언

당시 정치 분위기를 본다면 연산군의 유배지가 교동이라는 것 이외에 유배 장소, 묘소, 유배생활, 죽음에 대하여 정확하게 말하기란 결코 쉽지 않았을 것이라는 점을 전제하고 싶다. 왜냐하면 패악무도(悖惡無道)한 군주이기도 했지만 결과적으로 신하들의 반정으로 몰아냈기에 연산군의 기록이나 흔적을 철저히 없앴을 것이고, 연산군에 관한 일체의 말을 발설하는 것이 철저히 금기시 되었을 것이다. 필자는 그럼에도 불구하고 지금으로부터 510년 전에 교동도에서 최후를 마친 연산군에 관한 의문점이 많아 기록물 찾을 수 있는 방법을 제언하고 싶다.

우선 연산군을 교동까지 호송했던 심순경(沈順經), 최한홍(崔漢洪), 유계종(柳繼宗), 이곤(李坤) 등의 비망록을 찾아보면 교동도 도착 포구와 위리안치소를 알 수 있을 것이며, 1504~1508년까지 현감 겸 수군만호 장종손(張終孫)이 연산군이 교동도 도착부터 사망원인과 매장에 관한 모든 사항을 보고 받거나 직접 확인하였을 것이므로 장종손의 일기나 비망록을 찾는 것이 중요하다고 본다. 그리고 연산군의 죽음을 보고한 교동수직장 김양필(金良弼)과 군관 윤귀서(尹龜瑞)와 구세장(具世璋) 등이 남긴 문건이 있다면 계절적으로 동절기에 납득하기 어려운 역질에 대하여 궁금증이 풀릴 것이다.

다음으로 1506년 연산군이 죽은 후 10년이 지난 1516년(중종 11)부터 연산군의 제사에 대한 논의가 시작되었으나, 부인 거창 신씨가 1537년까지 지냈다고 한다. 그 후 연산군의 외동딸 이수억(李壽億)과 능양위(綾陽尉) 구문경(具文璟) 사이에 출생한 구엄(具渰)이 외손봉사(外孫奉祀)를 하였다. 구엄이 사망한 후 그의 외손인 동악 이안눌(東岳 李安訥)이 연산군의 제사를 계승했다. 이안눌은 진사시에 수석합격하고 오직 문학 공부에 열중하여 당대의 최고의 문인으로 수많은 문집을 남겼으며, 단천군수, 홍주목사, 동래부사, 담양부사, 경주부윤, 호조참의 겸 승문원부제조, 승지를 지냈으며, 무엇보다도 강화부사와 강화유수를 각각 역임하였기에 연산군을 알 수 있는 중요한 인물이다. 따라서 조선왕조실록, 중종 5년에 반정공신 성희안이 주도해 만든 연산군일기, 승정원일기 등에서 정확한 역사적 사실을 찾는 것은 불가능하다고 판단되며, 위에서 열거한 연산군의 유배생활과 죽음의 현장에 있었던 인물, 연산군 부인 거창 신씨, 후사가 없어 외손봉사로 이어진 인물들의 일기나 간찰 또는 비망록이 있는지를 추적하면 확실한 증거를 찾을 수 있을 것이다.

4) 임해군(臨海君)

임해군(1574~1609)은 선조의 첫째 서자(庶子)로, 초명은 진국(鎭國)이다. 뒤에 이름은 진(珒)이며, 어머니는 사도시첨정 김희철(金希哲)의 딸 공빈 김씨(恭嬪 金氏)이다. 공빈 김씨(金氏)는 2남을 두었는데, 장남은 임해군 진(珒)으로 광해군 때 역모를 하였다는 모함을 받아 교동(喬桐)에 갇혀 있다가 죽음을 당하였다【恭嬪金氏生二男. 長臨海君珒. 光海時以謀逆受誣. 囚于喬桐. 歿不以命】. 임해군은 서자이지만 서열이 첫째이므로 당연히 세자가 되어야 하나 성질이 난폭하여 아우인 광해군에게 세자 자리를 빼앗

기고 처음에 진도로 유배되었다가 교동도로 옮겨져 1609년 비참한 최후를 맞았다.[27]

5) 영창대군(永昌大君)

이름은 의(㼁). 선조의 열 넷째 아들로 어머니는 인목왕후(仁穆王后)로 연흥부원군 김제남(延興府院君 金悌男)의 딸이다. 선조의 아들 중 유일한 정비 소생으로 왕의 특별한 총애를 받았다. 1613년 영창대군을 서인으로 강등하고 교동도로 유배시켰으며, 1614년 강화읍 동문안 살창이(강화도 사투리 살채이)[28]에서 살해되었다. 최씨 집으로 옮겨 강화부사 정항(鄭沆)이 부하를 시켜 굶기다가 방에 불을 지펴서 처형하였다. 대군이 죽을 때의 나이가 9세였으며, 정항은 대군에게 양식을 주지 않았고, 주는 밥에는 모래와 흙을 섞어 주어서 목에 넘어갈 수 없도록 하였다. 강화읍 안의 한 작

---

[27] 왜란이 일어나자 왕명에 의하여 순화군(順和君)과 함께 김귀영(金貴榮), 윤탁연(尹卓然) 등을 대동하고 근왕병을 모집하기 위하여 함경도로 떠났다. 그 해 9월 반적 국경인(鞠景仁) 등에 의하여 포로가 되어 왜장 가토(加藤清正)에게 넘겨져 일본 고원(高原)에 수감되었다가 이듬해 부산으로 이송되었다. 여러 차례 석방협상 끝에 석방되어 서울로 돌아왔다. 본래 성질이 포악하고 포로가 되었던 정신적인 압박으로 인하여 그 포악함은 더욱 심해져서 분을 발산시키기 위하여 길거리를 헤매었고 민가에 들어가 재물을 약탈하고 상민을 구타하는 등 행패를 부렸다. 한편, 왜장 가토는 포로로 있을 때 친분을 기화로 여러 차례 그에게 서신을 보내서 내정을 탐사하려고 하였다. 임해군은 1603년 사옹원도제조가 되었다. 1608년 선조가 죽자 세자 봉작에 대한 서열문제가 명나라에서 다시 거론되어 현장실사를 위하여 사신이 파견되기에 이르렀다. 광해군을 지지하는 일부 대신들의 주청에 의하여 진도(珍島)에 유배되었다가 다시 강화의 교동으로 이배되었고, 1609년 임해군을 지키던 수장 이정표(守將 李廷彪)에 의해 죽임을 당하였다. 당시 이정표는 임해군을 핍박하여 음독으로 죽이고자 하였으나 저항으로 실패하고 곧 직접 목을 졸라서 살해하였으니, 임해군의 부인은 '그 목에 새끼줄을 감았던 붉은 흔적이 있다'며 증언하였다(일설에는 1609년 5월 임해군이 유배지 강화도에서 변사체로 발견되고 말았는데 임해군은 이이첨의 사주를 받은 강화현감 李稷이 모살하였다 함). 1623년(인조 1) 광해군이 쫓겨나고 인조가 등극하자 복작신원(復爵伸寃: 관작이 회복되고 억울하게 입은 죄를 풀어줌) 되었고, 시호는 정민(貞愍)이다.

[28] 일명 살창이: 고려시대 '창왕'과 조선시대 '영창대군'이 강화도에서 죽은 것은 역사적 사실로 여러 사료에서 확인되고 있다. 고려 33대 창왕(昌王, 1380~1389)은 이성계에 의해 왕(王)씨가 아니고 신(辛)씨라 하여 폐위당한 후 1389년 12월에 강화에서 살해되었고, 영창대군도 1613년 7월 교동도로 안치되었다가 이듬해 강화읍 관청리 내숫골 동남쪽 견자산(見子山) 밑에 있는 마을 살채이(살창이, 숙곶)에서 죽임을 당했다.

은 관리로서 영창대군[29]의 위리(圍籬)를 수직한 자가 있었는데 불쌍히 여겨 몰래 밥을 품고 가서 먹였는데 부사가 그것을 알고는 곤장을 쳐서 내쫓았다. 그러므로 대군이 이때부터 밥을 얻어먹지 못하여 기력이 다하여 죽었다. 〈어떤 사람이 말하기를〉 "정항은 그가 빨리 죽지 않을까 걱정하여 그 온돌에 불을 때서 아주 뜨겁게 해서 태워 죽였다. 대군이 종일 문지방을 붙잡고 서 있다가 힘이 다하여 떨어지니 옆구리의 뼈가 다 탔다."고 하였다.

6) 능창대군(綾昌大君)

이름은 전(佺). 선조(宣祖)의 손자이며, 인조의 동생으로, 추존된 원종(元宗)의 셋째 아들로서 글을 잘 쓰고 말타기를 좋아했다. 1615년(광해군 7) 신경희 등이 능창대군을 추대하여 왕이 되게 하고자 한다는 소명국(蘇鳴國)의 무고로 폐서인되어 교동에 위리안치 되었다. 이 사건으로 신경희는 죽음을 당하고 양시우, 김정익(金廷益), 소문진, 김이강(金以剛), 오충

---

[29] 선조는 임진왜란이 일어나자 권정례(權停例: 절차를 다 밟지 아니하고 거행하는 의식)로 공빈 김씨의 소생 광해군을 세자로 책봉하였다. 그러나 그 뒤 정비의 소생인 영창대군이 태어나자 선조는 세자를 바꾸려는 생각을 가지게 되었다. 당시 실권을 잡고 있던 유영경(柳永慶)을 위시한 소북파(小北派)가 이 뜻에 영합했으나, 선조의 갑작스런 사망으로 실현되지 못하였다. 왕은 죽으면서 대신들에게 영창대군을 돌봐달라는 유교(遺敎)를 내려 뒷일을 부탁하였다. 이 사실로 광해군을 지지하던 이이첨(李爾瞻) 등 대북파의 미움을 받게 되었다. 그러던 중 1613년(광해군 5) 소양강을 무대로 시주(詩酒)를 즐기던 서양갑(徐羊甲), 박응서(朴應犀) 등 7명의 서출들이 역모를 꾸몄다는 이른바 '7서의 옥'이 일어났다. 이이첨 등은 이 역모 사건에 그들이 영창대군을 옹립하고 영창의 외조부 김제남도 관계한 것으로 진술을 유도하였다. 이 결과로 영창대군은 서인으로 강등되어 강화도에 위리안치 되었다. 그 뒤 조야에서는 끊임없이 구원의 상소 등이 이어졌고, 형제의 의를 따지는 전은설(全恩說)과 여덟 살밖에 안된 유자(幼子: 어린 아이)라는 이유로 그를 비호하였다. 그러나 대북파의 계속된 요구로 이듬해 봄에 이이첨 등의 명을 받은 강화부사 정항(鄭沆)에 의해 살해되었다. 『광해군일기』에 의하면 정항이 영창대군을 굶겨서 죽게 하였다거나 정항이 온돌을 뜨겁게 달구어 영창대군을 증살(蒸殺)했다고 되어 있으나, 『인조실록』에 의하면 광해군의 밀명을 받은 별장(別將) 이정표(李廷彪)가 음식물에 잿물을 넣어 영창대군을 죽게 하였다고 기록되어 있어 양자 사이에 논란이 있다. 1623년 인조반정 후 관작이 복구되었다.
→ 일설에 의하면 이정표(李廷彪)가 살해하여 그 공로로 통제사가 되었는데 부임할 때 피를 토하고 급사였다고 하며, 부직사(副直使) 동계 정온(桐溪 鄭蘊, 1569~1641)이 대군의 비참한 최후를 조사하고 강화부사 정항을 체포하라는 상소를 올렸으나 오히려 귀양을 가게 되었다.

갑 등은 귀양을 가게 되었다. 위리안치 중에 어느 날 사람들이 몰려와 문과 창을 모두 닫고 섶을 쌓아 그가 있던 방 아궁이에 불을 질렀다. 능창군은 죽음을 면할 수 없음을 알고, 부모에게 보내는 편지를 1장 써서 같이 거주하고 있던 고봉생(高封生)[30]에게 보내고 목매어 죽었다. 인조가 즉위하자 능창군으로 다시 봉해지고, 1632년 대군으로 추봉되었다. 시호(諡號)는 효민(孝愍)이다.

7) 광해군(光海君)

광해군(1575~1641)은 조선 제15대 왕으로 재위기간은 1608~1623년이다. 본관은 전주(全州). 이름은 혼(琿)이고, 아명은 경룡(慶龍)이다. 선조의 둘째 아들로 어머니는 공빈 김씨(恭嬪金氏)이다. 비(妃)는 판윤 유자신(柳自新)의 딸이다.

1623년 3월 13일 인조반정이 성공하자 당일 후궁 소용 정씨(昭容 鄭氏, 아버지는 정상헌(鄭象獻))는 자결을 하였으며, 3월 23일 인조는 광해군과 폐비 유씨는 강화부의 동문 쪽에, 폐세자 지(廢世子 祬)와 폐세자빈 박씨(廢世子嬪 朴氏)는 서문 쪽에 각각 위리안치시켰다(朝鮮王朝實錄, 인조 1년 3월 23일). 유배당한 지 두 달 후인 1623년 5월 25일 폐세자와 빈은 내가면 외포리 정포 북당 산골에 안치했는데 굶기도 하고, 목을 매기도 하였으나 여종에게 발각되어 살았다. 이후 인두와 가위로 울타리를 70여 척(尺) 파고 도주하려다가 발각되어 26세인 세자는 사약을 받았으며, 빈은 3일간 절식을 하다 목을 매어 자결하였다(증보강화사, 1983; 강도의 맥, 1998, 2004). 발각 당시 손에는 은(銀)덩이와 쌀밥 그리고 황해도 감사에게 보내는 편지가 있었다고 한다. 폐비 유씨는 화병으로 1623년 10월 8일

[30] 고봉생(高封生): 교동사람으로 능창대군이 유배되었을 때 위리(圍籬)에서 취부(炊夫)였다. 능창대군한테 석회수로 지은 밥이 들어오면 고봉생이 언제나 자기 밥을 나누어 주었다. 집 밖에 섶을 쌓고 죽일 것을 알아차린 능창군은 편지를 써서 고봉생에게 건냈으며, 이 서찰을 숨겨 두었다가 1623년 3월에 인조반정이 있은 뒤 임금께 올리니 특명으로 면천(免賤)하고 상을 후하게 주었다고 한다(교동향교지, 1987).

죽었다.

1624년(인조 2) 광해군은 이괄의 난(李适의 亂) 때 일시적으로 충청남도 태안으로 이배(移配)되었다가 난(亂)이 진압된 후 다시 강화도로 왔다. 1627년(인조 5)에는 내가면 외포리 정포에 일시 안치되기도 했다(朝鮮王朝實錄, 인조 5년 1월 20일). 1636년 병자호란 때 청나라에서 광해군[31]의 원수를 갚는다고 하여 교동도로 이감(移監)되었으며, 교동도로 유찬되어 3개월 지냈으나 교동의 어디인지는 알 수 없다(강도의 맥, 1999). 병자호란이 끝난 뒤 후환을 막기 위하여, 광해군은 1637년(인조 15) 5월 사중사(事中使), 별장(別將), 내관(內官), 도사(都事), 대전별감(大殿別監), 나인(內人), 서리(書吏), 나장(羅將)들의 호송 속에 제주행 선박에 승선하여, 6월 16일 제주도 구좌읍 행원리 어등포에 입항하여 일박하였다. 이때 호송 책임자 이원로(李元老)가 광해군에게 비로소 제주라는 사실을 알려주었다. 이때 제주라고 알리자, "어째서 이곳에…!"라 하며 매우 놀랐다고 전한

[31] 선조와 광해군은 임진왜란 때 인물로서, 선조는 정실의 소생인 대군이 없었으므로 임진왜란 전까지 세자가 없었다. 그런데 왜란이 일어나자 공빈(이미 죽었음)의 소생인 광해를 세자로 세우게 된다. 왕자라고는 하나 서자인데다가 큰 아들도 아닌 둘째 광해를 세자로 세웠다. 실제로 광해군은 뛰어난 인물이어서 임진왜란 때 분조(分朝)를 이끌어 왜란에 지대한 공을 세우게 된다. 후일 명나라에서 세자로서 인정해주지 않았음에도 세자 자리를 유지할 수 있었던 것도 임진왜란 때 분조를 훌륭히 수행했기 때문이라고도 한다.

임해군은 순화군과 함께 함경도로 분조로 갔다가 포악한 행실을 일삼은 나머지 관아 아전에게 배반당하여 왜군에게 붙잡혔다. 광해군은 총명한 왕자로서 조정을 훌륭하게 이끈 경험도 있고 잠시 동안이라도 권력을 나눠 가진 경험도 있으니 또 하나의 임금으로 나이 들어가는 선조 입장에서는 슬슬 불안해지게 되어 선조가 광해군을 곱게 보지 못한 것이다. 그런 상황에서 영창대군이 태어났고, 노골적으로 광해군을 더 싫어하게 되었을 것이다.

선조는 적통왕자를 기다렸지만 첫 번째 왕비는 자식을 낳지 못했으나, 후궁 양화당과 공빈이 여러 명의 아들과 딸을 두었는데 첫째가 임해군이고, 둘째가 광해군으로 둘 다 공빈의 아들이다. 세자가 없는 가운데 갑자기 임진왜란이 일어나 할 수 없이 급한 마음에 광해군을 세자로 책봉했으며 똑똑하여 광해군이 형을 제치고 세자가 되었다. 전쟁이 끝나고 중전이 죽으니 선조가 50세의 나이에 무척 어린 19세의 인목대비(仁穆大妃)를 중전으로 맞이하는데 야무지고 똑똑한 중전은 첫 번째 딸(정명공주-유일한 적통공주)을 낳아서 선조가 실망을 했지만 3년 뒤에 선조의 하나밖에 없는 적통왕자 영창대군(永昌大君)을 낳는다. 기뻐하던 선조는 이 아이를 임금에 올리고자 하고 영창을 너무나도 예뻐하고 아껴주어 광해군과 사이가 멀어졌지만 그렇게 미워하진 않았다. 그런데 선조가 갑자기 죽으니 영창대군이 나이가 너무 어려서 세자 책봉을 할 수 없었으며, 전쟁 중이라 광해군이 왕위에 오를 수 있었다.

다. 또한, 마중 나온 목사가 “임금이 덕을 닦지 않으면 주중적국(舟中敵國: 한 배 안에 적의 편이 있다는 뜻으로, 군주가 덕을 닦지 않으면 자기 편일지라도 모두 곧 적이 될 수 있음을 이르는 말)이란 사기(史記)의 글을 알고 계시지요?” 하니 눈물을 비 오듯 흘렸다 한다. 광해군의 제주 첫 기착지에는 2006년 9월 북제주문화원에서 「첫 기착지 표지석」[32]을 세웠다. 또한 광해군의 안치소로 추정되는 제주시 이도1동 국민은행 제주지점 앞에 “한라일보사 유적지 표석세우기 추진위원회”에서 2001년 12월에 「광해군적소터(光海君謫所)」[33]라는 표지석을 세웠다. 광해군은 유배생활 중 견디기 힘든 고통을 오로지 시 한 수(제목: 濟州謫中)로 풀어내고 있었나 보다.

風吹飛雨過城頭　부는 바람 뿌리는 비 성문 옆 지나는 길
瘴氣薰陰百尺樓　창기는 음산하게 높은 다락 감싸도네
滄海怒濤來薄暮　창해의 파도 속에 날은 이미 저물었네
碧山愁色帶淸秋　푸른 산의 슬픈 빛은 싸늘한 가을 기운
歸心厭見王孫草　가고 싶은 마음은 왕손초를 볼 적마다 괴로워지니
客夢頻驚帝子洲　귀양살이 꿈 속에서도 자주도 서울을 보고 놀라네

▲ 좌: 제주시 구좌읍 행원리의 첫 기착지 표지석, 우: 제주시 이도1동에 있는 적소터

[32] 2006년 9월 제주도 북제주군문화원에서 구좌읍 행원리에 광해군 첫 기착지 표지석을 세웠다.
[33] 2001년 12월 한라일보사 유적지 표석 세우기 추진위원회에서 제주시 이도1동에 광해군 적소터를 세웠다.

故國存亡消息斷 고국의 존망은 소식조차 알 수 없으니
烟波江上臥孤舟 연기 깔린 강물 위 외로운 배에 누웠구나

※ 瘴氣(창기): 축축하고 더운 땅에서 생기는 독(毒)

관련 詩: 仁祖反正士林心情(金 峻), 光海君廢世子遜于江都(梧里 李元翼), 光海君世子臨死詩(鄭載崙)

8) 인조(仁祖)

인조(1595~1649)는 조선 제16대 왕으로 이름은 종(倧), 자는 화백(和伯), 호는 송창(松窓)이다. 선조는 공빈 김씨 사이에 임해군과 광해군, 인빈 김씨(仁嬪金氏) 사이에 의안군, 신성군, 정원군 세 아들을 두었다. 인조는 다섯째 아들인 정원군(定遠君: 元宗으로 추존)과 인헌왕후(仁獻王后, 본관은 능성, 좌찬성 능안부원군 구사맹(綾安府院君 具思孟)의 딸) 사이에서 출생하였다. 비(妃)는 영돈녕부사 한준겸(韓浚謙)의 딸인 인열왕후(仁烈王后)이다. 계비는 영돈녕부사 조창원(趙昌遠)의 딸인 장렬왕후(莊烈王后)이다.

1623년 서인 김류(金瑬), 이귀(李貴), 이괄(李适) 등이 반정을 일으켜 광해군을 폐출하고, 반정에 성공한 뒤 서궁(西宮)에 유폐되어 있던 인목대비의 윤허를 받아 왕위에 추대되어 경운궁에서 즉위했다. 1627년(인조 5) 1월 중순부터 3월 초순까지 약 2개월간 지속되었던 후금과 조선 사이의 전쟁이 정묘호란이며, 이때 인조는 평복차림으로 1627년 음 1월 26일도 궁을 나서 양천, 김포, 통진을 거쳐 음 1월 28일 강화도 갑곶리 진해루(鎭海樓)로 피난을 와서 100일 동안 머무르다 환도했다(朝鮮王朝實錄, 인조 5년 양 2월 20~21일).

1636년 12월 9일 병자호란이 시작되었으며, 12월 14일 선원 김상용(仙源 金尙容) 선생은 40여 위패, 세자빈 강씨와 세손, 봉림대군과 인평대군, 왕자비, 그리고 종실과 원로대신들, 빈궁(嬪宮)을 모시고 강화로 피난하였고, 인조도 뒤쫓아 강화로 행하였으나 청군의 기마병(騎馬兵)이 구파발과 연서역(현재 불광동)을 지나 홍제원에 이르렀고, 일부는 양천강(陽川江)을

건너 강화로 향하는 길을 가로 막고 있어서 동현로(銅峴路, 현재의 을지로)를 지나 수구문(水口門)을 거쳐 남한산성으로 피난하였다.

9) 철종(哲宗)

철종(1831~1863)은 조선 제25대 왕으로 재위기간은 1849.6~1863.12이다. 이름은 이변(李昪), 초명은 원범(李元範), 자는 도승(道升), 호는 대용재(大勇齋)이다. 정조(正祖)의 아우 은언군(恩彦君)의 손자이다. 전계대원군 광(全溪大院君 璜)의 셋째 아들이며, 어머니는 용성부대부인 용담 염씨(龍城府大夫人 龍潭廉氏)이다. 1849년 헌종(憲宗)이 후사가 없이 죽자 대왕대비 순원왕후(純元王后)의 명으로 19세의 나이에 왕위를 계승하였다. 철종의 아버지인 전계대원군도 강화도에 유배되었기에 가족 모두 강화도에서 살아야만 했고, 큰형인 회평군은 사사를 당했고, 철종은 19세에 용상(龍床)에 올랐다. 철종은 19세가 되도록 군(君)의 칭호도 받지 못했고 장가도 들지 못했을 뿐만 아니라 천애고아로 살았다. 나무를 해서 팔거나 남의 집 일을 도와 겨우 먹고사는 처지였다. 그래서 별명이 '강화도령'이었고, 그냥 '원범'이라고 불리던 떠꺼머리 총각이었다.

철종은 등극하기 전에 선원면 냉정리의 외가(外叔父 龍潭廉氏 廉輔吉, 외숙부 용담 염씨 염보길)에 자주 다녔으며, 오가는 길에 선원면 냉정리 찬우물(冷井) 약수터에서 봉이(조선왕조실록에는 봉이(鳳伊)로 기록되었으나, TV 드라마에서는 양순이)와의 사랑 이야기가 전해 내려온다.

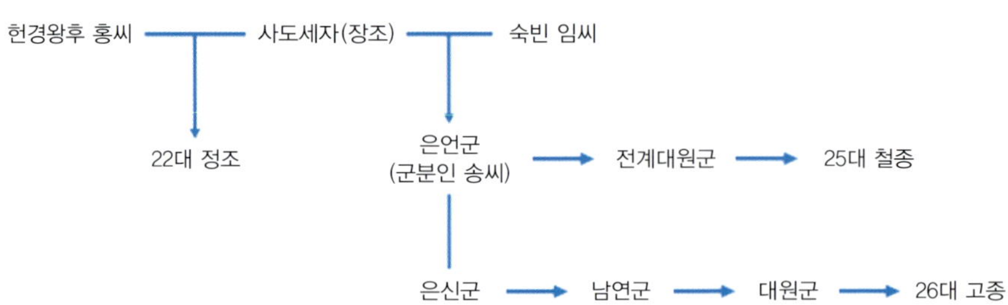

▲ 철종대왕의 가계도

▲ 출처: 철종어진(보물 제1492호, 국립고궁박물관 소장)

철종이 교동에서 실제 거주했던 것은 나이 13세이던 1844년이었고, 철종의 잠저소가 강화읍에 있었으며, 석달이 지난 뒤에 강화부로 잠저를 옮겼다. 1849년 6월 철종은 보위에 올랐다【憲宗甲辰 哲宗大王 潛邸于本邑三朔而 移邸于 江華府 己酉六月登寶位】(교동군읍지, 1899; 교동향토지, 1995). 교동군읍지(1899)와 교동향토지(1995)에 의하면 철종의 잠저소가 교동읍성 동문 안에 있고, 철종대왕이 1844년(갑진년)에 머물렀던 잠저이며, 지난 1890년(경인년) 봄에 지부인 이태권이 초가를 철거하고 새로 정당과 외문을 지었다 라고 기술하고 있다【潛邸所 在東門內[34], 哲宗大王[35]甲辰年潛邸之所 而去庚寅春 知府李泰權 撤其草家新建正堂及外門】. 철종의 교동에 관한 직접적인 유일한 기록은 철종의 능(陵) 비문(碑文)에 ...갑진년(1844) 대왕께서 교동을 떠나 강화로 향하는 뱃길에서 풍랑을 만나 심히 배가 흔들리자 사람들이 놀라 날뛰어도 대왕께서는 오히려 의연히 앉으시어 사람들을 안정시키셨다【王澧家多難 舊勞于外 甲辰 自喬桐徒江華也 到大洋 風水相盪 舟甚傾危 王 晏然

[34]【…潛邸所 在東門內…】, 喬桐鄕土誌(1995)에서는【…潛邸所 左東門內…】라고 표기하여 左는 在의 오기로 판단된다.

[35] 철종이 31세(1861년) 때의 초상으로 왕의 생존시에 그려진 도사본(圖寫本, 201.3 cm×107.2 cm, 비단에 채색)이며, 정면에서 왼쪽 약 1/3이 불에 타서 소실되었지만 남아 있는 오른쪽 상단에 "予三十一歲 哲宗熙倫正極粹德純聖文顯武成獻仁英孝大王"이라고 적혀 있다(국립고궁박물관, 2013). 왕의 어진들은 6.25 전쟁 때 많이 소실되어 몇 점 전하지 않으며, 특히 철종어진은 군복을 입은 드문 경우이다.

無慵 慰撫家人 已而風定浪息 舟人相賀日 此 固險津 且遇惡風 理必 無倖 而竟獲利涉 意舟中天佑之人】. 교동사(1995)에서는 읍성(邑城)의 그림에서 동문 안쪽에 철종 잠저지를 표시하고 있다.

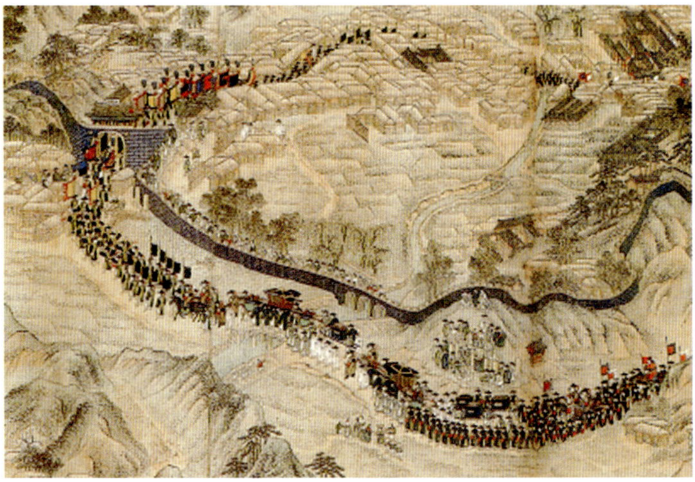

▲ 출처: 강화 옛 지도(2003). 왕위를 계승할 강화도령 변(철종)을 모시러 오는 왕실의 행렬로서 강화 남문을 지나는 모습

10) 그 외 왕족종친(王族宗親)

(1) 숭선군(崇善君)과 효명옹주(孝明翁主)

숭선군은 조선왕조 제16대 인조(仁祖)의 5남으로 자는 징지(澄之), 이름은 징(澂)이며, 생존기간은 1639~1690년이다. 어머니는 귀인 조씨(貴人趙氏)이다. 8세 때인 1646년(인조 24) 숭선군으로 봉해지고 신익전(申翊全)의 딸과 결혼했다. 효명 옹주는 김자점(金自點)의 손자 김세룡(金世龍)에게 시집갔었는데, 모친 조씨와 짜고 대궐에서 저주(詛呪)를 행하면서 역모를 도모하였다는 죄명으로 그의 동복 동생인 숭선군 이징(崇善君 李澂), 낙선군 이숙(樂善君 李潚)과 함께 유배되었다. 1651년 어머니인 조씨가 저주사건으로 죽음을 당한 뒤 왕으로 추대되었다는 무고로 1652년 강화에 안치되었고, 다시 교동에 위리안치 되었다가 홍우원(洪宇遠), 송시열(宋時

烈), 이경여(李敬輿) 등 신하들이 무고함을 상소하여 유배 4년만인 1656년(효종 7) 석방되었다. 참고로 효명 옹주를 방환하는 데 대한 논의는 효종 9년 5월에 있었다.

(2) 익평군(益平君)

익평군 이희(益平君 李曦, 1824~1863)는 장조의 서장남(庶長男) 은언군의 손자이며, 상계군 이담(常溪君 李湛)의 양아들이다. 생부는 장조의 3남 은전군의 양자 풍계군 이당(豊溪君 李瑭)이다. 철종의 사촌으로 1847년(헌종 12) 교동에 유배되었다. 익평군의 계보는 은언군 인(恩彦君 裀)의 아들 심의 군호를 완풍군(完豊君)으로 부르다가 상계군으로 개칭하였는데, 상계군은 1786년(영조 10) 11월에 독살되었다. 이때 은언군은 유배의 처벌을 받아 강화에 위리되었으며, 상계군의 아들 익평군도 1847년(헌종 12)에 교동으로 유배시켰다가 다음 해 강화도로 옮겼다.

(3) 전계대원군(全溪大院君)

은언군 인(恩彦君 裀)의 아들로 이름은 광(璜)이다. 아버지 은언군이 홍국영(洪國榮)과 역모를 꾀했다는 벽파(僻派)의 무고로 1779년 아버지 은언군과 함께 교동으로 쫓겨와서 가난한 농부로 살았다. 처음에 전계군으로 봉해졌으나 아들 원범(元範)이 왕위에 오르자 전계대원군으로 추봉(追封)되었다. 그가 교동에 살 때의 거주지는 지금의 읍내리였다.

(4) 영선군(永宣君)

영선군 이준용(李埈鎔, 1870~1917)은 흥선대원군의 손자이며, 고종의 조카이다. 1885년 법무협판(法務協辦) 김학우(金鶴羽)의 피살사건에 연루되어 교동에 유배되었다가 2개월 만에 석방되었다. 1885년 4월 19일 종신유형(終身流刑) 죄인 이준용을 특별히 2등을 감하여 10년 유형(流刑)에 처하여 교동에 유배했다【命流終身罪人李埈鎔, 特減二等, 處流十年定配于喬桐府】. 1895년 6월 12일에 조령을 내리기를 짐량(斟量)할 것이 없지 않으니 교동의 유십년(流十年) 죄인 이준용을 특별히 방송하라고 하였다【詔曰: 不無斟量者存, 喬桐流十年罪人李埈鎔, 特放】. 이준용은 처음에는 배일주의 자(排日主義者)였으나 나중에는 친일파가 되었다. 영선군(永宣君)으로 봉해졌다.

(5) 경안군(慶安君)

경안군 이회(李檜, 1644~1665년)는 조선 중기의 왕족으로 아버지는 소현세자이며 어머니는 우의정 강석기(姜碩期)의 딸 강빈(姜嬪)의 3남이다. 본관은 전주, 이름은 회(檜), 초명은 석견(石堅)이다. 인조와 소현세자와의 불화는 소현세자가 병자호란 후 청에서 볼모생활을 할 때 시작된 것으로 알려져 있다. 그리고 인조와 소현세자 내외와의 관계가 더욱 나빠진 원인은 1644년(인조 22) '심기원의 역모사건'에서 '세자추대설'이 등장했기 때문이다. 이는 세자가 조선으로 돌아온 지 2개월 만에 의문사 당한 원인이 되었으며 강빈의 역모사건으로까지 이어진다. 1646년 1월 3일 인조는 수라상에 올린 전복죽에 독이 들었다고 공표하고, 2월에 강빈의 사사를 명하였다. 이에 연좌되어 경안군은 나이 3살에 두 형과 같이 제주도에 유배되고 1650년(효종 1) 강화도 이배 뒤 다시 교동으로 옮겨졌다. 1656년 유배에서 풀려나고 1659년 경안군에 책봉되었으며 1665년(현종 6)에 22세로 죽었다.

(6) 낙선군(樂善君)

낙선군(樂善君, 1641년 12월 9일(음력 11월 7일)~1695년 4월 26일(음력 3월 14일))은 조선시대의 왕족이다. 조선 제16대 왕 인조와 귀인 조씨의 아들이다. 본관은 전주(全州)이고, 이름은 숙(潚)이다. 낙선군 이숙(李潚)은 인조의 6자로서 승선군, 효명옹주와 동복형제이다. 효명옹주의 남편 김세룡은 김자점의 손자이다. 1623년 이귀(李貴)·김류(金瑬) 등과 함께 광해군과 대북파를 축출하고 인조반정을 주도한 김자점은 정사공신(靖社功臣) 1등에 녹훈되었다. 1651년 해원령(海原令) 영(暎)과 진사 신호(申壕) 등이 상소하여 "김자점의 아들 익(釴)이 수어청 군사와 수원군대를 동원하여 원두표, 김집, 송시열 등을 제거하고 숭선군을 추대하려 했다고 고변하였다. 그러자 효종은 김자점 및 그의 아들과 손자를 사형에 처하였다. 이 사건에 연좌된 낙선군은 효종 3년(1652) 해도(海島)에 귀양 갔다가,

교동에 위리안치 되었다. 그러나 대간을 비롯한 대신들의 의논으로 1656년 여름에 풀려나 서울로 돌아왔으며, 1659년 정월에 작록을 회복 받았다.

(7) 임창군(臨昌君)과 임성군(臨城君)

임창군 이혼(李焜)과 임성군 이황(李愰)은 경안군의 아들들이며 소현세자의 손자이다. 1679년 강화도에서 임창군을 왕으로 추대하려 한다는 '강화도흉서사건(江華島凶書事件)'이 발생하였다. 이 사건에 연루된 임창군과 아우인 임성군은 나이가 어리고 주동자들과의 연관이 없었으나, 허적(許積)이 "남의 신하로서 추대한다는 말을 듣고 목숨이 보존된 자는 결코 없습니다"라고 하며 절도에 안치시키기를 청하였다. 이에 임창군은 체포되어 제주도에 유배되었다가 교동으로 옮겨졌다. 그러나 그 억울함이 밝혀져 유배에서 풀려났고 곧이어 서용되었다.

제 4 부

교동읍성과 명인

1. 해군의 요충지 수군통어영지(水軍統禦營址)

조선시대 초기에는 도서 지역에서는 왜구로 인한 피해가 극심하였기 때문에 주민들을 육지로 강제 이주하는 정책까지 나올 정도로 섬 지역에 대한 방위는 부실하였다. 임진왜란과 병자호란 이후 남해와 서해 도서 지역이 미개척지도 많았지만 비옥한 토지를 지닌 곳이 대부분이어서 피난민들이 몰려들어서 조정에서는 이들을 관리 통제할 관리들을 파견하기 시작했다. 이와 같은 일은 충청도, 경기도, 황해도의 도서 지역에서도 문제가 되어 조정에서는 문제의 중요성을 깨닫고 수영(水營)의 위치를 개편하거나 진(鎭)과 보(堡)를 구축하기에 이르렀다. 경기수영은 내륙인 남양(南陽)에서 교동도로 옮겨졌으며, 강화도, 교동도, 석모도에 12진(鎭)을 두어 대규모의 화포대를 많이 설치하였다. 조선 후기의 수군 전술은 선단 함포 사격이 주가 되지만, 지형까지 전술에 포함한 것이다.

1629년(인조 7) 교동도에 경기수영이 설치되고, 1633년(인조 11)에는 삼도수군통어영(三道水軍通御營)[36]이 설치되어 이후 고종 초기까지 존속하였다. 경기수영이 위치했던 교동도의 삼도수군통어영은 교동읍성에 있었다. 교동도의 남산포는 전국에서 올라오는 조운선(漕運船)들이 집결하던 장소였다. 또한 남산포는 전국 각지에서 올라오는 특산품 시장이 열리던 조선의 대표적인 상권 지역(商圈地域)이었다. 도서 지역의 인구가 급증하고

---

[36] 조선시대에는 각도 수군을 지휘하기 위해서 정3품 외관직인 수군절도사를 두었는데, 기록에 의하면 경상, 전라, 함경도에 각 3명, 경기, 충청, 평안도에 각 2명, 강원, 황해도에는 각 1명을 두었다고 한다. 대부분 관찰사와 병마절도사가 겸임했기 때문에 실질적으로는 경상, 전라에 각 2명, 경기, 충청에만 각 1명씩 독립된 정직의 수군절도사가 있었다. 수군절도사가 머물던 곳에는 수영이 설치되었는데 동래, 거제, 여수, 교동, 보령, 옹진 등이 유명한 수영이었다. 임진왜란을 거치면서 각도의 수군을 통괄 지휘하기 위한 수군통제영이 통영에 설치되었으며, 병자호란 이후에는 한강 하구를 지키기 위해서 강화도 교동도에 경기, 황해, 충청 수군을 총괄 지휘하는 삼도수군통어영이 설치되었고, 교동도호부 부사가 이를 겸임하였다.

한강이 서울을 지나 서해와 만나는 지점에 위치한 교동도는 그리 큰 섬은 아니지만, 한강 조운을 관리하고 유사시 바다로부터의 적의 침입을 대비하기 위해서 국방상 아주 중요한 요지로 삼국시대 이래도 별도의 행정기관이 교동현에 설치되어 있었다. 임진왜란 이후 만주에서 등장한 청나라 세력에 위협을 느낀 조선은 고려 때 대몽항전의 예를 참조하여 강화지역의 방어를 강어하기 위해서 남양 화량진에 설치되어 있던 경기수영을 1633년(인조 11) 교동도로 옮겼다.

상권이 번성함에 따라 경기수영은 상권 관리 기능까지 도맡게 된 것이다.

당시 교동도는 독립된 군현(郡縣)이었다. 조선 전기에는 교동현(喬桐縣)이었다가 1629년(인조 7)에는 교동도호부(喬桐都護府)로 승격되기도 했다. 같은 해 교동읍에 수군절도사 겸 도호부사를 두었으나, 1633년(인조 11) 다시 삼도수군통어영(三道水軍統禦營: 경기, 충청, 황해)을 설치하여 전함, 군기를 비치하고 관할하게 하였다. 이곳이 교동도의 남쪽 남산포에 삼도수군통어영을 두었던 곳이다(강도수어사, 1995). 1882년에 직제를 개편하여 수군절도사 겸 부사를 두었다가 통어사(統禦使)로 하였다가 1884년에는 부사겸방어사(府使兼防禦使)로 하여 조선의 수군 중심지였던 것이다. 이곳의 서쪽 해안이 수군 훈련장이었으며, 썰물 때면 당시의 석축이 모습을 드러내고, 또한 함정을 묶어두었던 계류석(繫留石)을 현재 볼 수 있어 당시의 위치를 증명하고 있다.

1894년 발행된 교동읍지(喬桐邑誌) 지도에는 전함정박항(戰艦碇泊港)이라 표시되어 있으며, 수군 훈련장은 주사조련항(舟師操鍊港)이라 표시되어 있어 수영은 교동읍성 안에 설치되었고, 이곳은 수영(삼도수군통어영) 소속의 전함이 정박한 곳이라 보여진다. 따라서 이곳은 삼도수군통어영의

▲ 좌: 읍내리의 삼도수군통어영지 안내판, 우: 계류석(繫留石)

본영이기보다는 통어영의 전함정박장 또는 선착장이라고 하는 것이 정확할 것이다.

2. 경기수영(京畿水營)의 위치

교동은 원(元)나라가 고려에 침입하여 수도를 강화로 옮기면서, 강화의 전위(前衛)로서 전략적 중요성이 더욱 증대되었다. 뿐만 아니라, 교동은 벽란도를 통한 대중국 무역로의 가운데에 있었고, 조운선(漕運船)이 도성으로 들어올 때에도 중간 기착지 역할을 하였기 때문에 고려 말에서 조선시대에 이르기까지 왜적의 침입이 끊이지 않았다. 때문에 조선 초기(태조 4)에 교동에 진(鎭)이 설치되고 조선 중기(인조 7)에는 경기수영을 교동으로 이설하여 도호부(都護府)가 되었으며, 1633년(인조 11)에는 삼도수군통어영을 설치하였다.

조선 초기에는 경기도를 경기좌도(京畿左道)와 경기우도(京畿右道)로 나누었다. 그리고 각 도에 수군절제사(水軍節制使)를 임명하였다. 조선 영조대에 발간된 여지도서 지도에 보면 읍내리 교동부가 있던 자리에 수영(水營)이라 표기되어 있으며, 문헌비고에는 영아통어영(營衙統禦營)의 설명에 있어「곧 경기수영이며 읍성(교동읍성)에 있는데」라고 되어 있고, 대동지지에도「통어영은 곧 경기수영인데 읍성 안에 있다」고 기록되고 있다. 교동도호부 배치도를 보면 근민당(近民堂)이 부사(府使)의 집무실로 중앙에 자리 잡고 도호부의 정무를 살피던 관청이 있고 중영(中營), 중군의 처소인 운사헌(運四軒), 교동진영의 아전(衙前)들이 일하던 곳인 영리청과 병무를 관장하던 기패관청(旗牌官廳) 등이 있는 것을 보면 수영과 도호부가 같이 있었음을 알 수 있다.

박헌용(1932)의 속수증보강도지의 교동수영군제를 보면 수군(水軍)이 3,955명이었으며, 이 중 1,992명은 본영(本營)에, 1,963명은 각 진(鎭)에 배속되었다.

교동영(喬桐營)

(觀察使李益炡視節度使趙虎臣詩: 관찰사 이익정(1699~1782)이 절도사 조호신에게 준 시)

千年保障國西邊[37] 천년의 요새지는 이 나라 서편에 있노라,
細柳營臨若木天 실버들속의 영터에 나가니 신라 전읍서(典邑署)와 같구나.
部曲星羅分漢海 병사들의 대오는 별 모양으로 되어 은하수와 바다로 나누어졌고,
樓[37]臺碁布亘龍蜒 정자 누각은 바둑판인 양 용의 굴속으로 가네.
商船稅舶迷津月 장사배와 세미배는 개포에서 오락가락하네,
鹽井漁村撲地烟 염전이며 어촌에는 흙먼지를 뿜고 있네.
表裡山河眞險固 속속들이 험준한 요새지이니,
長城且喜得人賢 긴 성터에는 어진 벼슬아치를 맞이하였으니 또한 기쁘도다.

안해루에서(晏海樓)

판서 조엄(判書 趙曮)

東國聖人出 동방에 성군(聖君)이 나오니,
喬桐德水流 교동엔 덕수(德水)가 흐르네.
將軍無所事 장군은 하는 일이 없어,
飮博四城樓 네 성 문루에서 술 마시며 바둑 두네.

안해루에서 설날에(正朝詩)

판서 이익한(判書 李翊漢)

歲色居然又一春 세월은 덧없이 흘러 또 한 해 봄인데,
餞迎今曉客愁新 전별하고 맞이하는 오늘 새벽 나그네의 근심이 새롭네.
人間世故經千險 인간은 세상에 온갖 고초를 겪었지만,

---

37 강도고금시선(江都古今詩選 譯本; 강화문화원, 1988)에서는 변(邊)을 영(迎)으로, 누(樓)를 정(亭)으로 잘못 표기하였음.

駒隙光陰近七旬　세월이 빠르고 덧없어 어느새 칠순이 가깝구나.
雲鎖蒼梧悲莫逮　구름에 갇힌 푸른 오동나무 슬픔을 이기지 못하고,
夢趨丹闕覺非眞　꿈속 신선을 좇으니 참이 아님을 깨달았네.
遙瞻日下焚香罷　멀리 한 낮에 분향이 끝남을 보니,
更向先陵淚沾巾　다시 옛 능을 생각하며 눈물이 수건을 적시네.

1) 월곶진(月串鎭)

월곶진은 응암바위에서 남산포 해안선 일대에 있었고 경기우도수군첨절제사(京畿右道水軍僉節制使)가 주둔하고 있었다. 조선왕조실록에 따르면 1629년(인조 7년 2월 24일) 경기도 남양 화량진에 있던 수영을 교동현의 월곶으로 옮기고 현(縣)을 부(府)로 삼았다【庚戌 移水營於喬桐 陞縣爲府】. 수영(水營) 이설 이후는 동편이 군항으로 서편이 주사조련장(舟師操練場)이었다 한다. 지금도 군함을 묶어 두던 계류석(繫留石)이 보존되어 있다.

교동읍성은 월곶진을 옮길 때 쌓았다고 판단된다. 1656년(효종 7) 강화유수 홍중보(江華留守 洪重普)가 교동 읍내리에 있던 월곶진을 강화읍 월곶리로 옮겨 설치한 것이 최초의 건립이 된다(강선중, 2006). 대동지지에

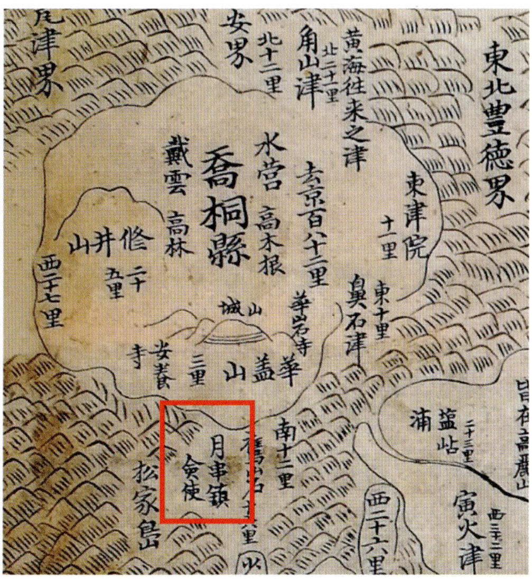

◀ 읍내리 남산포 옆에 있던 월곶진(지나조선고지도, 17세기 초)(출처: 강화 옛 지도, 2003)

서도 1629년(인조 7)에 도호부(都護府)로 승격하여 1633년(인조 11)에 치소(治所)를 강화도 월곶진(月串鎭)으로 옮겼다.

3. 교동읍성(喬桐邑城)

교동읍성은 1629년(인조 7)에 교동현(喬桐縣)을 도호부(都護府)로 승격시키고, 통어영을 설치할 당시 처음 쌓은 것으로 삼도수군통어영의 본진이 있었다. 교동읍성 둘레에 관한 조사는 보고서마다 약간의 차이가 있다. 즉, 읍성의 둘레는 430 m (문화재청 문화재관리국, 1977), 779 m (육군박물관, 2000), 856 m (인하대학교박물관, 2007), 8리(약 314 m, 교동부읍지, 1842), 1,006척(약 305 m, 여지도서, 1760년경; 여도비지, 1856; 대동지지, 1863; 교동부읍지, 1871; 교동군읍지, 1899, 1914), 박헌용(1932)의 속수증보강도지에서는 4정 26간 4척(약 485 m)으로 각기 다르게 표현하고 있다. 읍성에는 사방으로 동, 남, 북 3문과 작은 소남문(小南門)이 있었다(증보문헌비고, 1908).

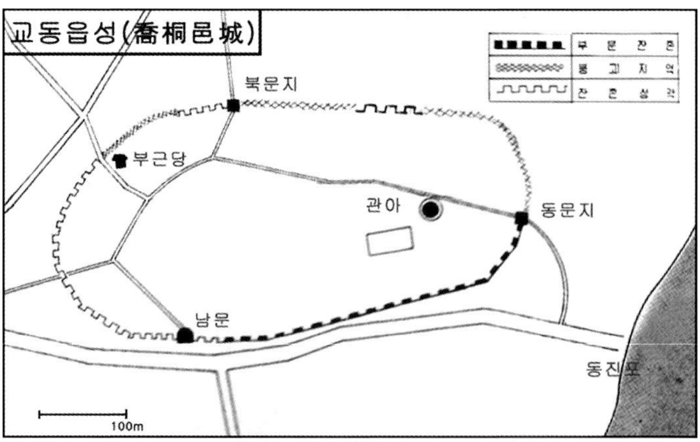

▲ 교동읍성의 모식도[출처: 육군박물관(2000) 146쪽에서 인용 및 일부 변형]

1) 여지도서(輿地圖書, 1759년)

읍성의 둘레는 1,006척이고, 높이는 삼장이며 동·남·북으로 3문을 설치하였는데 모두 1층의 누(樓)가 있다. 성문 옆에는 곡성이 있으며, 네 곳에 옹성이 있다. 성을 쌓은 시기가 언제인지 현재로는 이를 증빙하는 문서가 없으나 월곶진에 진을 설치할 때 쌓았다고 예로부터 전해오고 있다.

[원문] 輿地圖書: 邑城 周一千六尺 高三丈 置東南北三門 皆一層樓. 傍有曲城 四處有甕城 而所築年月 今無可據之文 月串設鎭時所築 自古流傳

2) 교동부읍지(喬桐府邑誌, 1842년)

성터는 현재 읍이 들어선 주위로 8리를 두르고 있는데 단지 그 터에 동, 남, 북 3문이 남아 있다.

[원문] 喬桐府邑誌: 城基 時邑基周回八里 只存基址 東南北三門

3) 여도비지(輿圖備志, 1856년)

읍성은 돌로 쌓았고, 둘레가 1,006척이고 옹성이 셋, 치성이 넷, 성문이 넷이고, 우물이 하나이다.

[원문] 輿圖備志: 邑城 石築周一千六尺 曲城三 雉城四 城門四小 井一

4) 대동지지(大東地志, 1863년)

읍성은 돌로 쌓았고, 둘레가 1,006척이고, 높이는 18척이며 동, 남, 북 3문과 소남문이 있다.

[원문] 大東地志: 邑城 周一千六尺瓮城三雉城, 四東南北三門小南門

5) 교동부읍지(喬桐府邑誌, 1871년)

읍성의 둘레는 1,006척이고, 높이는 18척이며 동, 남, 북 3문이 있다.

[원문] 喬桐府邑誌: 邑城 周回一千六尺 高十八尺 有東南北三門

6) 교동군읍지(喬桐郡邑誌, 1899년, 1914년)

읍성은 둘레가 1,006척이고, 높이는 18척이다. 동, 남, 북 3개의 문이 있다. 수영을 설치할 때 쌓았다. 두 번 지난 계유년(1753)에 통어사 백동원(統禦使 白東遠)이 치첩을 수리해서 쌓았다. 지난 갑신년(1824)에 통어사 이교복(李教復)이 성의 문루와 치첩을 포함해서 전체를 쌓았으나 교체되어 돌아간 이후 완성하지 못했다. 남문은 방어사 백난륜(白樂倫)이 같은 해 중건하였지만 오래되어 구덩이가 되었다. 동북쪽 두 개의 문은 오랫동안 무너져 있었지만 다시 세우지 않았다.

[원문] 喬桐郡邑誌: 邑城 周回一千六尺 高十八尺 置東南北三門 設營時所築 再去癸酉 統禦使白東遠修築雉堞 去甲申統禦使李教復 只築體城門樓及雉城 以降營遞歸 未準役. 南門 防禦使 白樂倫 同年重建 濠池年久坎壎 東北兩門永疥 未建 [坎: 구덩이감, 壎: 빈터연]

7) 속수증보강도지(續修增補江都誌, 박헌용, 1932년)

구 교동읍성 둘레는 4정 26간 4척이고 높이는 18척이요, 동, 남, 북에 3문을 두고 영을 설치할 때 쌓은 것이다. 영조 계유년(1753)에 통어사 백동원이 치첩을 수리해서 쌓았다. 그 후 갑신년(1824)에 통어사 이교복이 성의 문루와 치첩을 포함해서 전체를 쌓았으나 교체되어 돌아간 이후 완성하지 못했다. 방어사 백낙륜이 같은 해에 남문을 중건하였고 동북쪽 두 개의 문은 계속 무너진 채 다시 세우지 않았다. 남문의 해자(垓字/垓子; 적의 침입을 막기 위해 성 주위를 둘러서 판 연못)도 오래되어 구덩이가 되었다. 그 동문의 문루를 통삼루라 하고, 남문은 유량루, 북문은 공복루라 하니 지금 모두 무너져 버렸다.

> [원문] 續修增補江都誌: 周回는 四町二十六間四尺이요 高十八尺이요 置東南北三門하니 設營時所築이라 英祖癸酉에 統禦使 白東蘧이 修築雉堞이러니 其後甲申에 統禦使李敎復이 只築體城門樓及雉城이라가 以降營遞歸하야 未準役이러니 防禦使 白樂倫이 同年에 重建南門하고 東北兩門은 永廢未建이오 南門濠池도 亦坎坦하니라 其東門譙樓曰統三樓요 南門曰庾亮樓요 北門曰拱北樓니 今俱廢하니라.

한편, 교동지(喬桐誌)에 의하면 교동읍성은 내, 외성이 있었으며, 조선시대 후기의 읍성으로 내성은 둘레 약 430 m, 높이는 약 6 m로 옹성(甕城) 세 곳과 치첩(雉堞: 성 위에 쌓은 작은 담) 네 곳이 있었다. 동쪽, 남쪽, 북쪽에 문이 있었으며, 수영을 설치할 때 쌓았다고 한다. 동, 남, 북쪽 3곳에 성문을 두었고, 각 문에는 문루를 세웠는데, 속수증보강도지(1932)에 동문은 통삼루(統三樓), 남문은 유량루(庾亮樓), 북문은 공북루(拱北樓)라고 지칭하였다. 1813년 통어사 백동원(統禦使 白東遠)이 성곽과 여장(女墻)을 고쳐 쌓았으나 치첩(雉堞: 성 위에 쌓은 작은 담)은 없앴다. 1884년(고종 21)에는 통어사 이교복(李敎復)이 남문을 중건하고 또한 문루와 치첩을 포함하여 성벽 전체를 수리하였는데 공사를 끝내지 못하였다. 남문은 방어사 백낙륜(白樂倫)이 같은 해 중건하였으며, 해자(濠池: 성벽 앞에 길게 파 놓은 구덩이)는 오래되어 구덩이가 되었다. 그 뒤 1890년(고종 27)에 부사 민창호(閔敞鎬)가 동문과 북문을 중수(重修)하였으나 세월이 흘러 무너졌다고 한다.

8) 교동부지(喬桐府址)

1395년(태조 4)에 월곶진(月串鎭)을 설치하여 만호겸지현사(萬戶兼知縣事)를 두었다가 그 후 현(縣)으로 승격 현감(縣監)을 두었다. 1629년(인조 7) 화량으로부터 수영을 월곶진으로 옮겨 오면서 교동부로 승격되었다. 4년 뒤 인조 11년에 3도(경기도, 충청도, 황해도) 수군 통어영이 설치되어 부사로 도호부사 수군절도사 겸 삼도 수군통어사가 도임한다.

교동부의 성문(城門)은 통삼루(統三樓), 유량루(庾亮樓), 공북루(拱北樓), 소남문(小南門) 등이 있고, 공해(公廨; 공공 관청 건물)는 관청(官廳), 근민당(近民堂), 응수당(應酬堂), 백화당(百和堂), 안해루(晏海樓) 등 많은 건물이 있었다. 지금은 누각석주(樓脚石柱) 2개만 남아 있다. 2개는 교동보통학교 교문으로 사용하다가 현재 교동초등학교 동쪽 공원에 보존되어 있다.

(1) 교동읍성(喬桐邑城)의 관청

도호부사(都護府使)가 정무를 살피던 관청으로 안해루(晏海樓) 서쪽에 있었으며, 20간(間)으로 지어졌다.

(2) 근민당(近民堂)

부사(府使)의 집무실로 정당(政堂)이라고도 하며, 16간(間)으로 지어졌다. 공북루(拱北樓) 앞에 있었다.

(3) 응수당(應酬堂)

근민당과 같이 이어서 지었고, 일종의 정당(政堂)이다.

(4) 객사(客舍)

교동부(喬桐府)를 찾는 관원(官員)들이 기숙하던 곳으로 12간의 크기이며, 여지도서(輿地図書, 1759)에는 16간으로 지어졌다고 한다.

(5) 기패관청(旗牌官廳)

기패군(旗牌軍; 군영에 두었던 군인)에 관한 병무(兵務)를 관장하던 곳으로 객사 앞쪽에 있었다.

(6) 교련관청(教鍊官廳)

객사 앞쪽에 있었다.

(7) 진무청(鎭撫廳)

진무(鎭撫; 군영에 두었던 군사실무 담당자로 정3품 당하관으로부터 종6품 참상관 중에서 임명)가 거처하던 곳으로 객사 앞쪽에 있었다.

(8) 팔각정(八角亭)
응수당 북쪽 뜰에 있었다.

(9) 능파정(凌波亭)
팔각정과 같이 서 있었다.

(10) 백화당(百和堂)
비장(裨將; 조선시대 감사 또는 절도사들이 데리고 다니던 막료)들이 머물던 곳으로 비장청(裨將廳)이며, 일명 추오헌(秋梧軒)이라고도 하며, 9간(間)으로 지어졌다. 소남문(小南門) 앞에 있었다.

(11) 이사영(貳師營)
예전에 중영(中營; 중군의 營門이나 鎭營)으로 13간(輿地図書, 1759)으로 지어졌다.

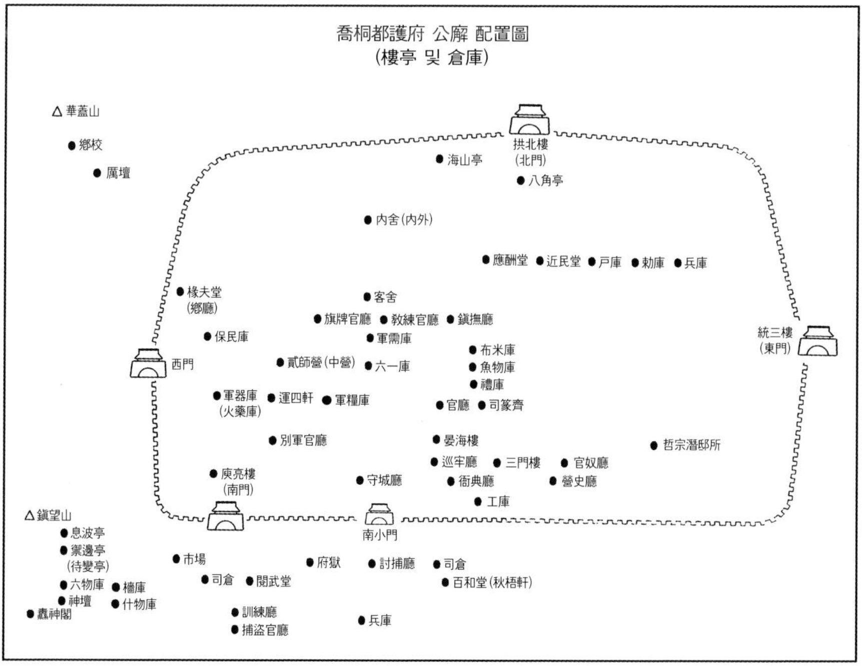

▲ 교동도호부 공해 배치도(喬桐都護府 公廨 配置圖)(교동사, 1995에서 인용 및 일부 수정)

(12) 운사헌(運四軒)
중군(中軍; 군대의 핵심부대)이 거처하던 곳이다.

(13) 연사당(椽史堂)
좌수(座首) 또는 별감들이 머물던 향청(鄕廳)으로 서문 안에 있었다.

(14) 별군관청(別軍官廳)
이사영 문 밖에 있었던 관청이다.

(15) 수성청(守城廳)
남문 밖에 있었던 관청이다.

(16) 열무당(閱武堂)
사창(司倉; 고려시대에 있었던 지방향리관청의 한 부서) 서쪽에 있었다.

(17) 훈련청(訓練廳)
열무당 남쪽에 있었다.

9) 유량루(庾亮樓)[38]와 경량루(庚亮樓)

교동읍성에 삼문(三門)을 설치하였으나 문(門)의 이름은 여지도서(輿地圖書, 1760), 교동부읍지(喬桐府邑誌, 1842), 여도비지(輿圖備志, 1856), 대동지지(大東地志, 1863), 교동부읍지(喬桐府邑誌, 1871) 등의 문헌에는 나오지 않는다. 그럼에도 불구하고 현재 교동도 관련 안내서와 대부분의 문헌에는 교동읍성의 남문을 유량루(庾亮樓)라고 표기하고 있다. 그런데 교동군읍지(1899)에는 경량루(庚亮樓)가 곧 남문(南門)인데 갑신년(1894)에 중건하였다【庚亮樓 卽南門 甲申重建】라고 표기하여 남문을 경량루라고

[38] 중국 강서성 구강현(江西省 九江縣)에 있는 유공루(庾公樓)가 있으며, 우리나라에서는 택리지(擇里志)에 공주의 성(城) 북쪽에 있는 누각을 공북루(拱北樓)라고 하였으며, 선조 때 서경(西垌) 유근(柳根) 충청감사가 이 누에서 "소동파(蘇東坡)는 적벽강(赤碧江)에 놀았으나 나는 지금 창벽(蒼碧)에 놀고, 유양(庾亮)은 남루(南樓)에 올랐지만..."이라는 시를 지었다. 따라서 교동읍성의 남문 명칭은 경량루가 아닌 유량루가 맞다.

▲ 남문의 홍예

▲ 남문(南門)의 흔적: 三道大, 三道統門, 南樓 등 교동 읍성 내로 들어가면 좌측과 우측에 남문의 흔적이 보인다. 홍예문과 그 좌우 짧은 성벽만이 남아 있을 뿐이다.

▲ 홍예문 위로 올라가보면 누각의 기둥을 받쳤던 둥근 네 개의 주춧돌(원형주좌, 직경 38~42 cm)이 세 개는 나란히, 나머지 한 개는 반대편에 떨어져 쓸쓸하게 자리를 지키고 있다.

하였으며, 박헌용(1932)의 속수증보강도지에는 남문을 유량루라고 표기하였다【南門曰 庾亮樓】. 여기서 두 글자 '庾'와 '庚'가 유사하여 강화고려역사재단(http://www.ghistory.or.kr)의 교동군읍지 해제에서 '유(庾)'를 '경(庚)'으로 잘못 이기(移記)한 것으로 판단된다.

지금의 남문은 홍예(紅霓)만 남아 있다. 1921년의 폭풍으로 무너졌으나 홍예 부분만은 지금까지 남아 있다. 남문 홍예의 크기는 가로 3.6 m, 세로 3.4 m, 깊이 5.7 m로 좌우 2단의 기단석 위에 10개의 홍예석을 얹어 만들었다. 읍성 내부의 홍예석에는 좌우에 각각 "三道大(삼도대)", "三道統門(삼도통문)", "南樓(남루)"의 각자(刻字)가 남아 있다. 동문은 언제 없어졌는지 알 수 없고, 북문은 일제침략기에 일본인들이 동진포의 선창을 만들기 위해 석재를 모두 옮겼다고 구전되고 있다.

10) 귀부형 비좌(龜趺形 碑座)

읍성 앞 우측에는 돌거북 형태의 비좌(碑座) 하나가 있다. 이 비좌(어떤 면에서는 좌대(座臺)로 표현 가능하나 일단 비좌로 사용한다)은 강화 향토시인 석천 김흥기(石泉 金興基)가 1992년 교동읍성 남문 앞 논둑에서 암석의 일부가 있어 파헤쳐 발견했으며, 교동면사무소에 신고하여 2008년 경운기로 이곳으로 옮겨놨다고 한다. 이 비좌의 전체 크기는 길이 145 cm, 폭 70 cm, 높이 50 cm이며, 머리 부분은 길이 44 cm, 높이 13 cm이다. 돌거북 등에는 거북척추골 방향 중앙에 직각을 이루는 37×10 cm의 가로로 긴 직사각형의 홈이 파여져 있다. 이 돌거북은 일반적인 화강암이 아닌 다른 재질의 돌로 다듬어져 있다. 전체적으로 매우 투박한 편이며, 얼굴에는 약간의 해학적인 모습이 보인다. 아래쪽은 제대로 치석되지 않았으며, 발의 표현도 불분명하지만 꼬리만은 위에서부터 힘차게 좌측으로 뻗어 내리고 있다.

이와 같이 돌거북 형태의 등(背) 위에는 긴 직사각형의 그리 크지 않은 홈이 파여 비좌(碑座)가 만들어져 있어서 교동현감이나 군수의 선정비(善

▲ 좌: 귀부형 비좌[39]의 정면, 우: 귀부형 비좌의 측면

[39] 용은 고대 중국인들이 상상했던 신령스러운 동물로서 비늘(鱗) 달린 동물의 으뜸으로 5개의 발톱이며, 구름을 일으켜 비를 내리는 등 조화 무쌍한 영물로서 춘분에는 등천(登天), 추분에는 못 속에 잠겨 지낸다고 한다. 중국신화에는 그들의 조상신인 황제(皇帝)는 사람의 얼굴 용의 몸이라 하며 신성시 한다. 용의 발톱은 바람을 일으킨다고 하며 천자(天子)의 손으로 비유하기도 한다. 본초강목(本草綱目)에서 용의 모습은 입가에 수염, 턱 밑에는 구슬(여의주), 낙타머리, 사슴뿔, 도깨비의 눈, 소귀, 독수리 발톱, 등(背)에는 81개의 비늘이 달렸다고 한 여러 동물 특성을 합한 형체로 묘사하였으며 물과 바다의 신으로 여긴다. 용은 비늘이 있는 동물 중 우두머리이다. 명(明)의 호승지(胡承之)라는 사람이 쓴 진주선(眞珠船)에 용이 아홉 아들을 낳았다(龍生九子)는 기록이 있다. 아홉의 용의 이름은 비희(贔屓), 치문(鴟吻), 포뢰(蒲牢), 폐안(狴犴), 도철(饕餮), 공복(蚣蝮), 애자(睚眦), 산예(狻猊), 초도(椒圖) 등이며, 그중 비희(贔屓)는 일명 패하(覇下)로 모양은 거북이를 닮았는데 무거운 것을 지기를 좋아한다. 돌비석 아래에 있는 귀부(龜趺)가 이것이다.

政碑)를 짊어지고 있었던 것으로 설명하고 있으나, 읍내리 40기의 비석군(碑石群)의 비좌는 세로로 되어 있어 교동읍성 앞 귀부형 비좌(龜趺形 碑座)와는 다르게 되어 있다.

이 비좌는 교동읍성 남문 앞에서 발견되고 홈의 크기로 보아 그리 크지 않으며, 비석군의 선정비 형태와 재질이 다르고, 홈의 크기가 작아 선정비의 비좌는 아닌 듯하고 교동읍성과 관계있는 표지석을 세웠던 비좌로 보여 또 다른 고증(考證)이 필요하다고 판단된다.

11) 공북루(拱北樓)

교동군읍지(1899) 누정(樓亭) 편에 경량루(유량루를 잘못 표기)가 남문이고, 갑신년에 중건하였다. 통삼루은 동문이고, 지금은 없다. 공북루[40]는 곧 북문이나 지금은 없다【庚亮樓 卽南門 甲申重建, 統三樓 卽東門 今無, 拱北樓 卽北門 今無】. 즉, 공북루는 교동읍성의 성문으로 북쪽에 세웠던 누각(樓閣)으로 지금은 흔적도 없다고 하였다. 교동부사 민창호(喬桐府使 閔敞鎬, 재직기간: 1890년 6월~1893년 12월)가 쓴 공북루 중수기(拱北樓重修記)에 의하면 교동의 지리적 요충지, 해류의 흐름, 교동의 행정적 위상, 전임자의 치적, 공북루의 구조를 상세하게 기술하고 누각에 올라 화개산과 바다를 보며 길이 세월을 쌓아 올리라고 맺는다(강도고금시선 역본, 1988). 명미당 이건창(明美堂 李建昌)[41]에 의한 공북루 관련 시가 전해지

---

[40] 교동읍성의 성문으로 북문을 공북루(拱北樓)라고 하였으며, 여기에서 북(北)은 임금은 신하를 대할 때 남면하고(君南面), 신하는 임금을 대할 때 북면한다(臣北面). 공(拱)은 가슴 높이에서 두 손을 모으고 엎드린다는 뜻으로 공북은 임금에 대한 예절을 상징한다. 이와 같은 공북루는 충청남도 공주시 공산성(公山城 또는 公州山城)의 북문, 전라북도 고창군 고창읍성의 북문, 경상북도 청도군 청도읍성의 북문을 모두 공북루라고 하고 있다.

[41] 이건창(李建昌, 1852~1898)은 자는 봉조(鳳朝, 鳳藻)이고, 호는 영재(寧齋) 또는 명미당(明美堂)이다. 강화 출신으로서 조부가 개성유수로 재직할 때 유수관아에서 태어나 출생지는 개성이나 선대부터 강화에 살았다. 이조참판 이상학(李象學)의 아들이며, 이조판서 이시원(李是遠)의 손자이다. 1866년 15세에 과거시험에 합격했으나 나이가 어린 관계로 19세가 돼서야 벼슬을 할 수 있었다. 1874년 서장관(書狀官)으로 발탁돼 청나라에 가서 외교활동을 했고, 두 번에 걸쳐 암행어사를 맡기도 했다. 형제인 이건승(李建昇), 이건면(李建冕)과 함께 양명학자(陽明學者)이며, 저서로는 당의통략(黨議通略), 편서(編書)로 명미당집(明美堂集)이 있다.

고 있다. 강화문화원에서 발행한 강도의 맥(1999)에서는 시 내용으로 보아 영조(英祖) 때 건물로 추측하였다.

重陽[42]登拱北樓(중양절에 공북루에 올라)

江南有此好樓臺(강남유차호루대)	강남쪽 여기에 이처럼 좋은 누대가 있어
北客初隨鴻鴈來(북객초수홍안래)	북쪽 길손은 처음으로 기러기 따라 왔네
粉堞丹甍迥超忽(분첩단맹형초홀)	흰 성가퀴와 붉은 용마루는 아주 초연하고
白沙翠壁紛縈廻(백사취벽분영회)	흰 모래와 푸른 절벽에 어지러이 둘러싸여 있네
關山千里一翹首(관산천리일교수)	변방의 천 리를 한번 쳐다보고
風雨重陽獨擧杯(풍우중양독거배)	비바람 치는 중양절에 홀로 잔을 드네
聖主不知臣不肖(성주불지신불초)	임금은 신하의 어리석음을 알지 못하는데
繡衣使者何爲哉(수의사자하위재)	암행어사는 무엇을 해야 하나

12) 통삼루(統三樓)

교동군읍지(1899)에 통삼루(統三樓)가 곧 동문(東門)인데 지금은 없다라고 기록되어 있다【統三樓 卽東門 今無】. 즉, 통삼루는 교동읍성의 성문으로 동쪽에 세웠던 누각(樓閣)으로 지금은 흔적도 없다.

13) 소남문(小南門)

위에서 언급한 바와 같이 대동지지(大東地志, 1863)에 동문, 남문, 북문 등 3문과 작은 소남문이 있었다고 기록되어 있다. 이보다 앞선 여도비지

[42] 중양절(重陽節)은 음력 9월 9일을 가리키는 날로 날짜와 달의 숫자가 같은 중일(重日) 명절(名節)의 하나로 중양이라고 하며 중구(重九)라고도 한다. 성곽의 북쪽문을 공북루라고 하여 충청남도 공주시 공산성의 공북루, 경상북도 청도읍성의 공북루가 있다. 선원 감상용(仙源 金尙容)은 공주시의 공북루(拱北樓) 시를 지었다(공주군지, 1957, 부록1).

(輿圖備志, 1856)에도 성문이 네 개(城門四) 있다고 하여 거의 일치하고 있다. 그러나 대부분의 문헌에서 소남문의 규모는 치성(雉城)이 아닌 암문(暗門)이라고 추정하고 있다.

14) 안해루(晏海樓)

1629년(인조 7)에 남양 화량진에 있던 경기수영을 이곳으로 옮기고, 이후에 교동현(縣)이 교동도호부(都護府)로 승격되어 설치한 관아 건물지이다. 관아와 객사를 비롯하여 내아, 외아 등의 관청 건물과 안해루, 삼문루 등의 누각이 설치되어 조선시대 일방적인 지방관아의 형태를 따르고 있으며, 현재는 터만 남아 있다. 안해루는 1668년에 동헌(東軒, 官廳) 남쪽에 세웠던 누각이다. 1668년(현종 9)에 교동부사(府使) 구문치(具文治)가 창건한 누각으로 1740년(영조 16) 통어사 조호신(統禦使 趙虎臣)에 의해 증건하였다. 이외도 부에는 근민당, 응수당, 백화당, 4개의 누각석주(樓閣石柱)의 안해루 등이 있다.

교동군읍지(1899) 누정(樓亭) 편에 안해루(晏海樓)는 세 번째 전 무신년(1668)에 통어사 구문치가 처음 세웠다. 73년 후인 경신년(1740)에 통어영 조호신이 증축하여 중건하였다. 동헌 남쪽 변과 맞닿아 있다【三去戊申 統禦使具文治創建 後七十三年庚申 統禦使趙虎臣增制重建 連甍在東軒南邊】. 안해루의 기문(晏海樓 記文)은 제3대 교동군수 서상교(徐相喬)가 작성하였다(박헌용의 속수증보강도지, 1932).

돌계단 위에 부청(府廳)이 있었고, 아래 사진의 두 개 석주(石柱)가 안해루 주춧돌이다. 총 4개의 돌기둥 중에 2개는 현 교동초등학교의 교문으로 사용되다가 교동면 대룡리 출신 황찬혁 교장(1980년대 초)이 현재의 교문(校門)이 설립되면서 운동장 동쪽으로 옮겨 놓았다. 부청 건물은 삼도통어영(三道統禦營)의 부청답게 규모도 컸을 것으로 짐작되나 원청 건물은 오래전에 허물어져 원형의 자취가 없어진 지 오래되었고, 현재도 객사 터에 돌계단 20여 개가 남아 있다. 8.15해방 후에는 일제의 건축양식으로 지어진 금융조합(金融組合)이 자리하여 1960년대까지 업무를 관장하다가 이

▲ 좌: 교동현 도호부 석주, 우: 교동공립보통학교(교동초등학교) 교문으로 사용하던 도호부 석주

또한 현재 대룡리로 관공서가 이동하면서 함께 이동하였다. 이곳에 누각이 있을 당시에는 서해를 한눈에 조망할 수 있었을 것이고, 삼도통어영 본영으로서의 위엄 또한 대단하였을 것이다. 안해루와 관련된 시(詩)가 수편 전해진다.

統禦使 吳吉善의 詩

통어사 오길선[43]

承恩出守繼家聲(승은출수계가성) 은총 입어 통어사로 나가 집안 명예를 이었으니,
任重圻西水使營(임중기서수사영) 책임 무거운 근기(近畿) 지방의 수군절도사라네.
梱外風雲聽老將(곤외풍운청로장) 병영 밖의 풍운은 노장에게 듣고,
海中鐵鉞列親兵(해중철월렬친병) 바다에서 병기 들고 직접 열병(閱兵)하였네.
戰船明月魚龍靜(전선명월어룡정) 달밤에 전함이 뜨니 어룡(魚龍)마저 조용하고,

[43] 1859년 10월~1860년 4월까지 통어사(統禦使)로 있던 오길선(吳吉善)이 교동의 안해루를 제목으로 지은 누정시이다. 수군절도사의 임무를 맡은 작자는 집안의 명예를 이었다며 자부심을 갖고 있다. 그런 이유로 자신의 직분을 다하고자 병영 밖 풍운은 노장에게 듣고, 바다에서 병기 들고 직접 열병(閱兵)을 했다.

畵角寒天樹木鳴(화각한천수목명) 찬바람 피리소리에 나무도 움직이네.
吏退官閑樓上飮(이퇴관한루상음) 퇴근 후엔 누각에 올라 한 잔 마시나니,
雪晴松島夜烟生(설청송도야연생) 눈 개인 송도엔 저녁 연기 피어오르네.

將臣 李顯稷의 詩

장신 이현직

袋帶閑無事(대대한무사) 병사들은 한가로워 일이 없고,
波濤靜不流(파도정불유) 물결은 고요히 흐르지 않네.
運籌籌海屋(운주주해옥) 전략(戰略)을 세우다가 대오리[海籌] 헤아리는데,
拜手獻龍樓(배수헌용류) 절하며 누각에서 헌수(獻壽)하네.

統禦使 申從翼의 詩

통어사 신종익

大界渾無極(대계혼무극) 천지의 혼돈은 끝이 없어,
包涵不見流(포함불견류) 감싸고 흐르는 강물은 보이지 않네.
廓如靈變處(곽여영변처) 확연히 신령하게 변한 곳은,
天地一高樓(천지일고루) 천지에 하나뿐인 누각일세.

將臣 李完植의 詩

장신 이완식

遠臨滄海上(원임창해상) 멀리 푸른 바다 위를 바라보니,
遊子足風流(유자족풍류) 나그네 즐거움 넉넉하구나.
暫罷蓬瀛夢(잠파봉영몽) 잠시 신선의 꿈을 깨니,
夕陽入畵樓(석양입화루) 저녁 노을이 그림 같은 누각으로 들어오네.

그 외에도 관련 안해루(晏海樓)에 관한 시가 다수 있다: 統禦使 趙禹錫, 淵天 李鳳鍾, 將臣(水軍節度使) 鄭岐源, 將臣 白殷鎭, 兵使 徐光復, 兵使 白樂倫

椽和堂上樑文(1653년 5월, 金秉瑾), 統三樓重修記(1830년 10월 閔敵鎬)
→ 안해루(晏海樓) 아래에 있었던 연화루(椽和樓)

(1) 교동군읍지

누정(樓亭) 편에, 『안해루 [세 번째 전 무신년(1668)에 통어사 구문치(具文治)가 처음 세웠다. 73년 후인 경신년(1740)에 통어영 조호신(趙虎臣)이 증축하여 중건하였다. 동헌 남쪽 변과 맞닿아 있다], 삼문루 [안해루 앞에 있다. 지난 병신년(1836) 통어사 신소(申紹)가 중건하였고 경인년(1890)봄에 지부인 민경호(閔敬鎬)가 또 중건하였다], 추오헌 [곧 백화당이다], 팔각정[관아 북쪽의 위에 있다. 지금은 없다], 해안정 [북문 안쪽에 있다. 지금은 없다], 식파정 [진망산 아래 있다. 신묘년(1891)에 중건하였다. 어영청이다], 경량루 [남문이다. 갑신년(1894)에 중건하였다], 통삼루 [곧 동문이다. 지금은 없다], 공북루 [곧 북문이다. 지금은 없다], 노룡암 [동헌 북쪽 뜰 층계 아래쪽에 있다. 노룡암(老龍巖) 위에는 울창한 노송이 있고 아래에는 축대가 있다. 정유년(1717) 충민공 이봉상(李鳳祥)이 '노룡암(老龍巖)' 세 글자를 썼다. 그 후 57년이 지난 계사년(1774)에 그 손자 달해(達海)가 옛 사적을 짓고 돌에 새겼다. 지난 경진년(1820)에는 통어사 이규서(李奎書)가 「호로암장군호봉」 7자라 쓰고 바위에 새겼다. 신묘년(1831) 춘3월에 석대를 중축하였다], 화개서재 [화개산 남쪽에 있다. 옛날 서상서(徐尙書)가 공부하던 곳으로 지금은 그 터만 남아 있다]』고 하였다. 강화고려역사재단(http://www.ghistory.or.kr)의 역주 교동군읍지의 원문은 아래와 같다.

喬桐郡邑誌[44]: 晏海樓 [三去戊申 統禦使具文治創建 後七十三年庚申 統禦使趙虎臣增制重建 連甍在東軒南邊], 三門樓 [在晏海樓前 去丙申①年 統禦使申紹重建 庚寅春②知府閔敬鎬③重建], 秋梧軒 [卽百和堂], 八角亭 [在衙

[44] 喬桐郡邑誌에는 …庚亮樓[卽南門 甲申重建]… 경량루[남문이다. 갑신년(1894)에 중건하였다]라고 강화고려역사재단 홈페이지(http://www.ghistory.or.kr)에 기록되어 있어, 庾亮樓(유량루)가 庚亮樓(경량루)로 표기되어 있다.

北上 今無], 海岸[4]亭 [在北門內 今無], 凌波亭 [在衙庭北上 今無][5], 息波亭 [在鎭望山下 辛卯重建 卽御營[6]廳], 庚[7]亮樓 [卽南門 甲申重建], 統三樓 [卽東門 今無], 拱北樓 [卽北門 今無], 老龍巖 [在東軒北庭層階下 上有老松盤鬱, 下有築坮 丁酉年忠愍公李鳳祥題老龍巖三字其後五十七年癸巳其孫達海撰刻古蹟去庚辰年[8]統禦使李奎書題刻號路岩將軍滬鳳[9]七字 辛卯春三月[10]重築石坮], 華蓋書齋 [在花[11]蓋山南古徐尙書修藏之處 只存基址]

※ 위의 ①~⑪은 교동군읍지 원문과 다르게 표현되어 오류로 판단된다. 즉, 교동군읍지에는 ① 丙申이 아니고 丙辰이며, ② 春이 아니라 秋이고, ③ 知府閔敬鎬는 없고, ④ 海岸亭이 아니고 海山亭이며, ⑤ 능파정(凌波亭)은 없으며, ⑥ 營이 아니고 邊이며, ⑦ 庚이 아니고 庾이며, ⑧ 年이 없으며, ⑨ 호로암장군호봉(號路岩將軍滬鳳)도 잘못 썼으며(다음 쪽에서 상세히 설명), ⑩ 三月은 없으며, ⑪ 花는 華이다.

▲ 교동읍성의 관아의 마지막 모습(사진 제공: 석천 김흥기님이 1995년 촬영)

(2) 노룡암(老龍巖)

교동 향교의 내삼문 아래에 음각으로 쪼아 글씨를 생긴 평범한 돌(가로

50 cm, 세로 80 cm, 두께 15 cm)이 있는데, 원래는 충무공 이순신 장군의 5대손이자 교동부사였던 충민공 이봉상(忠愍公 李鳳祥)이 1717년(숙종 43) 읍성의 교동현 동헌(東軒) 북쪽 뜰 층계 아래 울창한 노송(老松)이 있었는데, 지대에 축단을 쌓고 암석에 '노룡암(老龍巖)' 세 글자를 낙서하듯 초서(初書)하였다. 그로부터 57년 후인 1773년(영조 49)에 이봉상의 손자 이달해(李達海)가 1774년 교동부사로 와서 조부(祖父)의 글을 발견하고 재서(再書; 撰刻古蹟去) 하였다. 교동사(1995)에 의하면 1820년 통어사 이규서(李奎書)가 「호거암장군쇄풍(虎距巖將軍灑風; 호거암 장군이 풍기를 깨끗이 하였다)」이라 음각하였다고 한다. 1831년(순조 31) 춘 3월에 거듭 석대를 증축하였고, 1987년 이곳 교동향교로 옮겼다. 노룡암의 '호거암장군쇄풍'은 아래 강화고려역사문화재단 홈페이지를 비롯하여 각종 문헌에 각기 다른 한자를 써서 혼란을 주고 있다. 아래 표의 붉은색 글자는 모두 오류를 나타낸 것이다.

> 喬桐郡邑誌: 앞 페이지에서 언급한 "강화고려역사재단"의 역주 교동군읍지의 원문은 …老龍巖[在東軒北庭層階下 上有老松盤鬱, 下有築坮 丁酉年 忠愍公李鳳祥題老龍巖三字其後五十七年癸巳其孫達海撰刻古蹟去庚辰年統禦使李奎書題刻「號路岩將軍滬鳳」七字 辛卯春三月重築石坮]…라고 하였다.

[표 6] 노룡암(老龍巖)의 표기 비교(붉은색 글자는 오류)

실제 및 문헌	년 도	호거암장군쇄풍(漢字)	비 고
노룡암(李奎書)	1820	虎距巖將軍灑風	
안내판(노룡암 번역)	1991	虎距巖將軍灑風	
교동군읍지	1899	帍距巖將軍灑風	帍는 虎의 俗字
교동군읍지 필사본	1914	帍踞岩將軍灑風	帍는 虎의 俗字
교동향토지(황인병)	1995	호거암장군려풍 (虎踞暗將軍灑風)	p. 125의 설명
교동향토지(황인병)	1995	雇距巖張軍灑豊	p. 125의 원문
강화고려역사문화재단	–	號路岩將軍滬鳳	7자 중 5자 오류

▲ 노룡암과 음각한 글자 및 번역 안내문

4. 철종잠저지(哲宗潛邸址)

조선조 25대 철종(1849~1863)은 어릴 적에 강화읍 내수골 초가집에서 아버지 전계군(全溪君)과 살았는데 조부 은언군(恩彦君)이 야소교사건으로 모함을 받아 피살되자 13살 되던 1843년(헌종 10) 3개월간 교동으로 피신하였다. 교동군읍지(1899)에는 철종의 잠저소(潛邸所)[45]가 동문 안에 있고, 철종대왕이 갑진년(1844)에 머물렀던 잠저이며, 경인년(1890) 봄에 지부 이태권(知府 李泰權)이 초가(草家)를 철거하고 새로 정당과 외문을 지었다【在東門內, 哲宗大王甲辰年潛邸之所 而去庚寅春知府李泰權 撤其草家新建正堂及外門】라고 기록되어 있다. 다시 부연설명하면, 철종이 등극하기 전 13세 때인 1844년(헌종 10) 임시로 3개월간 교동에 머물렀는데, 1890년(고종 27) 도호부사 이태권(都護府使 李泰權)이 초가집을 허물고 새로 정당과 외문을 세웠으나 지금은 터만 남아 있다는 것이다(증보강화사,

[45] 잠저(潛邸)란 정상적인 법통이 아닌 다른 방법이나 사정으로 임금으로 추대된 사람이 왕위에 오르기 전에 살던 집을 일컫는 말이다. 새로 나라를 세우거나 반정(反正)으로 임금에 추대되는 사람, 또는 후사(後嗣)가 없어 종실(宗室)에서 왕위를 잇게 하는 경우, 이들이 왕세자의 궁(宮)인 동궁(東宮)에서 살지 않았기 때문에 동궁과 구분해서 잠저(潛邸)라고 한다. 또 이를 용(龍)이 못에 잠입(潛入)해 있다가 승천(昇天: 卽位)함에 비유하여 잠룡(潛龍)이라고도 하였다. 그리고 잠저는 임금에 오른 뒤에는 대개 궁(宮)으로 승격하여 보호하였다. 철종은 교동에서 3개월간 살았으며, 강화읍에서 오랫동안 살았던 집은 용흥궁(龍興宮)으로 승격하였다.

1983; 강도지명고, 1992; 강화인물사, 1997; 강도의 맥, 1999). 1899년(광무 3) 편찬된 교동군읍지에 수록된 지도에 잠저소(潛邸所)가 표현되어 있으며, 교동사(1995)의 492쪽에 교동도호부 공해 배치도(喬桐都護府 公廨 配置圖)에 교동읍성 동문 안쪽에 철종잠저소가 표시되어 있다.

5. 부근당(扶芹堂)

부군당(府君堂), 혹은 부근당(付根堂)은 조선시대 경아전(京衙前)이나 지방 관아(官衙) 인근에 설치된 제당(祭堂) 또는 현재 서울 한강 유역에 특징적으로 나타나는 마을 제당의 명칭이다. 부군당은 붉은당, 부강전(富降殿), 부군묘(府君廟), 부근당(付根堂), 부군사(符君祠) 등으로도 쓰인다. 이 어원에 관해서는 크게 세 가지 견해가 있다. 먼저 육당 최남선(六堂 崔南善)은 태양신을 숭배한 전통에서 유래한 것으로 보았고, 김태곤(金泰坤)은 남근(男根) 봉안 풍속과 관련된 명칭으로 해석하였으며, 이능화(李能和)는 부군(府君)은 한대(漢代)에 태수(太守)를 칭한 것에서 유래한 것이라며 고을 수령이나 관리를 신(神)으로 모시는 관행에서 비롯된 것으로 보았다.

우리나라에는 예로부터 나무나 돌로 남녀 성기의 모형을 만들어 놓고 신체로 생각하여 남녀 성기 모양의 바위 또는 바위에 성기나 성교 장면을 조각한 것을 신체로 상정하여 제의를 올리는 신앙이 있다. 이를 성기신앙(性器信仰) 또는 성신앙(性信仰)이라고 한다. 이것은 한국에만 있는 것이 아니라 다른 나라에도 전해 오고 있다.

부군당은 서울에만 15개소가 있었으며, 지금도 용산구 서빙고동 등에 있는 당(堂)에서는 대개 정초에 당제(堂祭)를 지낸다. 여의도 밤섬(栗島)은 1968년 2월 10일 여의도 개발의 일환으로 폭파되어 당시 62가구 443명의 원주민은 마포구 창전동과 와우산 산 중턱으로 집단 이주되었다. 밤섬 주민들이 자신들의 섬에서 해오던 마을굿을 창전동 부군당에서 재현해 현재까지 전승하고 있다. 서울에서는 무당을 만신(萬神)이라 하며, 무당이 받드는 신에는 부군신(府君神), 군왕신(君王神), 대감신(大監神), 전내신(殿

內神)이 있으며, 또 남산 국사당(國師堂), 인왕산 칠성당(七星堂) 등은 무당이 신사(神祀)를 하는 곳이다. 부군(付君) 혹은 부근신(付根神)을 모신 신당을 부근당(付根堂)이라 한다. 부군신의 성격이 확실하지 않고, 부군당에 목제 남근(男根)을 봉안하는 풍습을 근거로 생산과 관련된 성기신앙(性器信仰)으로 이해하기도 한다.

조선왕조실록(朝鮮王朝實錄)에는 1517년(중종 12) 8월 13일 우리나라 풍속에 각 관청 안에 모두 신을 모시고 제사를 하니 이를 일컬어 부근(付根)이라 했으며, 부근당 사방 벽에 남자 성기(性器) 모양의 나무로 깎은 것을 걸어놓고 한 번 비는 비용이 크고, 미풍양속에 폐단이 생겨 문제시 되었다. 그동안 혁파(革罷)하려는 자가 없었는데, 중종 때에 이르러 사헌부가 먼저 지전(紙錢; 진짜 화폐가 아니라 돈처럼 종이를 잘라놓은 것)을 태워버리고, 각 관청에 관(關: 상급관청에서 하급관청으로 내리는 공문서)을 보내어 모두 불살라 버리고, 그 제사를 금지하도록 하니 많은 사람들이 속이 시원하다고 했다.

부군당 자체의 기록인 부군(附=붙을 부, 君=임금 군) 또는 부근(付=줄 부, 根=뿌리 근)이라 하던 것이 뒤에 '府君'(府=마을 부, 君=임금 군)으로 변한 것으로 추정된다고 한다. 증보문헌비고(增補文獻備考)에 보면 "…도하(都下) 각 관부에 으레 작은 사우(祠宇)를 두고 여기에 지전(紙錢) 등을 걸어놓고 부군이라 하여 제사를 지냈다. 새로 부임한 관원(官員)도 반드시 제사를 지냈고 법사(法司)에서도 그러했다. 조선 전기의 문신이자 학자인 어효첨(魚孝瞻, 1405~1475)이 집의(執義)가 되었을 때 하인들이 부군당에 제사 지낼 것을 아뢰자, 부군이 도대체 무슨 물건이냐 하며 지전을 불태우고 관부의 부군을 모두 없애버렸다"고 기록되어 있다. 중종 때는 이를 모두 없애버렸으나, 그 후 다시 일어나 헌종 때에도 성행하였다…고 한다.

이규경(李圭景)이 쓴 오주연문장전산고(五洲衍文長箋散稿)와 조선왕조실록 중종실록(中宗實錄)에 그 내력이 기록되어 있다. 해당 기록을 정리하면 부군의 내력에 대한 근거를 찾을 수 있다. 「오주연문장전산고」에 【淫祠中 今京師各司有神祠 名曰付根堂 訛呼府君堂一祀所費 至於累百金 或曰 付根 乃宋氏姐所接 四壁多作木莖物以掛之 甚淫褻不經 或曰 付根者 旣爲官司

▲ 읍내리에 있는 연산군 부부의 탱화가 있는 부근당

之根 而其懸木莖者 以寓人之根爲腎莖 故作莖物以象之 外邑亦祀之】라고 되어 있다. 또 「조선왕조실록 중종실록」에는 【中宗己卯 罷各司付根神祠 先是 國俗各司付根 其來已久 至是 先焚紙錢 傳關各司皆焚之 禁其祠 人多稱快】라고 기록되어 있다.

1932년에 조선총독부에서 발행한 촌산지순(村山智順, 무라야마지쥰)의 조선의 무격(朝鮮の巫覡) 부록 사진에도 부근당새물(付根堂賽物)이란 설명으로 목제 남근과 짚신 사진이 있다. 이것은 이규경(李圭景)의 기록을 실증해 주는 동시에 1930년대까지도 부군당에 남근을 바쳐졌다는 사실을 입증해 준다. 조선왕조실록 중종 12년 정축 8월 병진 조에 부근(付根)이란 명칭으로 부군당에 대한 기록이 있고, 이수광(李睟光)의 지봉유설(芝峰類說)에도 부군당에 관한 기록이 전한다. 이로 보아 부군당 신앙이 조선 중기 이전부터 문제시 되어 왔음을 알 수 있다.

강원도 삼척시 원덕읍 갈남리 신남 마을에서는 1년에 2회 남근(男根)을 해신당(海神堂) 당집 안과 신나무[神樹, 神木]에 제물로 바치고, 마을의 평안과 풍어(豊漁)를 빈다. 또 강원도 명주군 강동면 안인진리의 해랑당(海娘堂)에도 전해지고 있는데, 바다의 상징적인 성(性)은 여성이라 할 수 있다. 바다의 신이 된 마을 처녀가 성적으로 결핍된 상태에서는 그 마을 사람들이 평안과 풍요를 누릴 수 없다고 한다. 해신(海神)이 성적인 충족을 얻어야만 마을의 평안과 풍어(豊漁)를 가져다 줄 수 있어 남근을 깎아 해신에게 바치는 것이다.

교동도의 부군당은 본래 고읍(古邑)에 있었으나 교동읍의 중심이 읍내리로 바뀌면서 부군당도 같이 모셨다고 한다. 부군당은 본래는 관아에서 마을을 지켜주는 인물을 모신 곳이기에 관아가 읍내리로 이전하면서 부군당도 같이 옮기게 된 것이다. 1506년 중종반정으로 폐위되어 교동으로 유배되었던 조선 10대 왕 연산군에 대하여 교동 선조들은 읍내리 교동읍성 북성위 둑을 연산군 사지라 정하고 부근당(扶芹堂)이라는 작은 당집을 만들어 연산군과 그 부인 신씨(愼氏)의 화상으로 추정되는 탱화를 걸어 놓고 이들의 원혼을 달래기 위해 해마다 이곳에서 제를 지내고 굿을 해왔다고 한다.

그런데, 교동 부근당(喬桐 扶芹堂)은 특이하게도 扶=도울 부, 芹=미나리 근, 堂=집 당을 쓰니 관부에 두었던 사우(祠宇)와는 근본적으로 다름을 알 수 있다. 햇미나리가 나면 제일 먼저 임금께 바친다는 뜻으로 헌근지성(獻芹之誠)이라 했으며, 또한 헌근(獻芹)이라 하여 변변치 못한 미나리를 바친다는 뜻으로 "윗사람에게 물건을 선사할 때나 자기 의견을 적어 마음을 표현할 때"에 겸손하게 이르는 말로서 근(芹)이란 글자를 쓰고 있다. 교동의 선조들은 연산군 사지라 정한 이곳에 당집을 짓고 부근당(扶芹堂)이라 명명하여 '변변치 못한 도움으로 연산의 넋을 위로하는 집'으로 해석하였던 것이다.

민속학자 정연학(2008)은 부근당을 한자로 '府君堂'이라고 표기하는 것이 일반적인데 「교동도 부근당」은 한자로 '扶芹堂'이라고 표기하고 있어 '芹'을 '根'으로 잘못 표기한 것으로 여겨지며, 부근당에 미나리 '芹'자를 쓰는 것은 사례를 찾을 수 없다고 하였다. 그럼에도 불구하고 교동사랑회(http://cafe.cha.go.kr/lovegyodong: 대표 임충식)에서는 '교동의 선조(先祖)로부터 물려받은 교동만의 유일한 정서를 보전하고 후세에 올바르게 물려주기 위하여 부근당(扶芹堂)의 현판을 제작하여 주민들에게 전달하였으며, 주민들도 이를 수용하여 주민 스스로 내 고장의 문화를 가꾸고 보전키 위하여 2008년 8월 부근당(扶芹堂)에 현판을 달았다'고 한다. 부근당 안의 액

자에 걸려 있는 초상화는 민화적인 그림으로, 상단부에는 중첩한 산봉우리에 천연색 구름이 날고, 아래에는 병풍을 둘렀으며, 병풍 앞 오른쪽에는 붉은 곤룡포에 검은 신발을 신은 왕이, 왼쪽에는 초록 저고리 붉은 치마에 초록 신발을 신은 왕비가 앉아 있다. 두 손을 소매 깊숙이 넣고 앞을 뚜렷이 응시하는 모습이 어느 평범한 대갓집 금실 좋은 내외간 같은데, 왕비의 앞에는 분홍 옷을 입은 하녀가 앉아 있는 모습을 조그맣게 그려 넣었는데 이를 처녀봉공의 표현이라 말하는 이도 있으나 어쨌든 연산군을 신으로 모신 이 당집이 현 세대 훨씬 이전부터 이곳에 자리하고 있음은 국내 유일의 부근당인 것으로 이제 명실공히 교동만의 부근당(扶芹堂)으로 교동도의 유일한 정서로 보전될 것으로 믿고 있다.

현재 존재하는 그림은 15년 전 기존의 것을 보고 새로 그린 것으로 서울의 화공(畵工)이 그렸다고 한다. 그림 뒤에는 가계 매매, 소원성취, 영업대박, 결혼 등 개인의 소망을 담은 5개의 문구들이 적혀 있는데, 이는 굿을 하면서 무당들이 붙여 놓은 것이다.

부근당에는 이들 신상 이외에도 노랑저고리에 붉은 치마, 여러 한지가 걸려 있으며, 3개의 남근목이 있다. 노랑저고리와 붉은 치마는 여신에게 받치는 옷이며, 한지는 신에게 굿을 할 때 올리는 폐백이며, 남근은 기자(祈子)와 풍어를 기원하는 상징물이다. 남근에 대해 조업 중에 죽은 선원의 영혼을 달래기 위해서 걸었다는 설명과 마을의 서낭(성황, 城隍)이 여서낭인 경우에 건다고 하는데, 남근은 바다의 여신에게 바치는 신물인 셈이다. 이들 남근은 민간에게 건 것이 아니라 무속인들에 의해 건 것이다.

6. 황룡(黃龍)우물

교동현 수영이 있었던 곳으로, 황룡우물에 관한 기록은 조선왕조실록(태종 35권 18년, 1418년 3월 13일)에 남아 있다. 즉, 황룡(黃龍)이 경기 교동현 수영의 우물 가운데 나타났다. 수군첨절제사(水軍僉節制使) 윤하(尹夏)가 보고하였다. 수영(水營) 앞에 우물이 있는데, 선군(船軍) 등이 물을

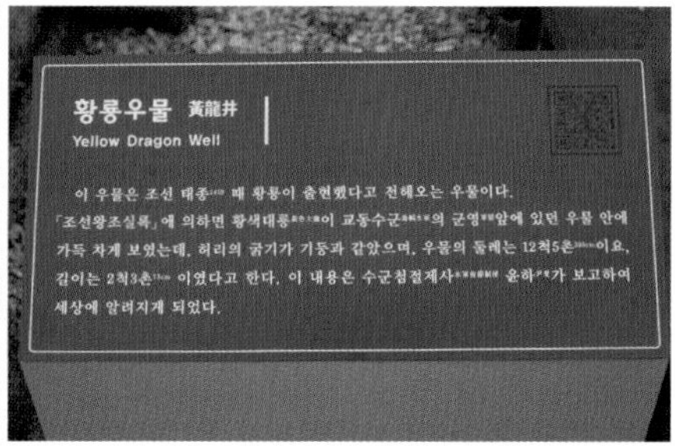

▲ 읍내리에 있는 황룡우물

긷고자 하여 우물가로 가니 황색 대룡(黃色大龍)이 우물에 가득차서 보였는데, 허리의 크기가 기둥과 같았다. 우물의 둘레가 12척 5촌이요, 길이가 2척 3촌이었다【黃龍見于京畿喬桐縣水營井中. 水軍僉節制使尹夏報曰: 水營前有井, 船軍等欲汲水就邊, 黃色大龍滿井而見, 腰大如柱, 井圓十二尺五寸, 深二尺三寸】.

용은 상상의 동물로 낙타의 머리에 사슴의 뿔, 토끼의 눈, 암소의 귀, 뱀의 몸, 개구리 배, 잉어의 비늘, 호랑이의 발바닥으로 이루어졌으며 모습을 바꿀 수 있고 자유자재로 날아다니며 비와 바람을 일으킨다고 여겨져 왔다. 이 기록은 황룡이 아니더라도 어떤 특이한 짐승이 수영의 우물에 나타난 것으로 짐작할 수 있다.

교동사(1995)의 기록에는 교동수영(喬桐水營)은 직할부대 성격인 교동양영(喬桐梁營)을 거느리고 있었는데 교동수영이 동국여지승람(東國輿地勝覽)에 월곶진(月串鎭)에 있다고 기록되어 있다. 실록에는 교동수영 안에 있는 샘물에서 황룡(黃龍)이 발견돼 수사(水使)가 임금에게 이 놀라운 사실을 보고하기에 이르렀다고 한다. 또 실록에 당시 한양에서 교동수영으로 오는 배가 정박하는 곳을 아랑포라고 기록했고, 황룡이 발견된 샘이 있는 포구의 이름이 아랑포이며, 이 아랑포에 교동수영의 직할부대인 교동양영이 있었다. 아랑포가 어디에 있는지, 지금은 그곳을 무엇이라 부르는지 안타깝게도 모른다. 지금의 봉소리, 고구리 부근인지 아니면 읍내리 일대 중 하나일 것이라 생각되는데 읍내리 쪽에 더 무게를 둘 수 있다. 이때의 우물인가는 알 수 없지만 교동수영 앞에는 옛 우물이 남아 있다(교동사, 1995).

7. 읍내리 비석군(碑石群)[46]

읍내리 교동향교와 화개사 입구에 비석군은 조선시대에 선정을 베푼 교동지역의 목민관(牧民官)인 수군절도사 겸 삼도통어사, 도호부사, 방어사 등의 영세불망비가 세워져 있다. 과거에는 이들 비석군은 교동읍성 북문 밖 영마루(일명 영말래 또는 영말루) 서쪽부터 남산포 방향 갈림길까지 세워져 있었다. 1970년대 새마을 사업이 한창일 때 교동의 지난날의 역사를 정립한다는 뜻에서 옛 교동의 관문이었던 남산포길 옆에다 이전 정립하였다가 1991년 강화군과 교동유림(喬桐儒林)이 현재의 향교 입구로 옮겼다(교동향토지, 1995). 비석은 39기의 선정비가 40개로 늘어나며 마지막 세운 선정비의 기(氣)에 실신했다는 전설같은 이야기가 있다. 비석군은 39기 대부분이 겸 부사(兼府使)의 선정비(善政碑)인데 이 가운데에는 거사대(去思臺)라는 특별한 양식의 비가 3기 포함되어 있다. 현재 읍내리 일대에는 30~40개의 선정비가 흩어져 묻혀 있거나 돌다리로 사용되고 있어 안타까움을 더하고 있다(교동향교 방형길 전교 증언, 2016.7.20).

▲ 읍내리에 있는 교동 목민관의 비석군

[46] 교동과 관련된 인물의 행적을 기리기 위하여 세운 비석들로 교동 곳곳에 흩어져 있던 비석들을 모아 놓은 것으로 송덕비(頌德碑), 선정비(善政碑) 등이 있다. 인물의 공덕을 칭송하는 송덕비에는 영세불망비(永世不忘碑), 청간선정비(淸簡善政碑), 거사비(去思碑), 만세불망비(萬歲不忘碑), 유애불망비(遺愛不忘碑), 청덕선정비(淸德善政碑) 등이 있다.

8. 조선조 현관분묘군(朝鮮朝 縣官墳墓群)

조선시대의 이름난 인물들의 무덤들이 교동에 집중되어 있다. 대사간 전사안(全思安)과 감찰 황태빈(黃泰彬)의 무덤은 지석리 염주동에 있고, 습독관 김현(金俔), 이황(李退溪)의 친구인 영릉참봉 김봉상(金鳳祥), 경산현령 김구상(金龜祥), 대사간 김난상(金鸞祥), 군위현감 김경선(金慶先), 습독관 전윤서(全允序), 습독관 전윤공(全允恭), 남부령 전거(全秬)의 무덤은 화개산 북대우동에 있고, 제흥군 고언백(高彦伯)의 무덤은 수정산에 있다. 정사공신 황경기(黃景棋), 진무공신 황후헌(黃後憲)의 무덤은 봉소리에 있고, 현감 이원춘(李元春)은 상룡리에, 상호군 박란(朴蘭)은 대룡리에, 그 외에 충신 황경례(黃景禮), 도사 안여지(安汝止), 지평 전광서(全光瑞)와 권득평(權得平)의 무덤 등도 있다.

9. 황경례공 정려(黃景禮公 旌閭)

황경례는 교동도 출신으로 1624년 이괄의 난 당시 반란군에게 잡혔으나 이에 굴하지 않고 순절한 공을 기리기 위해 세워진 정려(旌閭)이다. 그는 무관으로 선전관(宣傳官)을 겸하였는데 이괄이 반란[47]을 일으키자 군사를 데리고 경기감사 이서(京畿監司 李曙)가 진을 치고 있는 김천저탄(金川猪灘)에 갔으나 이미 관군은 패주하였고, 청석령(靑石嶺)에서 적군에게 잡혔으나 굴하지 않으니 두 팔을 잘리면서도 의연하게 순절하였다(증보강화사, 1983). 1635년(인조 13) 12월 8일 교동의 유학 황홍(幼學 黃泓)이 왕

---

[47] 이괄의 난(李适의 亂): 1623년 서인 김류(金瑬), 이귀(李貴), 이괄(李适) 등이 반정을 일으켜 광해군을 폐출하고, 반정에 성공한 뒤 서궁(西宮)에 유폐되어 있던 인목대비(仁穆大妃)의 윤허를 받아 인조가 왕위에 추대되어 경운궁에서 즉위했다. 반정공신들에 대한 논공행상에서 도감대장(都監大將) 이수일(李守一)을 내응(內應)의 공이 있다 하여 공조판서로 임명했다. 그러나 이괄은 2등에 녹공해 한성판윤, 이어 도원수 장만(張晩) 휘하의 부원수 겸 평안병사로 임명했다. 이에 이괄은 불만을 품고 1624년(인조 2) 난을 일으켰다. 이괄의 군세가 자못 강해 서울이 점령되자, 인조는 공주(公州)까지 남천(南遷)했다. 그 뒤 도원수 장만이 이끄는 관군이 이괄을 격파한 뒤 환도했다.

▲ 충신 황경례 정려 실적비

에게 진언하여 관작과 정문(旌門)을 하사받았다(조선왕조실록 인조실록 13년 12월 8일). 정려는 근세에 지은 시멘트 블록 건물 내에 모셔져 있다. 정려문의 크기는 전체 높이 190 cm, 폭 148 cm, 현판의 폭 132 cm, 높이 34 cm이며, 현판에는 【忠臣保功將軍武臣兼宣傳官贈兵曹參議黃景禮之門 上之十二年十一月日命旌閭】이라고 기록되어 있다. 또한 정려(旌閭) 앞에는 1989년 그의 후손들이 세운 【忠臣黃景禮公旌閭實積碑】가 있어 후손들이 관리하고 있다(강화현판집, 2005).

10. 전순필(全舜弼, 1514~1581)

본관이 안동(安東), 자가 성유(聖兪), 호가 동오(東塢)이다. 윤서(允序)의 손자이며 연(璉)의 아들로 1514년(중종 9)에 태어났다. 어려서부터 문자에 통달하여 기동(奇童)으로 불리웠고, 1546년 생원시에 합격하였다. 1549년에 문과에 급제하여 이후 성균관 박사, 사간원 정언(司諫院 正言), 사헌부 장령(司憲府 掌令), 사간원 사간(司諫院 司諫), 홍문관 수찬(弘文館 修撰), 군자감정(軍資監正), 의정부 사인(議政府 舍人), 홍문관 응교(弘文館 應教), 시강원 보덕(侍講院 輔德), 사복시정(司僕寺正) 등을 지내고 1563년부터 약 3년간 강화부사(江華府使)를 지내다 성주목사(星州牧使)로 전임한 뒤 그곳에서 죽었다.

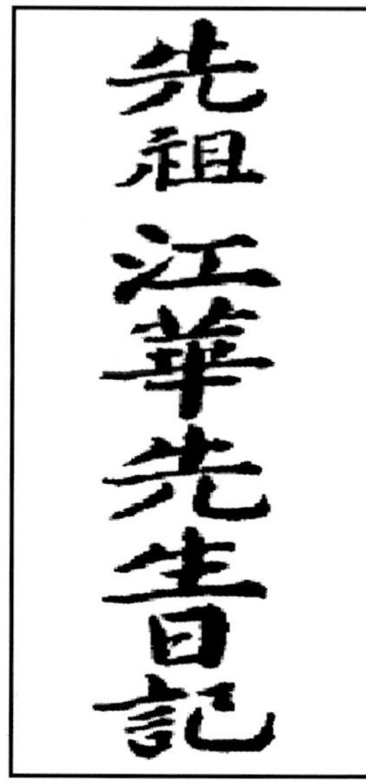

전순필은 임진왜란 이전인 선조(宣祖) 초반의 지방관의 일기로서 「선조강화선생일기(先祖江華先生日記)」를 남겼으며, 내용은 만년에 강화부사를 역임하면서 기록한 것이다. 일기는 1577년 1월부터 1580년 5월까지(40개월 15일간)의 기록이며, 이때 전순필의 나이는 61~64세였다. 일기장의 크기는 세로 29 cm×가로 16 cm로 총 236장에 달한다. 상·하권이 분책되어 있는데 상권은 128장이고, 하권이 88장이다.

다만, 전순필이 이 기간에만 일기를 작성한 것인지 현존하는 것이 이것뿐인지는 확인할 수 없고, 이 일기를 통하여 조선 중기의 개인의 생활사뿐만 아니라 강화를 비롯한 경기 일원의 지방사 연구에 상당한 도움을 줄 것으로 기대된다(이성임, 2000).

11. 고언백(高彦伯, ?~1609)

본관은 제주(濟州)이며, 교동(喬桐)의 향리로서 18세에 무과에 급제하였고, 군관(軍官)과 변방의 장수를 역임하였다. 1592년 7월 25일 양주목사로 부임하여 1593년 6월까지 재직하면서 4차례의 전투를 수행하였는데, 유명한 전쟁지역으로는 불암산 일대의 노원평 지역이다. 전쟁이 끝난 후 1504년(선조 37) 선무공신(宣武功臣) 3등에 책록되고, 효충장의(效忠仗義)의 공신호를 받았으며, 제흥군(濟興君)에 봉해졌다.

그러나, 광해군이 등극한 후 고언백이 1599년(선조 32) 경기방어사가 되었을 때 임해군에게 한 번 가서 인사를 한 일이 있었고, 임해군이 사람을 보내 자신에게 환도를 구해달라고 요청했지만 들어주지 않았다. 1609년

이 일로 물고(物故)[48]를 당해 억울한 죽음을 당했으며, 인조(仁祖) 때 신원(伸寃)되어 병조판서(兵曹判書)에 추증되었다.

조선왕조실록(宣祖 33卷)【高彦伯, 喬桐鄕吏, 加高彦伯資爲嘉義. 彦伯喬桐鄕吏也 善弓馬, 遇賊, 忘才奮擊. 以功爲楊州牧使兼京畿防禦使, 未嘗成陳對戰, 之東之西, 使賊不知其所在. 又善探賊勢, 或夜驚, 或狙擊於林藪, 身先士卒, 發無不中. 前後獻馘首, 不知其幾, 賊甚憚之】. 이를 풀이하면 고언백은 교동의 향리였다. 고언백에게 가의(嘉義)를 가자(加資)하였다. 궁마(弓馬)를 잘 다루었는데 적을 만나면 몸을 돌보지 않고 분격(奮擊)하였다. 공(功)으로써 양주목사겸경기방어사(楊州牧使兼京畿防禦使)가 되었는데, 진(陣)을 쳐 대전(對戰)한 적은 없고 동에서 번쩍 서에서 번쩍하여 적으로 하여금 그가 있는 곳을 알지 못하게 하였다. 또 적의 형세를 잘 염탐하여 혹 야경(夜驚)도 하고 혹은 숲 속에서 저격하였는데 자신이 사졸(士卒)들보다 앞서서 싸웠으며 그가 쏜 화살은 적중하지 않는 것이 없었다. 전후하여 헌괵(獻馘)한 것이 얼마인지 모를 정도로 많았으므로 적들이 매우 두려워하였다.

◀ 서울특별시 노원구 당현천에는 임진왜란 당시 노원평야 전투를 승리로 이끈 의병장 고언백 장군과 수락산 중턱에 기거했던 매월당 김시습 등 10명 내외의 인물을 벽면에 환조와 부조 형식으로 조성했으며, 당현천에는 임진왜란 당시 노원평야 전투를 승리로 이끈 의병장 고언백 장군의 활 쏘는 모습을 형상화 함(정춘표 작, 2009).

[48] 물고(物故)란, 심문 → 자백 → 조율(照律) → 처형이라는 정해진 절차에 따라 형벌을 받고 죽는 정형(正刑)이 아니라 그 중간에 고문을 받고 죽는 것을 말하는데, 정형에 비해 실형(失刑)이라고 부른다.

12. 방찬현(方瓚鉉, 1853~1914)

방찬현은 온양 방씨(溫陽方氏)로 조부 때부터 가산(家産)이 여유롭지 않은 처지에서 근면하게 치산(治産)하여 궁색을 면할 정도로 근검절약하였으며, 남의 어려운 사정을 보면 인색하지 않게 도움을 주는 성품이었다(강화사, 1994; cafe.daum.net/lovegyodong, 교동의 변천사-교동의 근세인명록). 1905년(고종 42) 교동에 큰 흉년이 들자 주민이 굶주림을 견디지 못하여 남부여대(男負女戴)하고 분산될 지경에 이르렀다. 방찬현은 그 광경을 그냥 두고 볼 수 없어 창고에 있는 곡식을 모두 꺼내어 어려운 이들을 구하고, 집이 황폐된 이에게 집을 지을 짚을 나누어 주어 개초하게끔 도와주었다. 동리 사람들은 효칭일향혜급사린(孝稱一鄕惠及四隣)이라는 비문을 써서 세웠다(증보강화사, 1994). 나라에서도 그의 자선을 가상히 여겨 통정대부돈녕도정(通政大夫敦寧都正)을 제수하여 그의 장거를 치상하였다(교동향교지, 1987; 강화인물사, 1997; 인천의 인물, 2002). 교동 동산리에 비각과 전도정방공찬현영세불망비(前都正方公纘鉉永世不忘碑)가 세워져 있다(교동향토지, 1995). 교동군읍지(1899)와 교동사(1995)에는 방찬현은 부모에 효도를 다하고 남에게 시혜를 베풀어 선행록(善行)과

▲ 동산리에 있는 도정 방찬현 영세불망비

효행록(孝行)에 모두 기록되었다고 기술되어 있다【方纘鉉 克孝於親, 博施於人, 錄之善孝行】.

13. 박기완(朴基完, 1848~1935)

박기완은 무안 박씨로 5대조(萬英)부터 교동에서 살았으며, 집이 부유하여 흉년이나 춘궁기에는 반드시 어려운 사람들을 구제하였기에 이웃 사람들이 비(碑)와 비각(碑閣)을 세워 그 덕을 칭송하였다고 한다(증보강화사, 1994; 교동향토지, 1995; cafe.daum.net/lovegyodong, 교동의 변천사-교동의 근세 인명록). 1901년 신축년에 발생한 대기근 시에 여러 척의 배를 가지고 호남으로 가서 양곡 3500가마를 사다가 조정에 헌납하였고, 그 공덕을 인정받아 조정으로부터 종2품 가선대부 오위장 당상관의 벼슬을 비롯한 공덕비(功德碑)와 비각을 하사받았다고 한다(www.holylot.com/zboard).

이 공덕비는 법장이(法杖이, 교동에서는 법제이) 고개에 세웠으며, 상룡리 이석범 장로(81세)는 초등학교 입학 전후에 그곳에서 놀았다고 회고하고 있다. 당시에는 비각(碑閣) 주변이 산림으로 우거져 있었으나 전쟁 시에 땔감 부족과 피난민들의 거처용으로 대부분 남벌로 황폐화되어 비석과

▲ 좌: 비각의 4개 기단석은 촬영할 수 있었으나, 우: '비석'으로 추측되는 직사각형 돌은 다리로 사용할 때 오랜 세월 물에 마모되어 글자가 없다고 하며 사진은 박은재 권사가 제공

비각만 남게 되었으며, 1952년 비각 관리의 어려움과 일부 주민들의 정서를 고려하여 며느리 송밀례(宋密禮, 혹은 송메례)는 모두 철거하여 같은 장소에 묻었다. 어떤 연유인지 현재로서는 확인할 수 없지만 비석은 개울을 건널 수 있는 다리로 사용되었으며(박은재 권사도 동의), 나중에 후손들이 비석과 비각 기단석(基壇石)을 발굴하였다. 최근까지 기단석 4개(위의 사진 왼쪽)와 비석(위의 사진 오른쪽 가운데)을 박씨 문중에서 관리하였으나 현재는 다른 집안 정원에 방치되어 있다.

14. 송암 박두성(松庵 朴斗星, 1888~1963)

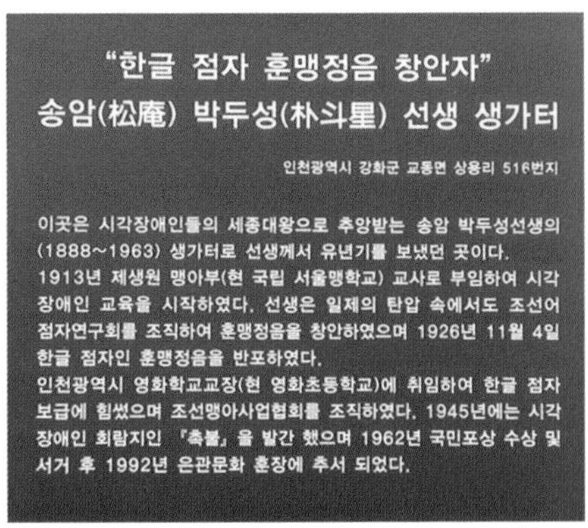

송암 박두성(松庵 朴斗星 1888. 4.26~1963.8.25)은 경기도 강화군 교동면 상룡리 516번지에서 교동교회의 신실한 믿음으로 살던 박기만(朴己滿) 씨의 6남 3녀 중 맏아들로 출생하였다. 본관은 무안(務安)이며, 초명은 두현(斗鉉)으로 불렸으나, 호적에는 두성으로 기재되었고, 가업은 농업이었다. 선조들은 경기도 양평군 지평에 살았고 7대조가 교동도에 이주하여 살아온 관계로 박두성은 이곳에서 태어났다. 어려서는 서당에서 한학을 수학하고, 8세가 되던 1895년 강화도 보창학교[1872년 진위대 참령(鎭衛隊 參領) 성재 이동휘(誠齋 李東輝) 설립]에 입학하여 4년간 신학문(新學文)을 수학하였다.

박두성은 보창학교 졸업 후 12세부터 고향에서 농사일을 하던 중 14세인 1901년(신축년) 극심한 한발(旱魃)로 흉년이 들어 살길이 막연하였다. 정부에서는 방곡령을 반포하고 10월 혜미원을 설치하였으며 안남미를 수입하여 민생고를 해결하고자 했으나 섬지역인 교동에는 혜택이 돌아오지 않았다. 초근목피(草根木皮)로 연명하며 풀먹인 옷깃이라도 씹어 곡기를 때워야 하는 절박함을 당하여, 박두성은 외국에 나가 공부를 하면서 돈을 벌겠다는 생각으로 가족 몰래 가출하여 인천을 통하여 일본 상선을 타고 오사카(大阪)로 갔다. 이곳에서 일본인의 점원생활을 2개월간 하였으나 눈병을 앓고 장남이라는 책임감으로 귀국하였다. 성재 이동휘의 권유에 따라 한성사범학교(1895년 설립된 소학교 교원 양성소)에 입학하여, 1906년 한성사범학교를 졸업하고 서울 어의동 보통학교(현 효제초등학교) 교사로 근무하다가 25세인 1913년에 조선총독부 제생원(濟生院) 내에 맹아부(盲啞部) 교사로 발령받으면서 맹아교육에 발을 들여놓게 되었다(문화관광부, 2002; 인물로 보는 인천사, 2013).

그는 당시의 맹인교육이 일본어 점자로만 이루어진 것에 불만을 갖고 1920년부터 본격적으로 한글 점자연구에 착수하였고, 1923년에는 비밀리에 '조선어점자연구위원회'를 조직하는 등 7년간의 연구를 거쳐 결국 1926년 '훈맹정음(訓盲正音)'이라 불리는 한글점자를 완성하였다. 그는 일제의 검인정교과서 탄압에도 불구하고 이 한글점자로 조선어독본(朝鮮語讀本)을 출간하였으며 이로부터 맹인들에게도 민족의식이 더욱 고취되었다. 또한 1931년 12월 12일부터 1932년 1월 8일까지 제3대 교장으로 취임하였으며(국립맹학교 역대 교장, www.bl.sc.kr), 이때부터 성경의 점자원판(點字原板) 제작에 착수하여 1941년에 점자로 된 「신약성서」를 완성하니, 그는 교육자이면서 동시에 신앙인으로서 대한민국의 맹인들에게 꼭 필요한 선물을 준 사람이었다. 1935년 제생원을 정년퇴직하고, 1936년 인천 영화학교 교장으로 취임하여 한글점자 보급과 보완에 힘썼으며, 그의 애국적인 신앙의 삶은 계속되었다. 1950년 6.25 전쟁으로 '신약점자아연판'이 소실되는 뜻밖의 서글픈 일을 당했지만 낙심하지 않고 다시 제작에 착수하여 1957년 마침내 「성경전서」의 점역(點譯)을 완성하는 쾌거를 이룩하였다. "배우지 않으면 마음조차 암흑이 될테니 배워야 한다."고 강조하면서 시각장애인들을 위해 빛을 선물한 맹인의 아버지 송암 박두성이다. 그는 마지막 숨을 거두는 순간까지도 "점자책은 점자가 상하니까 눕혀 놓지 말고 반드시 세워놓아라" 라는 말을 남겼을 정도로 시각장애인 들을 위해 섬세한 사랑과 정성을 쏟았다. 송암 박두성 선생이 있었기에 시각장애인들이 오늘날 사회구성원으로 함께 어울려 살아갈 수 있게 되었음은 두말할 필요가 없다.

강화도의 작은 섬 교동도에서 문화창달(文化暢達)에 빛나는 한글점자 훈맹정음 창시자 송암 박두성이 탄생되었으며, 시각장애인들로부터 「제2의 세종대왕」이라는 칭송을 듣게 되었다. 마침내 10월 9일은 한글날, 11월 4일은 한글점자의 날로 지정돼 시각 장애인들의 권리와 점자의 소중함을 느끼게 되었다.

송암 박두성 선생의 업적은 조선어점자연구위원회를 통하여 한글점자 보급, 시각장애인을 위한 주간 회람지 '촉불' 발행, 그리고 성경, 명심보감, 각종 의학서적 등 76점을 점역하여 보급하였으며, 이러한 공로로 국민포장(1962년), 은관문화훈장(1992년), 2002년 4월의 문화인물로 선정되었다(문화관광부, 2002). 한편 1965년 8월 20일 전국 맹인동지와 사회유지들이 뜻을 모아 「송암 박두성 선생 한글점자 창안 기념비」가 서울특별시 종로구 신교동 국립맹학교 정문 안쪽 오른쪽에 세워져 있으며, 송암 박두성의 인천 율목동 자택에는 「점자 찬양 기념비」가 세워져 있다. 또한 1999년 7월 1일에는 인천광역시 남구 한나루로 357번길 105-19(옛 번지: 학익동 709-1)에 「송암 박두성 기념관」이 개관되었으며, 1층 입구에 흉상이 있다.

◀ 좌: 문화관광부 한국문화예술진흥원: 문화인물(2002년 4월호 표지), 우: 국립맹학교에 있는 박두성 선생 한글점자창안기념비

제5부

교동의 수자원

1. 용천수(湧泉水)

앞에서 언급한 바와 같이 화개산 남쪽 기슭에는 두 개의 샘, 문정(文井)과 무정(武井)이 있었다고 한다. "오래전에 엄청난 물이 솟구쳐 나오던 샘" 또는 "물이 고여 있던 못"이었다는 얘기가 있다. 강도의 민담과 전설(강화문화원, 1994)에 따르면, "여기서 엄청난 물이 솟아 나왔는데, 바다 건너 삼산면(席毛島)의 임신한 아낙네들이 달밤에 허옇게 솟구치는 물줄기를 보고 놀라 낙태(落胎)하는 일이 많았다고 한다.

교동도 주변에는 실제로 이처럼 물이 솟는 용천지대(湧泉地帶)가 발달해 있다고 한다. "교동은 물 위에 뜬 섬"이라거나, "황해도 쪽에서 흘러온 수맥이 교동에서 터진다"거나, "어디든 파면 온천이 솟을 것"이라는 이야기도 흘러 다닌다. 교동도 수자원(水資源)에 대하여 교동도와 미법도(彌法島) 사이 바다 밑에도 엄청나게 물이 솟는 장소가 실제로 있다고 말했다(교동문화보존위원회 한기출 위원장). "바닷물이 만조와 간조 사이 시간대에 잠잠해지는데, 그 장소만 물살이 심하게 요동친다. 실제로 그곳을 지나던 작은 배가 갑자기 뒤집힌 적도 있었다." 교동문화보존 한기출 위원장은 교동도에서 20대째 조상 대대로 터를 잡아 살아오고 있는 교동 토박이다. 그는 "물 부족에 대비하여 그 바다 밑에서 솟는 물을 끌어다 농업용수로 쓸 계획을 세운 적도 있었다"고 말했다.

2. 달우물과 온천

달우물은 상룡리(上龍里) 용정(龍井) 부락에 있으며, 교동 사람들은 다룸멀 또는 다릿멀이라고도 한다(교동향토지, 1995). 용정마을 또는 월정동(月井洞)에 있는 달우물은 물맛이 좋고, 달이 뜨면 달빛이 우물에 비쳐서 매우 아름다웠다고 한다(교동향토지, 1995; 교동사, 1995). 달우물 약수터는 그 물맛 때문에 사람들의 발길이 끊이지 않았는데, 지금은 참나무 말뚝과 그물망으로 경계하여 접근조차 할 수 없으며, 우물 안에는 호스

(管)를 연결하여 물을 이용하는지 옛날의 아름다운 우물은 외형만 있을 뿐이다.

교동교회 바로 맞은편에 「마라 쓴물 온천장」이 있다. 교동교회 박모 권사가 1991년 양어장을 만들 계획으로 시추했던 곳에서 뜨거운 온천이 쏟아져 나왔고, 그 물이 신경통과 관절염 환자에 효험이 있다는 것이 밝혀져 온천장으로 개발했다. 처음에는 「베데스다 온천」이라고 명명했으나 그 물 맛이 짜고 써서 출애굽기에 나오는 '마라의 쓴물'(출애굽기 15:23)이라는 명칭을 1994년부터 사용했다.

▲ 달우물 (사진제공: 박은재 권사)

달우물 온천은 5대째 대를 이어 이 마을에 살던 한 양식업자가 농어 양식에 쓸 용수를 얻으려고 시추작업을 하다가 30°C나 되는 뜨거운 물벼락을 맞은 사건이 계기가 돼 발견되었다. 검사 결과 알카리성 염화물질을 비롯해 칼슘과 칼륨 등이 다량 함유된 수질로 다른 온천수와는 비교할 수 없을 만큼 뛰어난 살균력을 지닌 것으로 밝혀졌고, 인근에 소문이 퍼지면서 기적의 물로 불리기 시작했다. 이후 소문을 듣고 찾아드는 병자들의 발길이 끊이지 않자 교동도 월선항에서 온천까지 왕복하는 시내버스도 생겼다. 식수로 적합한지 여부는 아직 밝혀지지 않았으나 다른 온천수와는 비교할 수 없을 만큼 뛰어난 살균력과 위장병에 효험이 있는 것으로 유명하다. '마라 쓴물 온천장'은 2000년 강화본도의 하점면 창후리로 옮겨갔다. 교통이 불편하고 밀려오는 손님을 감당하기에는 이곳의 시설이 너무 열악해서 창후리에 현대적 시설의 온천장을 새로 만든 것이다. 현재 교동도에 있는 원래 '마라 쓴물 온천장'은 영업을 하지 않고 있으며, 하루 한 번씩 물만 길어 강화본도로 나르고 있다.

3. 교동도 약수(喬桐島 藥水)

교동도에는 수많은 약수터가 있는데, 교동향교지(1987)에는 화개약천(華蓋藥泉), 수정약수(水晶藥水), 성전약수(聖殿藥水) 등 3곳을 소개하였고, 교동사(1995)에서는 이 3곳과 안양사터약수(安養寺址藥水), 선월산약수(璇月山藥水), 냉정약수(冷井藥水)를 추가하여 소개하고 있다. 따라서 교동의 약천으로 알려진 6곳으로 간략히 소개한다.

1) 화개산 산성약수

화개산성 안에 있는 이 약수는 바위틈에서 용출하며 소화불량증과 안질(眼疾)에 효험이 있는 것으로 알려져 있으며, 물맛이 달(甘)다.

2) 성전약수

수원(水源)은 화개산 서쪽 정상으로 물줄기가 교동향교 대성전 밑을 관통하며, 위장병에 특효가 있다고 알려져 있으며, 향교 유생들이 음용하였다고 한다.

▲ 좌: 화개산에 있는 화개약수, 중: 교동향교 내 성전약수, 우: 수정산약수

3) 수정약수

수정산 서쪽 정상에 있으며 수량은 많지 않으나 바위틈에서 흘러 나온다. 이 물로 목욕을 하면 피부병에 좋다고 한다.

4) 안양사지약수

화개산 남쪽 안양사터에 있는 이 약수는 수량이 풍부하고 물맛이 좋기로 유명하다.

5) 선월산약수

무학리 선월산에 있는 약수로 수질이 좋고 물맛이 좋다.

6) 냉정약수

화개산 서쪽 정상에 있는 이 약수는 피부병에 효험이 있다 하여 단오(端午)날에는 인근 주민들이 구름처럼 모여든다.

4. 교동도 저수지(喬桐島 貯水池)

1) 고구저수지(古龜貯水池)

예전에 교동의 농지는 대부분 천수답(天水畓)으로 한발(旱魃)에 의해 영향을 받아 저수지의 필요성이 제기되었다. 황인병(黃寅柄)은 춘천사범학교를 졸업한 후 교동국민학교에 부임하여 교감으로서 대저수지 축조에 대한 계획을 세우고, 개인 소유 농지가 수몰됨에 따라 강한 반대를 무릅쓰고 일일이 설득하고 매수하여 교동을 전천후농지(全天候農地)로 탈바꿈하는데 크게 기여하였다(교동향교지, 1987).

고구저수지는 농업용수 공급을 위하여 1969년 12월 12일 착공하여 1976

년 12월 31일 준공하였으며, 연장 809 m의 토제(土堤), 높이 11.9 m, 폭 4 m, 총 저수량은 2,835 m^3 (만수 면적 88.59 ha)이다(농어촌기반공사 교동지소 자료, 2015년 1월 1일 기준). 총 공사비 4억 3천 7백만 원을 투입한 것으로 알려져 있으며, 만수 면적은 약 266,000평, 저수량 284만 톤이다. 이 저수지는 기원은 원래 화개산 북쪽 기슭에 큰 연못이 있었고, 연못을 가르는 도로가 있었지만 물길이 있어 물은 위에서 아래로 통할 수 있었다.

2014년부터 2015년까지 사상 유래가 없는 123년 만에 가뭄으로 난정저수지와 함께 저수량이 바닥을 완전히 드러내놓고 있어 교동의 농사를 어렵게 하고 있다. 급기야 2014년 7월 19일에는 화개산 정상에서 「가뭄 해갈을 위한 기우제」를 기관단체장, 이장단, 담당군의원, 면사무소 직원 30여명이 참석하여 제사를 지내기도 하였다(강화군 백서, 2015).

2015년 12월 고구저수지의 저수율이 1%에 불과하였으나 극심한 가뭄대책으로 시행된 농어촌기반공사 강화지사에서는 국비와 지자체의 도움을 받아 농업용수를 공급하기로 하고, 김포지사가 관할하고 있는 신곡양수장에서 임시관로(총 길이는 송수관로 19.9 km (강관 3.0 km, 고압호수 16.9 km), 복합노선이 54 km)로 하루 용수량 36,000톤의 한강물을 끌어와 현재 평년 저수율을 확보하고 있다.

▲ 좌: 2015년 갈수기의 고구저수지, 우: 2014년 3월 만수시의 고구저수지

2) 난정저수지(蘭井貯水池)

무학지구 농업용수 개발을 위하여 1991년 12월 착공하여 2006년 12

월 20일 준공하여 약 15년의 긴 역사 속에 완성된 저수지이다. 사업면적 1,070 ha이며, 연장 3,270 m, 높이 7.7 m, 폭 4 m, 총 저수량은 6,215 m^3 (만수 면적 121 ha)이다(농어촌기반공사 교동지소 자료, 2015년 1월 1일 기준). 총 공사비는 국비 473억 9천 9백만 원이 사용되었으며, 총 용수로 및 배수로의 길이는 45.09 km이다. 고구저수지의 만수위 저수량 284만 톤과 비교하면 2배가 훨씬 넘는 월등한 규모이다. 저수지의 설계 및 시행은 한국농촌공사에서, 시공은 극동건설(주)이 담당하였다. 2014년부터 2015년까지 지속된 충청남도 및 경기도의 가뭄으로 저수량이 바닥을 드러내놓고 있었다.

▲ 좌: 2015년 갈수기의 난정저수지, 우: 2016년 6월 현재의 난정저수지

제6부

교육과 종교

1. 교동향교(喬桐鄕校)

교동향교는 1127년(인종 5) 우리나라에서 가장 처음으로 화개산 북쪽 기슭에 창건되었다(신편강화사 下, 2003). 그 후 1286년 고려 충렬왕 때 유학제거(儒學提擧) 안향(安珦, 초명 安裕, 1243~1306년) 선생이 원나라에 사신으로 갔다 돌아오는 길에 공자상(孔子像)을 모셔와 봉안하였다. 그리고 박사 김문정(博士 金文鼎) 등을 중국에 보내 성철(聖哲) 화상 10점과 제기 등을 구해 서해로부터 모셔와 남산포로 상륙하여 이 향교에 봉안(奉安)하였으므로 교동문묘(喬桐文廟)가 우리나라의 문묘의 으뜸이라고 한다(증보강화사, 1983; 교동향교지, 1987). 이 내용의 원문은 「高麗時文宣王及弟子像畵自元陪奉由海到本邑草刱(비롯창)本廟奉安後京都及各邑設廟東史地誌特書喬桐華蓋山下松林間由公子廟者卽由是也本校爲東方首校明矣」이다. 원래 화개산 북쪽(본래는 고구리 향교골, 일명 생깃골)에 있던 것을 1741년(영조 17년) 도호부사 조호신(都護府使 趙虎臣)이 현재의 곳으로 옮겼다(강도의 맥, 1999; 이형구, 2000). 교동군읍지(1899)에 「三去辛酉知府趙虎臣自華蓋山北移設郡北華蓋山南」, 즉, 1741년에 부사 조호신이 화개산 북쪽에서 옮겨와 군(郡)의 북쪽에 있는 화개산의 남쪽에 설치하였다 라고 기록되어 있다.

건물은 대성전(大成殿)이 맨 위에 있고, 좌우에 각각 동무(東廡)와 서무(西廡) 그리고 내삼문(內三門)이 있으며, 유림들의 강론장인 명륜당(明倫堂)과 유생들의 숙소인 동재(東齋)와 서재(西齋), 제기고(祭器庫) 그리고 앞쪽에 외삼문이 있다(그림 참고).

배향인물은 대성전에는 당나라 현종이 공자(孔子)에 내린 시호인 문선왕(文宣王)의 위패(位牌)가 초상(肖像) 아래 자리 잡고, 좌우로 중국의 4성현(聖賢)인 안자(顔子), 증자(曾子), 자사(子思), 맹자(孟子)가 모셔져 있다. 그리고 1948년 이전까지 공문 10철(哲)과 송조(宋朝) 6현(賢) 등 16현을 배향하였는데, 동종향(東從享)에는 민손(閔損), 단목사(端木賜), 중유(仲由), 복상(卜商), 주돈이(周敦頤), 정이(程頤), 장재(張載)의 8위를 배향했고, 서종향(西從享)에는 염경(冉耕), 재여(宰予), 염구(冉求), 언언(言偃),

전손사(顓孫師), 정호(程顥), 소옹(邵雍), 주희(朱熹)의 8위를 배향했다. 그러나 1948년 전국유림대표회의에서 모화사상(慕華思想)을 축소하자는 주장이 제기되어 배향위판 가운데 정이(程頤)와 주희(朱熹)를 제외하고 14위는 폐위하였다(신편강화사 中, 2003). 신라, 고려, 조선시대의 동국 18현(賢)의 위패가 봉안되어 있다. 즉, 동무(東廡)에 설총(薛聰), 안유(安裕), 김굉필(金宏弼), 조광조(趙光祖), 이황(李滉), 이이(李珥), 김장생(金長生), 김집(金集), 송준길(宋浚吉) 등 9현, 서무(西廡)에 최치원(崔致遠), 정몽주(鄭夢周), 정여창(丁汝昌), 이언적(李彦迪), 김인후(金麟厚), 성혼(成渾), 조헌(趙憲), 송시열(宋時烈), 박세채(朴世采) 등 9현(賢)을 봉안 배향하고 있다. 따라서 교동향교는 문선왕 공자, 4성현, 송조 2위, 동국 18현 등 총 25위를 배향하고 있다(그림 참고).

참고적으로 배향 규모는 3가지로 구분하는데, (1) 대설위(大設位)는 성균관(成均館) 또는 관찰사 주재 향교에서는 133위를 배향하고, (2) 중설위(中設位)는 부(府), 목(牧), 도호부(都護府)의 향교에서는 39위를 배향하며, (3) 소설위(小設位)는 군(郡), 현(縣)의 향교에서는 27위를 배향하고 있다.

교동향교건물배치도 (喬桐鄉校建物配置圖)

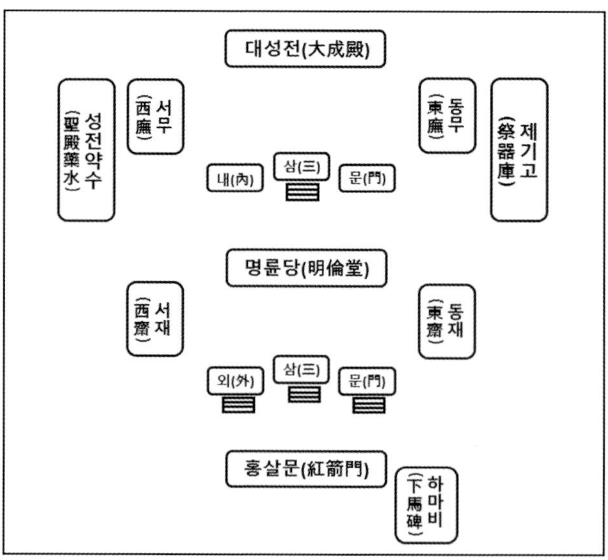

대성전에서 석전(釋典)은 춘추(음력 2월, 음력 8월) 2회 지내며, 매월 음력 초하루와 보름에는 전교(典校), 유림들이 모여 분향을 한다. 교동향교 왼편의 성전약수가 있는데 마시면 학문에 더욱 정진케 된다는 말이 있다.

대부분의 향교 하마비(下馬碑)에는 '대소인원계하마(大小人員皆下馬)' 즉, 대소인원 모두 말에서 내리라고 적혀 있는데, 교동향교 하마비(下馬碑)에는 '수령변장하마비(守令邊將下馬碑)'라고 적혀 있다. 즉, 지위가 높으나 낮으나 모두 공자를 모신 사당인 향교 입구에서 말에서 내리라는 뜻으로 교동도에서 높은 사람은 수령과 변장(군사의 우두머리)이니까 둘을 꼭 찍어서 이렇게 적지 않았나 추측된다.

▲ 교동향교의 외삼문

▲ 교동향교 대성전에 모셔진 공자상

1) 대성전(大成典)

대성전에는 공자의 위패를 비롯하여 4성과 우리나라 18현의 위패를 모셔진 곳으로 문묘기능을 담당하는 공간이다. 문묘란 원래 문선왕묘의 줄임말이다. 그리고 문선왕은 곧 공자를 지칭한다. 따라서 향교건축에서는 가

교동향교 대성전 설위도(設位圖)

〈서종향 10위〉		문선왕 孔子		〈동종향 10위〉
(東國 9賢)				(東國 9賢)
문창후 최치원 崔致遠	성국종성공 증자(曾子)		연국복성공 안자(晏子)	홍유후 설 총 薛聰
문충공 정몽주 鄭夢周		(4聖)		문성공 안 유 安裕
문헌공 정여창 丁汝昌	추국아성공 맹자(孟子)		기국술성공 자사(子思)	문경공 김굉필 金宏弼
문원공 이언적 李彦迪				문정공 조광조 趙光祖
문정공 김인후 金麟厚				문순공 이 황 李滉
문간공 성 혼 成渾				문성공 이 이 李珥
문열공 조 헌 趙憲				문원공 김장생 金長生
문정공 송시열 宋時烈				문경공 김 집 金集
문순공 박세채 朴世采				문정공 송준길 宋浚吉
예국공 정호(程頤)		(宋朝 2賢)		휘국공 주희(朱熹)

장 권위가 있는 건물이다. 보통 문묘를 설치하지 않으면 향교로서 인정하지 않았을 정도로 향교에서는 매우 중요한 건물이기 때문에 격이 가장 높은 곳에 위치한다. 교동향교 대성전에는 공자를 비롯해서 우리나라 성현들의 위패를 앞에 설위도(設位図)와 같이 안치해 놓았다.

2) 동무(東廡)와 서무(西廡)

무는 원래 우리나라 성현들의 위패를 모시던 행각이다. 공자를 중심으로 하는 유교의 위계성이 나타나 대성전을 중심으로 그 위치에 따라 동무와 서무를 두었고, 교동 향교의 동무에는 설총, 안유, 김굉필, 조광조, 이황, 이이, 김장생, 김집, 송준길의 위패를 모셨고, 서무에는 최치원, 정몽주, 정여창, 이언적, 김인후, 성혼, 조헌, 송시열, 박세채의 위패를 봉안하고 배향하고 있다.

3) 내삼문(內三門)

명륜당을 지나 대성전으로 들어가는 홑처마 솟을삼문으로 자연석 기단에 방형초석과 방주를 세웠다. 즉, 3개의 문을 지칭하며, 들어갈 때는 동쪽 문으로, 나올 때는 서쪽 문을 이용한다(東入西出). 중앙문은 외삼문과 달리 드나들 수 있다. 홍살을 설치하였으며, 긋기단청에 통판문을 달았다.

4) 명륜당(明倫堂)

성균관이나 지방의 각 향교에 부설되어 있는 건물로 학생들이 모여서 공부를 하던 강당이다. 향교라는 이름처럼 지방의 교육활동을 위해 고을에 설립한 일종의 공립 중등학교이다. 조선시대에는 일종의 사립학교 격인 서원과 함께 중등교육을 이끌어가는 공교육의 쌍두마차 중 하나이다. 공립 중등학교인 향교와 사립 중등학교인 서원의 차이점은 제향의 기능에 있어 향교가 공자를 위시한 중국의 성현과 우리나라의 선현을 모신다면 서원은 유학의 이념에 철저하여 선현들의 제향 기능을 더욱 강화하였던 점이고, 서원이 향교에 비해 자기 수양과 은둔의 생활을 즐길 수 있었었다.

5) 동재(東齋)와 서재(西齋)

명륜당 남쪽 동서 양쪽에는 각각 동재와 서재가 좌우대칭으로 배치되어 있으며, 이들은 정면 6칸, 측면 1칸으로 남쪽에서부터 마루(1칸), 온돌방(2칸), 대청(2칸), 온돌방(1칸)의 순으로 구성되어 있다. 조선 초기나 세종대왕 때에는 향교교육을 허락하였으나, 향교에서 공부하는 학생에게는 군대를 가지 않는 면역(免役)과 과거응시의 기회가 갖는 특권이 주어지기 때문에 조선 후기에는 양반에 한정하려고 하였다. 또한 학생이 양반과 평민이 섞여 있을 경우 숙소를 달리하여 신분을 구분하기도 하였다(김상태 등, 2013).

(1) 동재

조선 초기에는 액내교생(額內校生)이라 하여 양반 유생들이 공부하였으나 후기에는 선배들이 공부하는 곳이며, 앞쪽에는 비각이 있고, 동쪽 담장을 사이에 두고 살림을 맡아 해주는 교직사(校直舍)가 자리 잡고 있다. 즉, 동재에는 식사 준비를 위한 부엌이 포함되어 있어서 서재보다 그 규모가 큰 편이다.

(2) 서재

조선 초기에는 액외교생(額外校生)이라 하여 평민이나 서류(庶類)들이 거처하면서 공부하고, 후기에는 후배 및 하급 유학생들이 공부를 하는 곳이다.

6) 제기고(祭器庫)

제기고는 전사청으로 제향 시 제향에 필요한 제수를 마련하고, 제향을 위한 기물을 보관하던 곳이다.

7) 외삼문(外三門)

홍살문을 지나 명륜당으로 들어가는 3개의 문을 지칭하며, 들어갈 때는 동쪽문을, 나올 때는 서쪽문을 이용한다. 중앙문은 관찰사, 감사, 대도호부사, 목사, 도호부사, 군수, 현령, 현감 등 초헌관이 드나드는 문이다. 문은 통판문을 달았다.

8) 홍살문(紅箭門)

능(陵), 원(園), 묘(廟), 궁전(宮殿) 또는 관아(官衙) 따위의 정면 앞에 세우던 붉은 물감을 칠한 나무문으로 홍전문(紅箭門) 또는 홍문(紅門)이라고도 한다. 형태는 문(門)의 형태이며, 홍살문은 폭이 4 m, 높이가 5 m 정도 되는 크기의 둥근 기둥 두 개를 세우고 위에는 지붕이 없이 화살 모양의 홍살 11개를 나란히 세워 놓고, 그 중간에는 태극 문양이 그려져 있다. 이 태극 문양은 4가지 형태로 구분되는데, 삼태극, 이태극 및 빛을 넣는 삼태극 등으로 표현되어 있고, 태극 문양 위의 지창은 2지창과 3지창의 두 가지로 구분되어 있다.

▲ 좌: 교동향교의 하마비, 우: 홍살문

9) 하마비(下馬碑)

대부분 향교의 하마비는 '대소인원계하마(大小人員皆下馬)'라고 쓰여 있는데, 위에서 언급한 것과 마찬가지로 교동향교의 하마비에는 '수령변장하마비(守令邊將下馬碑)'라고 적혀 있다. 비석의 내용은 지체 높은 사람들이 말을 타고 왔던 그 신분이 무엇이든지 반드시 말에서 내려 걸어서 겸손한 마음으로 들어가야 한다는 뜻이다.

10) 성전약수(成殿藥水)

교동향교 대성전 서쪽에 위치한 이 약수는 예로부터 현대 남북의 경향인(京鄕人)들이 애용하여 위장병 치료에 효험이 큰 용출우물(湧出井)로 전래되고 있으며, 원정(源井)이 대성전(大成典) 밑에서 발원하여 그 이름을 성전약수로 불리어 전해오고 있다. 조선시대의 명륜당(明倫堂) 유학생들이 이 물을 음용수학(飮用修學)하여 문성(文聖)을 이룬 이가 많아 교동을 문향(文鄕)이라 칭함도 이 약수의 효험과 무관하지 않으며, 특히 근래에는 교동의 청정환경과 더불어 이 물이 아토피성 피부병 치료에 효능이 있다고 하여 많은 사람들이 찾아오는 명소이기도 하다.

2. 향교와 조선시대의 교육

조선시대의 유학교육(儒學教育) 기관으로는 중앙에 문과를 준비하는 고등교육기관인 성균관이 있었고, 문과의 예비시험인 생원(生員)과 진사시(進士試)를 준비하는 초등 및 중등교육기관에 해당하는 중앙의 중학(中部學堂), 서학(西部學堂), 동학(東部學堂), 남학(南部學堂) 등 사학(四學)과 지방의 각 목(牧), 부(府), 군(郡), 현(縣)에 일읍일교(一邑一校)를 원칙으로 향교를 관학(官學)으로 육성하였으며, 사립학교에 해당하는 사학으로는 서원과 서당이 있었다.

중앙의 성균관에서는 유교적 소양을 갖춘 관리양성(官吏養成)을 주된 목적으로 교육을 실시하였고, 지방의 향교는 새로운 통치체제에 필요한 치국의 전제가 되는 관리양성 및 확보의 목적도 있었겠으나 근본적인 목적은 성리학의 철학적 교육이 아니고 '유교적 이념에 입각한 도덕적 규범에 의한 교양교육으로서의 백성 교화'라는 것이 근본 목적이었다. 향교에서는 교관(教官 - 教授, 訓導, 教道)을 두어 지방민의 교화를 담당하도록 하였다.

1) 교생의 신분

향교의 교생 신분은 양반 자제, 공신의 자제로부터 국역(國役) 전반을 담당하는 평민의 자제에 이르기까지 다양하였다. 향교에 입학하게 되면 특별한 경우를 제외에는 거의 평생 동안 교생신분을 유지하게 된다. 교생의 정년은 60세로 교육년한이 없으며 60세가 넘어야 교생신분에서 노제자로 밀려나게 된다. 교생은 4부 학당과 같이 향교에서 수학을 마치고 1차 과거, 즉 경서(經書) 시험에 합격한 자는 생원(生員), 시부(詩賦)에 합격한 자는 진사(進士)의 칭호를 얻는다. 한편, 유도(儒道)를 닦는 선비를 유생(儒生), 벼슬을 하지 않은 유생을 유학(幼學), 성균관에서 기거하는 유생을 태학생(太學生)이라 하였다.

이런 과정을 이수하고 생원 및 진사의 칭호를 얻으면 성균관에 입학할 수 있게 되고, 문과시에 응시하여 합격하면 고급관리(高級官吏)에 오를 자격이 주어진다. 따라서 성균관 입학을 위해서는 반드시 향시(鄕試)에 합격해야 하며, 향교는 향시를 위한 교육기관이었다.

2) 입학자격

성균관에 입학할 수 있는 자격은 생원이나 진사 시험에 합격한 사람 가운데 선발한다. 반면에 향교에 입학할 수 있는 사람은 15세 이상 서당에서 한문의 기초를 닦은 지방 양반의 자제들이었다. 경국대전 생도조(經國大典 生徒條)에【府 大都護府 牧 九十年 十六歲以下 不在額內 都護府 郡縣同】이란 기록을 볼 때 향교에 입학하여 교육을 받을 수 있는 자의 연령 기준은 16세를 기준으로 그 이상인 자는 정식 입교가 가능하고, 그것에 미달이면

부교(赴校)하여 청강을 할 수 있으나 정원 내의 정식교생으로 간주하지는 아니한다고 하였다.

3) 교생정원

정원은 조선 초기부터 조정에서 정하였으나 시대에 따라 약간의 변동이 있고, 소재 관부의 대소 차이에 따라 차이를 두어 정하였다. 태종 6년부터 성종 2년까지 경국대전에 법제화하여 변동이 없었다. 그러나 인조 때 법제상으로는 정원이 있었으나 소위 액외(額外)라 하여 법정의 정원을 초과하여 납표(納票)만 하여 교적에 입교시켰다. 또한 임진왜란과 병자호란 이후 향교가 운영이 어려워지고 교생의 피역장소(避役場所)로 변함에 따라 법제화된 정원이 지켜지지 않은 경우가 많았다.

4) 교육과목

향교의 교육에 채택된 교육과목은 소학(小學)과 유교의 기본 경전인 사서오경(四書五經, 四書: 論語, 孟子, 中庸, 大學. 五經: 詩經, 書經, 易經, 春秋, 禮記)이 주요 학과였는데, 그중에서도 소학을 가장 중요시하고 교육의 기본이 되는 과목으로 채택하였다. 그리고 주요 과목으로 대학이었는데, 유학은 인간다운 삶을 함께하는 기본적인 가르침을 유학의 경전인 대학에서 교육의 목적을 삼강령(三綱領), 팔조목(八條目)에서 근본사상과 덕행단계를 제시하고 있다. 이 외에 사서삼경(四書三經), 성리대전(性理大典), 삼강행실(三綱行實), 이륜행실(二倫行實), 효경(孝經) 등이 있었고 때로는 근사록(近思錄), 사서(史書) 등도 교육하였다.

3. 교동초등학교(喬桐初等學校)

교동초등학교는 인천광역시 강화군 교동면 대룡안길 29에 위치하며, 2015년 현재 전교생은 남자 16명, 여자 19명 등 총 35명이 재학하고 있다.

1906년 교동향교 내에 김현규(金顯奎)가 사립화농학교(私立華農學校)를 설립하였는데 수업 연한은 4년이었고, 학생수는 50여 명이었으며, 1908년에 처음으로 8명, 1909년 12명의 졸업생을 배출하였고, 1911년 5월 5일 사립 교동보통학교(喬桐普通學校)로 개칭하였는데 이것이 교동초등학교 전신이다(교동향교지, 1987; 교동향토지, 1995). 위치는 읍내리 남문 밖에 조선시대 군대를 조련하던 곳인 열무당(閱武堂)과 사창(司倉)이 있었는데, 이 건물을 교실로 사용하였다.

1912년 3월에 비로소 공립학교의 인가를 얻고 수업 연한을 4년으로 4월 1일에 개교를 하였으며, 교명은 교동공립심상소학교(喬桐公立尋常小學校)로 교명이 변경되었다. 1922년에 수업 연한이 6년으로 연장되었고 교사(校舍)가 협소하여 대룡리에 교사를 신축하여, 1926년 12월에 6개 교실과 1개 교무실을 갖추어 이사를 하였다. 6년제가 되면서 삼산면 서도(4년제) 학생들까지 교동공립심상소학교에 와서 6년제를 졸업하게 되었다.

1935년 3월 1일 난정리에 교동공립국민학교 부설 난정간이학교를 세우고, 1946년에 취학 연령이 낮아짐에 따라 상방분교, 지석분교를 개설하였다. 교동의 모든 초등학교가 교동초등학교를 모태로 설립하게 되었으며 현재의 교동초등학교는 교동 교육의 발상지라고 할 수 있다. 2015년 2월 13일 제102회 졸업식을 가졌으며, 현재까지 졸업생은 총 6,356명이다.

▲ 교동초등학교 교사와 개교 100주년 기념비

4. 난정초등학교(蘭井初等學校)

난정초등학교는 인천광역시 강화군 교동면 교동서로 378번길 28에 위치하며, 전교생은 2015년 현재 남자 15명, 여자 14명 등 총 29명의 학생이 재학하고 있다. 학교 연혁은 아래와 같다.

난정초등학교는 1935년 4월 23일 교동보통학교의 부설로 2년제의 난정간이학교로 인가되었으며, 1943년 4월 1일 6년제 1학급으로 난정공립국민학교로 승격되어 교동보통학교에서 분리되었다. 1949년 6월 26일 제1회 졸업식을 거행하여 44명이 졸업하였고, 1954년 난정국민학교로 교명이 변경되었다. 2015년 2월 13일 제67회 졸업식을 거행하였으며, 총 졸업생은 3,131명이다.

▲ 난정초등학교 교사와 교표

5. 지석초등학교(芝石初等學校)

지석초등학교는 인천광역시 강화군 교동면 교동북로 275-1에 율두산(栗頭山) 앞에 위치하며, 전교생은 2015년 현재 남자 4명, 여자 7명 등 총 11명의 학생이 재학하고 있으며, 학생수가 적은 탓인지 운동장은 잡초로 뒤덮여 있다. 학교 연혁은 다음과 같다.

지석초등학교는 1946년 9월 1일에 교동국민학교 지석분교로 4학년이

▲ 지석초등학교 교사와 중앙계단

개설하여 1960년까지는 4학년까지만 수용하고, 5, 6학년은 교동본교로 통학하였다. 1961년 3월 31일에 정식으로 지석국민학교로 독립하여 1964년 2월 8일 제1회 졸업식을 거행하여 38명이 졸업하였다. 2015년 2월 12일 제52회 졸업식에서 3명이 졸업하여 현재까지 총 1,969명이 졸업하였다.

6. 교동중·고등학교(喬桐中·高等學校)

교동중·고등학교는 인천광역시 강화군 교동면 교동남로 77에 위치하며, 2015년 4월 1일 현재 중학교 38명, 고등학교 47명 등 총 85명이 재학하고 있다.

1) 교동중학교(喬桐中學校)

교동중학교는 조경룡(趙庚龍)이 1950년 5월 20일 당국의 정식 인가를 받은 교동명륜고등공민학교(喬桐明倫高等公民學校)의 후신(後身)이라고 할 수 있다(교동향교지, 1987). 당시에는 교동국민(초등)학교에서 교실을 빌려 개교하였으나 방정록(方丁錄) 교동면장이 주축이 되어 교동향교로 이전하였으며, 1951년 11월 현재의 교동읍성 남문(庾亮樓) 바로 앞 김부자 집 바깥채 건물을 얻어 수리하여 이전하였다. 1954년 7월 7일 교동중학교로 3학급 인가를 받음과 동시에 교동명륜고등공민학교는 폐교되었다. 그리고 1954년 9월 1일 정식으로 교동중학교가 개교하였으며, 1955년 12월 19일 초대 조경룡 교장이 취임하였으며, 1956년 3월 20일 제1회 졸업식을 거행하였다. 그러나 학교는 민가를 그대로 사용하고 있는 실정이었으며, 비로소 1965년 6월 17일 현재의 교사로 이전하게 되었다. 2015년 2월 1일 제60회 졸업식을 하였으며, 총 졸업생은 6,290명이다.

2) 교동고등학교(喬桐高等學校)

1971년 12월 31일 교동고등학교 보통과 3학급이 인가되었고, 1972년 3월 1일 개교 및 초대 권오영 교장이 부임하였다. 1972년 5월 10일 개교기념식을 거행하였으며, 1972년 12월 3일 농업과 3학급 인가되었다. 1972년 12월 12일 교동종합고등학교로 교명을 변경하였으며, 1974년 3월 1일 학칙 변경으로 9학급이 인가되었고, 1979년 10월 30일 보통과 3학급 증설 인가받았다. 2001년 3월 1일 교동고등학교로 교명을 변경하였으며, 2015년 2월 12일 교동고등학교 제41회 졸업식을 거행하였으며, 그동안 총 3,033명이 졸업하였다.

▲ 화개산을 배경으로 위치한 교동중 · 고등학교 교정과 상징물

7. 폐쇄된 교육기관

가장 최근에 없어진 학교는 상룡리 38번지에 있었던 화동(華東)초등학교이다. 이 학교는 1946년 9월 1일 교동국민학교 상방 분교장으로 개설하여, 1960년 4월 1일 화동국민학교로 승격되었으나 학령인구의 감소와 농촌인구의 감소로 1991년 2월 15일 제30회 졸업식(총 졸업생 1,145명)을 마치고 3월 1일 폐교되었다(강화교육사, 2001).

한편 1900년대 초 개화기에 교육에 뜻있는 인사들이 학교를 많이 설립하였다. 대성학교(大成學校)는 1908년 전재섭(全在燮)이 본과 4년제, 별과 6개월, 단기과정인 측량과에 각기 30명 정원으로 세웠는데, 1909년 측량과 졸업생을 배출하고 1910년 한일합방으로 폐교되었다. 1908년 미국인 목사 부인 밀러는 읍내리에 동화여자학교(東華女子學校)를 설립하였으며, 1925년 폐교되었다. 동화학교(東華學校)[49]는 1908년 권신일(權信一)이 읍내리에 4년제로 설립하였고, 같은 해 백화당(百和堂)으로 이전하였고, 상룡리로 이전하였다가 1917년 폐교되었다.

1902년을 전후하여 3개의 의숙(義塾)이 설립되었다(교동향교지, 1987). 교동향토지(1995)에 의하면 1898년 봉소리의 봉산의숙(鳳山義塾)은 박

▲ 화동초등학교. 좌: 폐교 전, 우: 폐교 후 (사진 제공: 임충식)

[49] 동화학교의 한자표기를 「교동지」(1976), 「교동향교지」(1987)와 「강화기독교100년사」(1994)에는 **東化**로, 「교동향토지」(1995)에는 **東和**로, 「교동선교100년사」(1999)에서는 **東化**와 **東花**를 병기하였고, 또 일부에서는 **東華**로 표기하고 있다.

성대(朴成大), 박용우(朴容愚) 외 몇 명이 설립하여 수명의 교사를 초빙하여 분담 교수하였고, 학생은 통상 40~50명이었다. 1902년 난정리의 육영의숙(育英義塾)은 지역 유지 방한관(方漢觀), 나세영(羅世英), 방광근(方光根) 외 3명이 설립하였으며, 교사는 3인이고, 학생은 평균 80여 명이나 되었으며, 1928년 폐교되었다(박헌용의 속수증보강도지, 1932). 1902년 인사리에 인흥의숙(仁興義塾)이 설립되어 근대식 교육과 한학(漢學)을 교육하였으나, 일제시의 교육방침에 따라 모두 폐쇄되었다(증보강화사, 1994). 그 외에도 1948년 2월에 교동중학강습소, 1948년 5월에 강화공립농업실수(實修)학교, 1949년 교동명륜고등공민학교 등이 있었다(교동향교지, 1987).

8. 교동교회(喬桐敎會)의 설립

교동도 월선포(月船浦) 선착장에서 1km쯤 떨어진 상룡리 산 122번지 왕계산 끝자락에 파란 양철지붕과 고풍스러운 목재 종탑을 자랑하며 117년의 역사를 지닌 교동교회가 있다. 교회 앞 양쪽에는 암수 두 그루의 우람한 은행나무가 있으며, 교회가 세워지기 전부터 교회터를 지켜온 나무들이라고 한다.

강화도는 서쪽 바다의 관문에 해당하며, 1876년 강화도조약(江華島條約)과 1882년 한미수호조약(朝美修好條約)을 체결한 개항의 초기 장소였지만, 근대적 문물의 수용이 빠르게 이루어지지 못했다. 무엇보다도 서구문물의 수용은 서울(漢陽)과 개항장인 인천(仁川)을 중심으로 이루어졌으며, 감리교로 대표되는 개신교의 수용이 두드러졌다.

기독교는 1885년 4~5월 미국 북감리회의 아펜젤러(H. G. Appenzeller)와 스크랜튼(W. B. Scranton), 미국 북장로회의 언더우드(H. G. Underwood)와 알렌(H. N. Allen)을 선발 선교사가 제물포에 발을 디디면서 한국에 전파되기 시작하였다(강화기독교 100년사, 1994).

기독교의 인천지역 전파에는 미국 북감리회 선교사 존스(George Heber

Jones, 한국명 趙元時, 1867~1919)의 역할이 컸다. 1892년 제물포의 선교책임자로서 인천 내리감리교회를 담당하였다. 인천 내리교회에서 세례를 받은 강화인(江華人) 이승환이 존스 목사를 고향인 서사면(西寺面, 현재의 양사면) 증산(甑山, 시루미, 시루뫼)에 초빙하여, 그 모친과 지역 유학자 김초시(이름은 김상임(金商壬)[50]에게 전도한 결과 서사면 교산리(矯山里) 교항동(橋項洞)에 소재한 교산교회(서사교회, 교항교회, 양사중앙교회 등으로 불리다가 현재는 강화교산교회로 불림)가 태동할 수 있었다. 1896년 교항교회 신자 박능일(朴能一, 서당 훈장으로 개종)은 송해면에 홍의교회를 개척하였으며, 처음 신자가 된 사람인 권신일(權信一, 1855~1927)이 있었다(신편강화사 中, 2003).

권신일 목사의 생몰년도는 「강화기독교100년사」(1994), 「교동선교100년사」(1999), 「신편강화사 중」(2003)에서 1855~1927년 또는 1855~1929년으로 기록하고 있다. 그러나 박은재(朴恩在) 권사는 「교동선교100년사」 79쪽 사진은 1933년 9월 5일 상룡리 교동교회 완공 후 박성대(朴成大) 전도사 58세 생일 기념으로 촬영하였으며, 이 사진에 권신일 목사가 참석하였으므로 실제로 1927년 또는 1929년에 사망하지 않고 1933년 9월 이후라고 주장하고 있다. 또 사진에서 권신일 목사 오른쪽에 황브르스길라는 실제로 박형남 목사의 사모 조필순(趙弼順)이라고 주장한다(2016년 5월 8일).

어쨌든 권신일 부부(부인 황브르스길라, 본명 黃信愛, 호적에는 黃天伊實牙인데, 「교동선교100년사」(1999)에서는 '天'자는 '夫'자의 誤記라고 주장)는 1899년(광무 3년) 3월 1일 교동도 읍내리(邑內里)에 이주하여 초가집 한 채를 마련하여 사택 겸 사랑방 예배장소로 운영하였다(신편강화사 下, 2003). 권신일 부부는 선교에 힘써 처음에는 신도가 수명이었으나 점차 증가되어, 1906년 6월에 비로소 읍내리에 감리교 교동교회가 설립되었

---

[50] 김상임(金商壬)은 교항동에 근거를 둔 전통 양반가문으로 서당을 차리고 후학을 양성하였으므로 지역사회에서 영향력을 행사하고 있었다. 김상임은 기독교를 접하고 탐색하다가 이승환 어머니 세례와 매서인들이 시루미(증산, 시루뫼)에 자주 등장하게 되면서, 직접 선교사를 만나 대화 후 개종(改宗)을 결심하면서 교항마을에 큰 반향을 불러 일으켰으며, 자체 헌금을 모아 낡았지만 12칸짜리 초가집을 마련하여 예배당을 설립하였다고 한다.

다(증보강화사, 1983; 강화기독교 100년사, 1994). 교동교회는 1년 만에 10가정을 개종시켰으며, 신자가 660여 명으로 "교회당은 만원이었고 안으로 들어갈 수 없는 사람들을 위해 멍석이 마당에 펼쳐져 있었다"고 한다. 당시 교동도의 선교는 권신일보다 조카 권혜일(權惠一)이 1898년에 먼저 송가도(松家島)에 가서 전도하여 6~7명의 교인을 얻었다고 한다(강화기독교 100년사, 1994).

권신일은 초기에는 권사로서 활동하다가 1901년에 전도사가 되었다. 결국 권신일의 전도를 받아 교동의 교회는 세 방향으로 확대되기에 이르렀다. 1904년에 이르러 교동도 서쪽 해안 마을 북당개나루(지금의 서한리)에 살던 방족신(方足信), 그의 아들 방합신(方合信), 방도신(方道信) 등 방씨 가문과 서풍신(徐豊信)에 의해 개인집 기도처에서 교회 설립으로 발전하였고, 교동 북쪽 마을인 북진나루(지금의 인사리)에 살던 황초신(黃初信), 황여신(黃汝信), 황한신(黃漢信) 등 황씨 가문도 기도처를 기반으로 교회를 설립하여 교동도에는 선교 개척 5년 만에 교회가 세 곳으로 늘어났다(강화기독교 100년사, 1994).

1919년 3·1 운동을 전후로 한국교회는 위축되기 시작했다. 더군다나 인천과 강화 지역 크리스천을 중심으로 한 우리나라 첫 해외이민 합류, 성공회의 부흥, 가뭄과 태풍으로 인한 흉년 등이 교동교회의 위축을 불러 1912년 11개였던 교회가 1920년 3개로 줄었다(교동선교100년사, 1999). 특히 일제의 박해가 원인도 있었지만 여러 우여곡절이 있어 서한리 교회와 인사

▲ 좌: 멀리서 본 교동교회 외부, 우: 교동교회 내부

리 교회는 1920년 폐교되었다.

읍내리에 있던 교동교회도 초기 신자들의 이사, 읍내리에 세워진 성공회의 급성장과 읍내리 거주 교인이 감소로 상룡리 달우물 마을 박씨 가문과 법쟁이 마을 김씨 가문 정도로 유지되어(교동교회100년사, 1999; 박은재 권사 증언, 2016.5.6), 1933년 성(城) 밖 2km 떨어진 상룡리로 예배당을 이전하게 되었다. 교동교회[51]의 초기 신자 중에 상룡리에 박기만(朴己萬), 박성대(朴成大), 박형남(朴亨南) 등 박씨 가족의 역할이 컸다. 박기만 권사는 밭 600평을, 박성대, 박형남 부자(父子)는 대지(교회기지) 100여 평을 기증하였다. 이들과 인사리 황씨 문중 등이 중심이 되어 다시 새 예배당을 건축하고 옮겼으며 현재까지 「교동교회」로 보존되어 있다. 당시 교회 간판과 종탑도 개척 당시의 것으로 잘 보존되어 있으나(강화기독교 100년사, 1994), 종탑이 왼쪽에서 오른쪽으로 위치는 바뀌었다고 한다(박원재 목사 증언). 이와 같은 내용 즉, "조부 박성대 전도사 때부터 하나님은 우리 집안에 직분을 주셨어요. 박성대 할아버지는 교동도 최초의 교인으로 1897년 사랑방 예배처를 마련하시고, 2년 뒤 1899년 인사리 황씨 문중과 강화 홍의교회 권신일 씨 등과 교동교회를 세우신 거죠. 그 후 교동에 설립된 12개 교회의 「모교회(母敎會)」로서 권위를 유지하고 있으며, 결국 12개의 제자 교회가 세워졌습니다."라는 내용과 잘 일치하고 있다(박은재 권사 증언, 2016.5.8). 교동교회는 초창기에는 왼쪽 문으로는 여자 신도가, 오른쪽 문으로는 남자 신도들이 출입했다. 초기에는 교회마당 왼쪽에 뽕나무가 있었으나 지금은 그루터만 있으며, 현재 교회 오른쪽에는 수령 약 90년의 수(男)그루의 은행나무와 왼쪽에는 암(女)그루의 은행나무가 있다. 교회당 안에는 강대상 왼쪽에 100년 된 풍금이 아직도 세월의 무게를 버티며 묵묵

[51] 한국전쟁인 6.25 전후에 교동교회에는 신앙심이 깊은 한용정, 한용근(후에 한성수로 개명) 형제가 있었는데, 수영(한용정)과 풍금(한용근)에 능하였다. 두 형제는 홍수 시에 교동 앞바다에서 떠내려 오는 목재를 헤엄쳐 끌어내어 종탑 기둥으로 세웠다. 당시에는 종탑도 왼쪽에 있었으나 오른쪽으로 옮겼고, 새벽기도를 알리는 교회종을 박윤재 모친이 쳤다고 한다. 또한 교회의 지붕도 초가지붕이었으나 박정희 대통령 시절 새마을운동으로 지붕개량 사업으로 양철지붕으로 교체하였다고 한다(강화군 양사면 덕산교회 박원재 은퇴목사 증언, 2016.1.9).

▲ 좌: 상룡리 777-2의 교동제일교회, 우: 상룡리 628-2의 교동교회

히 자리 잡고 있다.

교동교회(상룡리 산 122번지)는 1970년대 후반에 교동교회에 관련된 한 사람이 사업을 하면서 문제가 발생하여, 1979년 5월 10일 상룡리 777-2 번지에 교인 일부가 '교동제일교회'(사진 왼쪽)를 설립하면서 교동교회는 쇠락의 길을 걷기 시작했다(강화기독교 순례의 길과 구본선[52] 목사 증언). 1990년 다시 합치기로 하였으나 통합 과정에서 문제가 있어 현재 예배당으로서의 기능도 없고 건물도 거의 폐허처럼 남겨져 있다.

월선포 선착장 뒤의 '교동교회'(상룡리 628-2, 사진 오른쪽)는 1990년쯤에 옛 교동교회에서 마지막으로 개척되어 신축된 교회이다. 옛 교동교회와는 관리주체가 다른 교회이다. 1990년대 중반까지 담임교역자가 왕성한 예배와 신앙생활을 하던 곳이었으나, 인구감소와 주민들의 이주로 지금은 주일 교인 20여 명이 예배로 관리되고 있다(2015년 9월 19일 구본선 목사 증언).

[52] 구본선 목사는 감리교신학대학과 동 대학원을 졸업하고, 대광교회와 신현교회에서 사역을 했으며, 1998년부터 교동교회에서 담임목사로 재직하고 있다.

9. 화개산 성혈(性穴) 바위

성혈이 새겨진 바위는 청동기시대 이후의 유적으로 주로 고인돌에서 볼 수 있으나 자연암석에서도 발견되고 있다. 2014년 12월 3일 동아일보에 교동도 대룡리 향토사학자인 황덕환 씨에 의해 화개산(華蓋山) 정상에 가로 1.8 m, 세로 85 cm 크기의 자연 암석 위에 물줄기를 연상시키는 11개의 선과 12개의 구멍이 새겨져 있는 비구상형 암각화(岩刻畵)가 새로이 발견되었다고 보도하였다. 국립민속박물관 장장식 학예연구관은 제주(祭主)가 바위 위에 물을 부으면 홈이 파인 선형을 따라 아래로 흘러내렸을 것이라며 비를 기원하는 산정제사(山頂祭祀)의 특징이 있다고 분석했다. 이 암각화의 해석을 단순히 기우제(祈雨祭) 용으로 단정하였지만 비구상형 또는 도형 암각화는 추상적이기 때문에 다양한 해석이 가능하다고 판단된다. 다만, 한반도 남부지방 이외에 처음으로 비구상형 암각화가 발견되었다는 데 의미가 있다고 한다. 윷판 모양의 암각화가 화개산 정상 길가에 또 하나 있

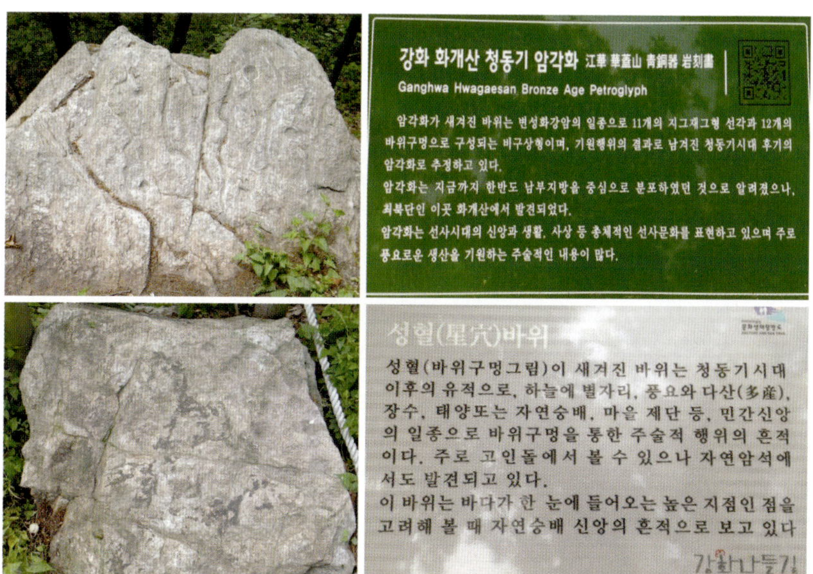

▲ 화개산 정상에 있는 암각화(위)와 성혈 바위(아래)

는데, 오랜 풍화작용으로 구멍이 많이 무디어져 있다.

또한, 교동도 대룡리의 모 음식점 왼쪽에 방치되어 있는 길이 105 cm, 폭 55 cm, 두께 15 cm으로 모난 타원형의 성혈(性穴)이 있다. 이 성혈은 집 주인이 화개산에서 옮겨와 오랜 시간 방치해 두어 땅속에 묻혔다가, 자손이 우물을 팔 때 출토된 것이라고 한다. 그 이외에도 교동도에서 현재까지 발견한 성혈은 화개산 6개, 합정산 6개, 대룡리와 삼선리에 각 1개 등 총 14개가 있다고 한다(교동사랑회 대표 임충식).

대룡리의 성혈은 타원형 형태로 북두칠성의 모습이 명확하였다. 우리 생활 주변에서 흔히 볼 수 있는 성혈(性穴)은 바위의 표면을 오목하게 갈아서 만든 컵 모양 혹은 원추형의 홈이다. 성혈의 위치는 마을 입구, 산성안, 마을 뒷산, 무덤돌 위, 심지어 강에서까지 우리 생활주변에 널리 분포되어 있다. 이름도 다양하여 민속에서는 알구멍, 알바위, 알뫼, 알터, 바위구멍, 용혈 등으로 부르기도 한다. 성혈은 일반적으로 선사시대의 신앙 혹은 별자리와의 관련성을 이야기하기도 하고, 그림이나 형상을 표현한 바위 그림(岩刻畵)이라고 보기도 한다.

성혈은 한반도뿐만 아니라 미국, 유럽, 중앙아시아, 시베리아 등 세계 여러 지역에서 다양한 시대에 걸쳐 나타나고 있다. 한국에서는 대전의 경우

▲ 대룡리의 모 음식점 앞에 있는 성혈 바위

현재까지 36곳 65지점에서 701개의 성혈이 있고(충청문화역사연구소장 신상구), 경상북도 칠곡군 왜관읍, 화원읍 화장사, 대구시 북구 학산 중턱, 동구 송정초등학교 뒷 언덕에도 있다(전 달성교육장 심후섭). 또한 지리산 정상의 암각화, 고산사 성혈 등 무수히 많이 있다.

이러한 성혈 또는 암각화는 우리의 조상들이 만들어 놓았을 것이다. 목적은 생활의 일부로, 때론 신앙의 대상으로, 때론 공동체의 풍요의 대상으로, 때론 이승을 떠나 저 멀리 저승의 아름다운 세상을 꿈꾸는 별자리 세상까지 여러 가지 염원을 추구하였던 흔적들임에 틀림없다. 염원의 종류는 (1) 성혈(性穴)이라는 이름에서 보듯이 오목한 홈을 여성의 성기(性器)로 여기며, 이것을 여성의 생산성에 비유한 의례 행위의 산물로 볼 수 있다. 즉, 남녀의 성적(性的) 교합과 비슷한 행위를 통해 생산과 풍요를 기원하는 모방주술(模倣呪術)의 일종이며 민간신앙(祈子信仰)의 한 형태일 수도 있고, (2) 산성(山城) 내부의 성혈은 보편적으로 하늘의 별자리를, (3) 고인돌 상부에는 죽은 족장(族長)의 세력을 표시하고, (4) 주거지 주변의 바위의 성혈은 뾰족한 돌을 대고 돌리며 가족의 건강과 개인적 소원을 빌며 만들어진 것으로 전해진다. 즉, 하늘의 별자리, 풍요와 다산, 장수, 태양 또는 자연숭배, 마을 제단 등, 민간 신앙의 일종으로 바위 구멍을 통한 주술적 행위(呪術的 行爲)의 흔적이다.

따라서, 화개산 암각화가 단순히 기우제(祈雨祭) 장소로 해석하는 것은 지나치게 단정적인 면이 있다. 장장식 국립민속박물관 학예연구관은 "제주가 바위 위에 물을 부으면 홈이 파인 선형을 따라 아래로 흘러내렸을 것"이라며 "비가 오기를 기원하는 산정제사(山頂祭祀)의 특징이 보인다"고 분석했으나 이는 고고학적 해석의 한 견해일 뿐이다. 기우제는 농경시대의 문화이며, 수렵시대에는 오히려 기양제(祈禳祭, 재앙을 쫓고 복을 비는 제사)를 지내야 했다. 조선시대 태종, 중종, 인조, 선조, 숙종, 영조 때에도 기양제를 지낸 기록이 있으며, 특히 지리산 정상에서 기양제를 지낸 기록이 있다. 화개산의 「바다가 보이는 정상 부근에 자리 잡은 곳」에 기우제라고 단정하기보다는 교동도의 바다 풍랑을 막아 어렵시대에 고기가 잘 잡히도록 기원하고, 섬의 무사안녕을 기원하는 기양제를 지내는 곳으로 보는 것이 타당할 것이다. 마침 교동 향토 시인 김흥기의 '성혈 바위'이란 시(詩)가 있기에 소개한다.

성혈 바위

석천 김흥기[53]

하늘로 이어 닿은 다을새 길 마루에
연대를 알 수 없는 암각화 성혈 바위
찬바람 이슬에 젖어 잔주름 자글자글

별 내린 자국마다 누구의 눈물인가
갈가리 찢긴 둥지 벼랑에 매달은 채
죽지뼈 부러져 내린 삼족오 검은 새야

뼈 시린 네 영혼을 어디에 뉘이려고
눈물 뼈 삭아내려 몸조차 못 가눈 채
가파른 벼랑 끝에서 날돌로 딩구는가

10. 전쟁의 슬픔을 지닌 섬

1945년 해방의 기쁨도 잠시 뒤 한반도는 38선에 의해 남과 북으로 갈라졌다. 이때에도 교동도와 황해도 연백군은 모두 38선 이남에 위치해 있어 왕래가 자유로웠다. 그러나 1950년 6월 25일 발발한 한국전쟁은 교동도와 연백군을 갈라놓았다. 전쟁이 발발하자 곡창지대였던 연백군은 전쟁의 참화를 피할 수 없어 주민 대다수가 교동도로 피란했다. 이때 교동으로 피란 온 연백군 주민들의 수가 3만 명에 달했다고 한다. 최봉열(84)씨는 이때의 모습을 아직도 기억하고 있었다. 그는 "연백군에 살았었는데 전쟁이 났다

[53] 석천 김흥기(石泉 金興基)는 시인으로 조선문학으로 등단하였으며, 한국문인협회 회원, 강화문인협회 회원으로 활동하고 있다.

는 소식에 지역 사람들이 모두 교동도로 내려왔다"며 "이날 교동으로 오는 배에는 모두 연백군 주민들이 타고 있었고, 배마다 사람이 가득했다"고 말했다. 또 "그때만 해도 잠시만 지나면 다시 돌아갈 수 있을 것이라고 생각했다. 휴전선이 교동과 연백을 갈라놓을 수 있다는 생각은 꿈에도 하지 못했다"고 말했다. 전쟁은 3년간 이어졌다. 전쟁 기간에 교동에 왔던 연백군 주민들은 다시 고향으로 돌아가기도 하였지만 많은 주민들은 교동에서 전쟁이 끝나길 기다리며 고향으로 돌아갈 것을 기대했던 것이다. 하지만 휴전선은 교동도와 지척인 연백군 사이를 갈라놓았다. 이때에도 1만 명 이상의 연백군 주민들이 교동도와 강화도에서 있었다고 한다.

교동도의 인구변화를 보면 1932년 7,590명, 1945년 해방되던 해에는 8,644명, 1955년 10,964명으로 증가되었다. 6.25 전쟁 때 북한에서 피란 온 실향민들이 많았다고 한다. 그래서 북한 땅에 서북(西北)이 둘러싸인 듯한 모양의 교동도는 실향민의 상처를 고스란히 간직하고 있다. 교동면 인사리에는 광복 50년을 맞이하여 황해도 연백군이 눈에 잡힐 듯 가깝게 보이는 곳에 연백군민회에서 망향대(望鄉臺)와 비석(在以北父祖之壇)을 세우고 추석절과 정월 그리고 기억해야 할 날에 제사를 지낸다. 특히 비석 옆에 망향시(望鄉詩)와 「저기 비봉의 뫼뿌리에 자애로운 어머님의 모습을,

▲ 교동도에서 연백이 한눈에 보이는 인사리 북쪽에 세운 망향대와 이북에 계신 부모를 기리는 비석

형님의 안타까운 울부짖음을, 무릎 꿇고 엎드려…」라고 쓴 건립의 취지문은 실향민이 아닌 사람의 심금도 울리고 있다.

실향민들은 고향을 그리며 남향이 아닌 이북 방향으로 집을 지었단다. 또한 북한 땅이 보이도록 북쪽 방향으로 나란히 선 '줄무덤'이 많았다고 한다. 죽어서도 고향을 바라보고 싶은 실향민들의 애틋한 마음이 무덤을 그렇게 쓰게 한 것이다. 지금은 강원도 철원과 고성에 통일전망대가 있고, 경기도 파주의 망배단이 더 잘 알려져 실향민의 자식들이 유골을 수습해 납골당에 모시는 추세여서 그 '줄무덤'마저도 희미해지고 있다. 그리고 전쟁 때 피난 온 이북 출신의 실향민에 의해 형성된 대룡시장(大龍市場)이 있다. 피난민들이 생계를 유지하기 위하여 연백시장을 본 따 만든 골목시장으로 지난 60년 이상 교동도 경제발전의 중심지였다. 이제는 실향민 어른들이 대부분 돌아가시고 인구도 급격히 감소하여 시장 규모도 줄었으나 아직도 1960~70년대 풍경을 그대로 간직하고 있어 시간이 멈춘 듯한 느낌을 주어 오히려 많은 관광객이 찾고 있으며, 드라마 촬영도 하는 곳으로 유명하다.

이러한 유명세에도 불구하고 한국전쟁이 아직도 종전이 아닌 휴전의 상태로 지속되고 있는 지금까지 교동은 아직도 아픔을 간직하고 있다. 인사리 망향단(望鄕壇)에 오르면 바다 건너 황해도 연백군이 손에 잡힐 듯 정말 가까이 보인다. 오직 사람에겐 시선만의 왕래를 허용하는 분단의 아픔이 서려있는 곳이다. 이곳은 연백군을 포함한 황해도 지역의 실향민들이 해마다 찾아와 그리운 고향의 기억을 달래는 곳이다. 교동이 조강(祖江)을 사이에 두고 민통선 최전방이므로 두 겹, 세 겹으로 쌓은 철책선은 경계의 최전방에 위치한 까닭에 분단의 아픔 또한 그 누구의 마음보다 더 앞서서 또 가까이 느끼게 한다. 지척이 철책으로 분단된 지 60년이 넘어 당시 청년은 어느새 백발의 노인이 되어 기다리다가 지쳐 이미 세상을 떠나기도 했고, 고향을 바라보는 것조차 기력이 다해 이제는 단념하고 고향을 잊어야 하는 망향단으로 인식되는 것은 아닌지 착각하고 있으리라. 전쟁의 종전과 평화 그리고 헤어진 피붙이의 자유로운 만남이 속히 이루어졌으면 한다.

민주평화통일자문회의 강화군협의회는 2008년 4월에 실향민 50명이 증언한 이야기 책「격강천리라더니」를 발간했다. 이 책에는 이북에 부모나 자식을 남겨 놓고 피란 온 사연, 갓난아이를 바다에 던질 수밖에 없었던 일, 정착하면서 남몰래 흘렸던 눈물 등 실향민의 아픔과 상처가 담겨 있다. 많은 내용을 차마 읽기조차 숨이 막힌다. 그중에서 김시완 씨는 "북한에 두고 온 부모님과 형님 가족들은 무사하실까? 내 나이 이미 80이 넘었으니 부모님과 큰형님 내외는 이미 돌아가셨으리라. 그러나 꿈에도 잊지 못할 북에 두고 온 내 아들! 눈에 넣어도 아프지 않을 내 아들! 내 아들은 어딘가 살아있겠지! 내 팔에 안겨 편안히 잠들었던 네 살배기 아들의 얼굴이 눈에 선하다. 팔에 안아 잠재우고 아랫목에 가만히 뉘어놓고는 '곧 돌아올테니 며칠만 할머니하고 잘 지내거라' 하고 떠나왔는데…"라고 증언하고 있다. 이 책에는 고향 땅을 밟고 싶은 실향민의 마음, 가족과 떨어져 살 수밖에 없는 아픔 등이 고스란히 담겨 있다. 실향민 고(故) 이범옥 할머니는 고향을 생각하며 시를 지었단다. 여기에 옮긴다.

> 격강천리(隔江千里)라더니
> 바라보고도 못가는 고향일세
> 한강이 임진강과 예성강을 만나
> 바다로 흘러드는데
> 인간이 최고라더니 날짐승만도 못하구나
> 새들은 날아서 고향을 오고 가련만
> 내 눈에는 인간을 조롱하듯 보이누나
> 비오듯 쏟아지는 포탄 속에 목숨을 부지하려
> 허둥지둥 나왔는데
> 부모형제 갈라져 반백년이 웬 말인가?
> 함께 나온 고향친구 뿔뿔히 흩어지고
> 백발이 되어 저 세상 간사람 많은데
> 남은 사람 고향발 디딜날 그 언젠가?

인 용 문 헌

강선중. 2006. 강화 월곶진의 복원에 대한 일고. 인천학 연구.

강화고려역사재단. 교동군읍지 - 노룡암 -. http.//www.ghistory.or.kr

강화군. 2003. 강화의 옛 지도. 백산인쇄. 213쪽.

강화군. 2015. 군정백서. 경기정판사. 593쪽.

강화군 교육청. 1989. 강화안내 - 장학자료 11호. 강화군 교육청. 120쪽.

강화군 군사편찬위원회. 2003. 신편 강화사(상). 역사와 전통. 경희정보인쇄(주). 748쪽.

강화군 군사편찬위원회. 2003. 신편 강화사(중). 문화와 사상. 경희정보인쇄(주). 929쪽.

강화군 군사편찬위원회. 2003. 신편 강화사(하). 현재와 미래. 경희정보인쇄(주). 985쪽.

강화문화원. 1976. 강화사. 크리스챤신문사. 1039쪽.

강화문화원. 1983. 증보 강화사(증보발행). 우일문화사. 1149쪽.

강화문화원. 1988. 증보 강화사(재판). 우진관광문화사. 1128쪽.

강화문화원. 1988. 강도고금시선(역본). 강화문화원. 357쪽.

강화문화원. 1985. 풍운의 강도. 우진관광문화사. 153쪽.

강화문화원. 1989. 풍운의 강도. 삼광문화사. 153쪽.

강화문화원. 1991. 강도고금시선(제3집, 역본). (주)신진상사. 304쪽.

강화문화원. 1992. 강도지명고. (주)신진상사. 336쪽.

강화문화원. 1994. 강도의 민담과 전설. (주)신진상사. 429쪽.

강화문화원. 1994. 증보 강화사(증보판). (주)성지문화. 1169쪽.

강화문화원. 1995. 강도수어사. (주)신진상사. 289쪽.

강화문화원. 1997. 강화 인물사. 신진상사. 603쪽.

강화문화원. 1998. 자강의 강화. 동원사. 244쪽.

강화문화원. 1999. 강도의 맥. 동원사. 441쪽.

강화문화원. 2000. 조선왕조실록 강화사료집. 대종출판(주). 716쪽.

강화문화원. 2001. 강도고금시선(제2집, 역본). (주)동원피엔지. 333쪽.

강화문화원. 2002. 강화지명지. (주)동원피엔지. 317쪽.

강화문화원. 2002. 강화향토 유적 사료집(성곽, 돈대, 봉수, 약천). (주)동원피엔지. 228쪽.

강화문화원. 2004. 강도의 맥. 진원출판인쇄. 420쪽.

강화문화원. 2006. 강화현판집. 진원디자인 프린텍. 163쪽.

강화문화원. 2013. 강화군향리지. 진원디자인 프린텍. 550쪽

경기도사편찬위원회. 2004. 경기도사. 제6권 한말. 경인 M&B. 422쪽.

공주군지편찬위원회. 1957. 공주군지. 공문당인쇄소. 163쪽.

교동향교지편찬위원회. 1987. 교동향교지. 교동향교. 천풍인쇄주식회사. 242쪽.

국립고궁박물관. 2013. 전시유물로 본 조선왕실문화 - 궁에서 왕을 만나다. (주)디자인인트로. 302쪽.

국립문화재연구소. 2010. 강화 월곶진지. 현대옵셋인쇄사. 141쪽.

국립지리원. 1982. 한국지명요람. 도서출판 교학사. 852쪽.

국토지리정보원. 2015. 한국지명유래집(중부편). 진한엠앤비. 753쪽.

김경준. 2001. 강화도 역사산책. 도서출판 신대종. 195쪽.

김귀옥. 2008. 건국과 전쟁에 의한 지역 공간의 지정학적 변화 - 해방 전후 - 1950년대 인천시 강화군 교동의 사례 -. 정신문화연구 31(3): 71-102.

김노진. 1783. 심부개판 강화부지.

김상태 외 7명. 2013. 향교 서원 해설 - 여유지기 길잡이. 문화체육관광부. 320쪽.

김정호. 1863. 대동지지(大東地志).

남달우. 2008. 연산군의 교동유배. 제37회 초청강좌 요지문.

목을수. 2014. 연산군 교동 유배지 재고. http.//www.cha.go.kr

문화관광부 한국문화예술진흥원. 2002. 4월의 문화인물 송암 박두성. 48쪽.

박 철. 1999. 교동선교100년사. 교동지역 교회연합회. 408쪽.

박헌용. 1932. 속수증보강도지(上, 下).

서울특별 시 시사편찬위원회. 2013. 서울의 누정. 서울특별시. 535쪽.

설성경. 1987. 서해안 어업민속에 나타난 임장군신. 기전문화연구 16: 57-83.

신봉승. 1987. 연산군 시집. 시인사. 290쪽.

유택하. 1759. 여지도서(江華府).

육군박물관. 2000. 강화도의 국방유적. 경희정보인쇄(주). 396쪽.

육군본부. 2008. 고려-몽골 전쟁사. 육군인쇄창. 284쪽.

이덕주, 조이제. 1994. 강화기독교 100년사 〈제1집〉. 강화기독교 100주년 기념 사업 역사편찬위원회. 607쪽.

이동연. 2003. 강화도 - 미래 신앙의 원형. 도서출판 푸른세상. 240쪽.

이민희. 2012. 강화 고전문학사의 세계. 인천학연구총서 16호. 인천대학교 인천학연구원. 348쪽.

이병도. 1976. 한국고대사 연구 - 광개토왕의 웅략 -. 박영사. 379쪽.

이상백. 1978. 한국사 - 근세전기편 - 진단학회. 을유문화사. 854쪽.

이상훈. 2014. 전략전술의 한국사 - 국가전략에서 도전하기까지 -. 푸른역사. 363쪽.

이성임. 2000.「선조강화선생일기」의 자료적 성격과 의미. 인하대학교 한국학 연구소 11: 241-361.

이형상. 1696. 강도지(江都誌).

인천광역시. 2002. 강화의 문화유적. 대한불교조계종 문화유산 발굴 조사단. 515쪽.

인천광역시. 2013. 인물로 보는 인천사(仁川史). 인천발전연구원. 410쪽.

인천광역시 강화교육청. 2001. 강화교육사. 숭의기획. 1325쪽.

인천발전연구원. 2013. 인물로 보는 인천사 - 기억하고 싶은 인물 남기고 싶은 인물. 인천광역시. 410쪽.

인하대학교박물관. 2000. 강화지역의 선사유적-유물. 인하대학교박물관 학술총서 제2호. 188쪽.

인하대학교박물관. 2007. 강화 교동읍성. 백산문화. 215쪽.

인하대학교한국학연구소. 2012. 교동향교지. 교동향교. 858쪽.

정문기. 1974. 어류박물지. 일지사. 330쪽.

정연학. 2008. 우리의 민속 - 교동도 부근당. 국립민속박물관 민속소식, 149권 1월호, 10-11쪽.

조계연. 2015. 광해군의 교동유배지 고찰 - 교동면 읍내리 연산군 잠저지를 중심으로 -. 2015년 강화역사박물관 기획전시도록. 101-110쪽.

최규성. 2005. 고려 태조 왕건 연구. 도서출판 주류성. 511쪽.

최규성. 2006. 고려를 다시 본다. 도서출판 주류성. 217쪽.

최영준. 1999. 국토와 민족생활사. 한길사. 487쪽.

최영준, 홍금수. 2003. 강화 교동도 해안저습지 개간과 수리사업. 대한지리학회지 38(4): 535-561.

최중기 외 11인. 2015. 교동도. 민속원. 312쪽.

편자미상. 1765. 여지도서강도부지.

편자미상. 1842. 교동부읍지.

편자미상. 1856. 여도비지.

편자미상. 1863. 대동지지.

편자미상. 1871. 교동부읍지.

편자미상. 1899. 교동군읍지.

편자미상. 1914. 교동군읍지 필사본.

한국문화재보호재단. 2006. 강화외성 지표조사 보고서. 도서출판 학술문화사. 451쪽.

한국학대학원. 1981. 강화도 학술 답사 보고서. 178쪽.

한글학회. 1985. 한국지명총람 17권, 경기편 상. 정화문화인쇄사. 558쪽.

한글학회. 1993. 한국지명총람.

한기출. 2010. 연산군 위리안치소 추론. 강화문화, 제4호, 33-38쪽.

황규열. 1995. 교동사. 교동문화연구원. 520쪽.

황인병. 1995. 교동향토지. 재인교동면민회. 341쪽.

색 인

ㄱ

ㄴ

ㄷ

ㅁ

ㅂ

ㅅ

ㅇ

ㅈ

ㅊ

ㅌ

ㅍ

ㅎ

■ **저자 소개**

강화군 선원면 출생.

한양대학교 생물학과 졸업 후 같은 대학에서 해양생물학을 전공하여
이학석사와 이학박사(Ph. D)를 받았다.

1980년 KIST 선임연구원으로 근무하다가 1985년 상명대학교로 옮겨
조교수, 부교수를 거쳐 현재 교수로 재직하고 있다.

미국 Texas A&M University 방문교수, Portland State University 교환교수를 역임하였으며,
상명대학교 자연과학대학장, 교무처장, 융복합특성화대학장을 역임하였고,
한국조류학회 회장, 한국환경생물학회 회장, 환경부 조류포럼 위원장을 역임하였으며,
현재는 대통령 위촉 국가지속가능발전위원으로 활동하고 있다.

주요저서 한국식물플랑크톤 도감 외 15권
논 문 해양돌말류 *Thalassiosira*속의 분류 외 128편
강화 관련 논문 연산군의 교동도 유배지 검토(강화문화, 2015)
강화도의 지속 가능한 발전 방안에 대하여(강화문화, 2015)

喬桐島의 歷史와 文化散策

인 쇄: 2016년 7월 30일
발 행: 2016년 8월 5일

저 자: 이진환
펴낸곳: 정행사
전화. 02)2232-3281~2, 팩스. 02)2232-5874
홈페이지. http://www.junghaengsa.co.kr
주소. 서울특별시 동대문구 난계로 28길 48 303호

ISBN: 978-89-88154-89-2 03910
값 29,000원

題字: 海雲 李 晋 煥